As brasileiras e a publicidade contraintuitiva

As brasileiras e a publicidade contraintuitiva

Enfrentamento do racismo pela midiatização da imagem de mulheres negras

Francisco Leite

alameda

Grafia atualizada segundo o Acordo Ortográfico da Língua Portuguesa de 1990, que entrou em vigor no Brasil em 2009.

Edição: Haroldo Ceravolo Sereza/ Joana Monteleone
Editora Assistente: Danielly de Jesus Teles
Editora de livros digitais: Marília Chaves
Projeto gráfico, diagramação e capa: Jean Ricardo Freitas
Assistente acadêmica: Bruna Marques
Revisão: Juarez Antunes
Imagens da capa: <*pixabay.com.br*>

Esta obra foi publicada com apoio da Fapesp, nº do processo 2016/03996-8.

CIP-BRASIL. CATALOGAÇÃO-NA-FONTE
SINDICATO NACIONAL DOS EDITORES DE LIVROS, RJ

L55E

Leite, Francisco
As brasileiras e a publicidade contraintuitiva: enfrentamento do racismo pela midiatização da imagem de mulheres negras
Francisco Leite. - 1. ed.
São Paulo : Alameda.
21 cm

Inclui bibliografia e índice
ISBN: 978-85-7939-479-9

1. Comunicação. 2. Publicidade. 3. Racismo. I. Título..

17-42490   CDD: 302.23
                                   CDU: 302.23

ALAMEDA CASA EDITORIAL
Rua 13 de Maio, 353 – Bela Vista
CEP 01327-000 – São Paulo, SP
Tel. (11) 3012-2403
www.alamedaeditorial.com.br

Para Maria Aparecida Leite de Araújo,
minha mãe amada.

Sumário

Prefácio

É com imenso prazer e interesse que atendo ao convite do pesquisador Francisco Leite para prefaciar mais esta obra de sua autoria. Francisco é notadamente um grande pesquisador e nos brinda com mais uma obra de grande visão e aprofundamento científico em área de interesse transdisciplinar.

Este livro apresenta mais um passo no desenvolvimento de uma linha de pesquisa que caminha rapidamente para uma nova proposta teórica na área da publicidade no que se relaciona ao uso de estereótipos em suas narrativas. A proposta da publicidade contraintuitiva origina-se de uma sugestão de forma de comunicação que, apoiando-se na ideia de cartazes como meio e partindo de algumas premissas tais como a importância do destaque e centralidade do estereótipo, sugere ser possível afetar o processamento mental do receptor[1].

O processamento mental de estereótipos é área em forte desenvolvimento teórico, que tendo como base o pensamento de que era um processamento automático, onde raça, faixa etária (criança, jovem, adulto, velho) e sexo (masculino, feminino), faziam parte da classificação imediata de um indivíduo, identificou pelo uso de múltiplas metodologias de pesquisa, que a categorização por raça (um dos principais focos de estudo quando o tema é estereótipo) não só não é automática[2] como pode simplesmente não acontecer, se outro classificador mais saliente estiver

---

1 Ver mais em: LEITE, F. *Publicidade contraintuitiva: inovação no uso de estereótipos na comunicação.* Curitiba: Appris, 2014.

2 DEVINE, P. G. Stereotypes and prejudice: Their automatic and controlled components. *Journal of personality and social psychology*, 56(1), 5, 1998.

disponível.[3] Estudos mais recentes indicam a possibilidade de que a percepção do estereótipo mesmo que em algumas situações seja inevitável, a sua expressão é controlada pelo indivíduo.[4]

Dessa forma, vemos que a comunicação que faz uso de aspectos associados à produção de estereótipos na sociedade, necessita de uma atenção teórica especial, sugerindo uma nova área de estudo dentro dos estudos da comunicação. A observação dos efeitos da comunicação contraintuitiva na redução de preconceitos já vem sendo crescentemente observada como fenômeno, e.g., pessoas que leram o livro sobre Harry Potter tiveram suas crenças afetadas no sentido de serem mais positivas em relação a estrangeiros,[5] mas livros têm uma interação maior com o receptor, uma duração longa e, mais ainda, pouca capacidade de penetração abrangente em algumas camadas da população, não é o mesmo caso da publicidade que justamente ao contrário é rápida e muito permeável na sociedade através dos mais diferentes meios de comunicação, tendo desta forma a sua presença garantida em quase todos os segmentos da população.

Este é o ponto onde o conteúdo deste livro, os dados coletados e, principalmente, sua interpretação teórica através de conceitos sensibilizantes, como definiu o autor, intermediados com a aplicação da *Grounded Theory*, oferece um novo arcabouço teórico que pode iluminar as pesquisas na comunicação de estereótipos. Temos então um caminho teórico sendo traçado: o primeiro passo, a observação de publicidades contraintuitivas e suas características, foi apresentado no primeiro livro do Francisco Leite (Leite, 2014) e nas varias publicações que ele fez em anos recentes (em algumas fui seu parceiro); naquele mesmo material

---

3   COSMIDES, L., TOOBY, J., & KURZBAN, R. *Perceptions of race*. Trends in cognitive sciences, 7(4), 173-179, 2003.

4   KUBOTA, J. T., Banaji, M. R., & Phelps, E. A. The neuroscience of race. *Nature neuroscience*, 15(7), 940-948, 2012.

5   VEZZALI, L., STATHI, S., GIOVANNINI, D., CAPOZZA, D., & TRIFILETTI, E. The greatest magic of Harry Potter: Reducing prejudice. *Journal of Applied Social Psychology*, 45(2), 105-121, 2015.

observa-se o início do segundo passo, por exemplo, observar que nem todas as publicidades contraintuitivas se comportam da mesma maneira do ponto de vista do receptor, aspecto que está complementado neste trabalho atual com uma análise mais detalhada e aprofundada de peças publicitárias e sua interação comunicacional, somente possível pela imersão do autor tanto na metodologia como na sua aplicação, durante a realização da sua pesquisa de doutorado na Universidade de São Paulo. A análise realizada por Francisco Leite, neste livro, cumpre também um terceiro passo no desenvolvimento empírico de uma proposta teórica, ou seja, a qualidade de predição dos efeitos da publicidade contraintuitiva nos indivíduos alvo de estereótipos.

Neste livro Francisco teve muito sucesso no sentido de apresentar e explorar dimensões presentes na interação entre peças publicitárias contraintuitivas e indivíduos alvo de estereótipos diretamente (ex. mulheres negras expostas à publicidade contendo mulheres negras) e indiretamente (ex. mulheres brancas expostas à publicidade contendo mulheres negras). Estas dimensões são axiomas desta nova proposta teórica que desponta nos estudos da comunicação que faz uso, intencionalmente ou não, de estereótipos. O cruzamento destes axiomas comunicacionais e os mencionados no início deste texto sugerem fortemente que este é um tema rico e diverso, mas com um claro direcionamento para uma nova proposta teórica na comunicação.

A publicidade contraintuitiva é hoje, muito em função dos esforços do Francisco, uma oportunidade teórica que permite estudar além das propostas de reduzir o preconceito observado e propagado em narrativas publicitárias, mas de estender esses esforços para outros aspectos da comunicação como o uso de mulheres em anúncios, por exemplo, que sofrem de estigmatização tão negativa quanto os problemas raciais.

Temos aqui, em fim, um livro que poderia ser muito técnico, mas devido à grande habilidade de escrita do autor se torna uma leitura agradável, interessante e estimulante que insere o leitor e a leitora nas experiências de interação de mulheres brasileiras com anúncios contraintuitivos.

Prof. Dr. Leandro Leonardo Batista
Escola de Comunicações e Artes
Universidade de São Paulo

Prefácio

Explorar as experiências de mulheres brasileiras em relação a uma particular estratégia publicitária através da abordagem da *Grounded Theory* (*GT*), como faz Francisco Leite neste livro, é inovador e corajoso. É inovador porque embora a *GT* seja a metodologia de pesquisa atualmente mais utilizada no mundo e difusa, mais do que outras metodologias, em uma grande variedade de disciplinas e campos de pesquisa, são ainda poucas as suas aplicações no campo dos estudos midiáticos e, em particular, aqueles com foco na comunicação publicitária. Na verdade, os estudos desse campo dentro da tradição de estudos culturais, terreno do qual o presente trabalho se aproxima, prevalecem outras abordagens de pesquisa, mais centradas nas teorias de recepção e portanto de base etnográfica, muito distante da *GT* que aspira produzir uma teoria. Neste sentido, o trabalho de Leite é inovador, porque oferece uma perspectiva inédita ao olhar para um fenômeno de extrema relevância midiática e social com a ambição de construir uma teoria fundamentada nos dados. Mas, o trabalho é também corajoso do ponto de vista metodológico porque investigar as experiências vividas e mediadas, muitas vezes dolorosas, ao alcançar os sentimentos de sofrimento, com os procedimentos e técnicas da *GT* é uma ideia original e, de certa forma, arriscada. No entanto, este livro demonstra que Leite venceu a aposta metodológica conseguindo construir uma teoria substantiva a partir dos significados que as mulheres brasileiras, brancas e negras, construíram a partir da experiência de interação com publicidades contraintuitivas que midiatizam a imagem de mulheres negras como protagonistas. Uma teoria que cruza o objeto publicitário, as experiências de várias mulheres, as suas identidades e os estereótipos que dominam o discurso social.

A possibilidade de aplicar a *GT* às produções de sinificados pelas experiências de interação com narrativas midiáticas foi possível graças ao fato deste trabalho ter ancorado a abordagem da *GT* ao quadro teórico do interacionismo simbólico. Isto permitiu a Leite utilizar uma *GT* construtivista, assim como é introduzida por Kathy Charmaz: um instrumento mais flexível, atento aos significados, às realidades múltiplas, a dimensão interpretativa e sobretudo não neutral do ponto de vista ético e de valores. O interacionismo simbólico é também um dos dois quadros teóricos que formam o pano de fundo deste estudo (juntamente com os estudos da midiatização) que enquadra o campo da recepção midiática dentro de uma dinâmica relacional, dos processos comunicacionais e da interação social. Leite dedica un capítulo para a apresentação meticulosa da abordagem inaugurada por G.H. Mead elaborando as contribuições originais desta orientação sociológica para os estudos da comunicação midiática. Portanto a correspondência plena entre o quadro teórico do estudo e uma metodologia de pesquisa coerente com esse conferiu o trabalho rigoroso e eficaz para investigar um fenômeno, o impacto da publicidade contraintuitiva, a fim de construir uma teoria social ou psicossocial sobre as experiências de interações de mulheres brasileiras com esta narrativa publicitária.

Eu tive o privilégio de compartilhar uma parte da estrada com o Francsico no curso da sua longa pesquisa que neste livro toma forma. Eu fui seu supervisor primeiramente na Università degli Studi di Trento e, posteriormente, na Università di Bologna durante a sua estadia na Itália para o seu estágio de doutoramento. Como pesquisador visitante na Itália ele pode aprofundar o conhecimento sobre a *GT* e também colaborou, por exemplo, com a organização da International Summer School in *Qualitative Research Methods in Education – Grounded Theory for Social Justice* que contou com a participação de Kathy Charmaz.

Francisco Leite é um pesquisador de muito talento e versado em várias disciplinas e em particular naquelas constitutivamente multidisciplinares que articulam os estudos da comunicação. Ter tido a oportunidade de compartilhar com um estudioso brilhante e capaz como ele alguns meses de seu trabalho foi particularmente estimulante e estou muito contente que o fruto de sua preciosa pesquisa toma forma nas páginas deste livro.

Boa leitura!

Prof. Dr. Massimiliano Tarozzi
Dipartimento di Scienze per la Qualità della Vita
Università di Bologna

INTRODUÇÃO

Este livro enquadra-se como uma relevante e necessária proposta de continuidade e avanço dos estudos sobre as repercussões de sentido do estímulo contraintuitivo na comunicação publicitária brasileira. As articulações produzidas pela sua execução contribuem com os estudos dos meios e da produção mediática que abordam a publicidade como objeto, visto que a originalidade desta investigação é colaborar para a construção de um estudo substantivo sobre as experiências de interação de mulheres brasileiras (brancas e negras) com a publicidade contraintuitiva, compreendendo pelos seus olhares os significados e repercussões em estereótipos[1] tradicionais associados à mulher negra. Com outras palavras, esta pesquisa apresenta uma proposta de explicação sobre os nexos de sentido que são produzidos quando da interação de mulheres brasileiras com narrativas publicitárias contraintuitivas que apresentam mulheres negras como protagonistas de seus discursos.

---

1 O entendimento de estereótipo utilizado neste trabalho advém dos contemporâneos estudos da psicologia social que o compreende "[...] como crença coletivamente compartilhada acerca de algum atributo, característica ou traço psicológico, moral ou físico atribuído extensivamente a um agrupamento humano, formado mediante um ou mais critérios [...]. Há duas direções na mobilização de estereótipos sociais: a que se volta para o grupo ao qual se pertença (auto--estereótipos); e a que visa um grupo distinto (hetero-estereótipos). Assim como há estereótipos sociais de duas qualidades distintas: os positivos e os negativos. Apresentada essa classificação básica, depreende-se que os estereótipos sociais podem ser distribuídos em quatro categorias: auto-estereótipos positivos e negativos; e hetero-estereótipos positivos e negativos". (KRÜGER, 2004, p. 36-37).

Este trabalho configura-se como uma investigação qualitativa orientada pela interligação teórica das perspectivas do interacionismo simbólico e dos estudos da midiatização (recepção, mediações e interação), com foco nas influências da mídia na (re)elaboração das identidades[2], enquanto referencial teórico basilar e pela *Grounded Theory* Construtivista, como abordagem metodológica.

Espera-se com a organização e o recorte deste arcabouço teórico e metodológico compreender de modo coerente algumas nuanças da publicidade contraintuitiva e seus efeitos mediante os significados fornecidos pelas mulheres que interagem com tais narrativas. Neste caminhar, as lógicas das interações são pilares relevantes para dar sustentabilidade às reflexões desta investigação, pois conforme pontua José Luiz Braga, "a comunicação só é possível na ocorrência concreta de interações – trata-se então de perceber ocorrências e 'lógicas' das interações, na prática social como o lugar da realização do comunicacional" (BRAGA, 2012a, p. 4), tendo em vista que é provavelmente nesses espaços que os sentidos se estabelecem.

Evidencia-se que os esforços são para "ver o mundo através dos olhos dos atores sociais e dos sentidos que eles atribuem aos objetos e às ações sociais que desenvolvem" (GOLDENBERG, 2004, p. 32) mediante as suas práticas da recepção publicitária. Logo, com o apoio das teorias e da metodologia assumidas para o realizar desta investigação, pretende-se alcançar e dar visibilidade às experiências de mulheres brasileiras e aos significados produzidos pela interação destas com cartazes contraintuitivos.

---

2   O conceito de identidade é compreendido nesta investigação pela perspectiva do interacionismo simbólico, especialmente, nas orientações de G. H. Mead e C.H. Cooley, que segundo Stuart Hall elucidam que "[...] a identidade é formada na 'interação' entre o eu e a sociedade. O sujeito ainda tem núcleo ou essência interior que é o 'eu real', mas este é formado e modificado num diálogo contínuo com os mundos culturais 'exteriores' e as identidades que esses mundos oferecem". (HALL, 2003, p. 11).

Em suma, a reflexão que estimula a construção do saber desta pesquisa é compreender como a publicidade – com suas inovações discursivas, como a estratégia contraintuitiva (LEITE, 2007, 2008a, 2008b, 2009, 2014, etc.; LEITE e BATISTA, 2008, 2009a, 2009b e FRY, 2002) – pode, por meio do consumo e uso de suas estruturas narrativas, repercutir e contribuir socialmente para o estabelecimento de (re)orientações sociais e cognitivas em prol de indivíduos alvo de inscrições estereotipadas e preconceituosas.

Este trabalho mostra que nas atuais manifestações da "cultura midiática" (KELLNER, 2001, FAUSTO NETO, 2008) brasileira promove-se uma crescente busca para propagar, mediante esforços pontuais, produções que abordem nas suas retóricas a contextualização da diversidade identitária sociocultural. Tais ações são de considerável relevância, pois contribuem pedagogicamente para a formação de debates sobre a responsabilidade social das produções midiáticas e seus possíveis efeitos no processo de (des)construção e deslocamento cognitivo de estereótipos tradicionais negativos associados às minorias sociais.[3]

Nesta movimentação de sentidos, a publicidade também assumiria considerável destaque para o desenvolvimento de agendamentos e fóruns culturais (NEWCOMB, 1999). Com isso, em perspectiva inerente à sua natureza, mobiliza, direta ou indiretamente, marcas e processos argumentativos imbricados pelo eixo mercadológico para divulgar diferenciados olhares de respeito à diversidade. Esta observação deve ser lida, em conformidade com a afirmação de Peter Fry de que o mercado desempenha também um relevante papel nas manifestações sociais, via

---

3   Consideram-se minorias sociais aqueles colocados à margem da sociedade por não se enquadrarem nos ditames hegemônicos impostos socioculturalmente. Cabe citar como exemplo homossexuais, mulheres, negros etc. (HALL, 2003). No entanto, neste trabalho o conceito de minoria não deve ser entendido como "uma fusão gregária mobilizadora, como massa ou a multidão ou ainda um grupo, mas principalmente um dispositivo simbólico com uma intencionalidade ético-política dentro da luta contra-hegemônica" (SODRÉ, 2005, p. 11).

textos midiáticos, e queira-se ou não ele "é o divulgador mais eficiente de conceitos e ideias no Brasil contemporâneo" (FRY, 2002, p. 305).

Entretanto, apesar desses indicativos, muitas questões ainda precisam ser debatidas e reveladas nessa área, pois, na maioria dessas produções, os esforços e parâmetros iniciais de visibilidade oferecidos aos membros de minorias sociais – por exemplo os indivíduos da categoria social negro (foco das análises desta investigação)– correspondem majoritariamente a enquadramentos quantitativos. Tais representações ainda persistem em desconsiderar aspectos qualitativos que possivelmente, com mais propriedade, poderiam estimular novas associações e conteúdos positivos na estrutura cognitiva dos indivíduos (STERNEBERG, 2008, PEREIRA, 2002, BERNARDES, 2003 etc.) em relação aos grupos historicamente estigmatizados.

Nesta linha de entendimento, por quantitativo pode-se pensar no discurso publicitário "politicamente correto" que tem como provável proposta apenas a inserção, sem expressividade, de representantes minoritários em seus discursos. Já para se compreender o mote qualitativo, a tentativa (BRAGA, 2010; 2012a) publicitária contraintuitiva é adequada, visto que em suas narrativas são projetados espaços pertinentes para a ressignificação positiva dos conteúdos que estruturam os estereótipos negativos.

Em resumo, o discurso publicitário contraintuitivo deve ser entendido para além de uma mensagem pautada pelo suporte do politicamente correto, pois ele avança na questão do apenas conter (inserir) um representante de um grupo alvo de estereótipo em seu contexto narrativo. No discurso contraintuitivo, o indivíduo vítima de estereótipos e preconceito social é apresentado no patamar de protagonista, em posições que antes eram restritas e possibilitadas apenas a determinados perfis hegemônicos (homens e mulheres brancos). Outro ponto é que a publicidade contraintuitiva salienta e busca estimular mudanças na estrutura cognitiva do indivíduo receptor, operando pela sua narrativa uma provocação para atualizar (agregando "outras/ novas[4]" informações), deslocar suas crenças.

Desse modo, é vinculada a esse desafio e recorte que esta pesquisa de viés qualitativo busca dar continuidade e avançar com as reflexões sobre as pedagogias da publicidade contraintuitiva, ao contribuir principalmente para a construção de um estudo substantivo acerca de suas dimensões e nexos de sentidos nos estereótipos associados à mulher negra, quando da interação de mulheres brasileiras com tal narrativa. Neste viés, os procedimentos e técnicas da *Grounded Theory*[5] Construtivista (CHARMAZ, 2009) serão utilizados como a base do horizonte para a construção de um estudo de recepção.

A decisão de construir uma teoria substantiva sobre a recepção de anúncios contraintuitivos e suas repercussões no olhar e na sensibilidade interpretativa da mulher brasileira estabeleceu-se, de um lado, por considerá-la alvo histórico de contextos de opressão e estigmatização. Geralmente no Brasil, ser mulher e especificamente negra (representação a ser considerada nos anúncios contraintuitivos) significa estar inserida num "ciclo de marginalização e discriminação social" (SANTOS, 2009, p. 1). Por outro lado, essa profícua e desafiante opção pelas mulheres brasileiras também atende ao objetivo de potencializar a efetividade da construção teórica desta investigação, tendo em vista que as teorias substantivas buscam produzir "uma interpretação ou explicação teórica de um problema delimitado em uma área específica" (CHARMAZ, 2009, p. 252).

Portanto, o caminho a ser construído a partir desta produção científica é compreender no contemporâneo como a mulher brasileira entende essas manifestações de sentido e de que maneira a cultura da

---

4 Pretende-se, com o uso desses termos díspares, transmitir a possibilidade de um processo de deslocamento e transposição cognitiva do indivíduo estimulado pelo discurso publicitário.

5 Termo traduzido em português como "Teoria Fundamentada em Dados (TFD), Teoria Enraizada ou Teoria Emergente" (TAROZZI, 2011, p. 12). No entanto, neste trabalho será utilizado o termo original *Grounded Theory*.

mídia pode colaborar com seus discursos para desestabilizar esse ciclo de "repetições demoníacas" (BHABHA, 2008) e sectárias no qual a mulher negra está inserida.

Estimular a inserção dos estudos sobre a publicidade contraintuitiva nos debates teóricos da comunicação – alimentando dessa forma o campo publicitário com perspectivas atualizadas sobre os efeitos que seus discursos podem operar nos estereótipos – é uma das razões que também motiva o realizar desta investigação. Principalmente, por assumir na sua condução uma postura teórica equilibrada, que busca compreender as lógicas de interação dos indivíduos com a publicidade e seus reflexos na sociedade. A perspectiva é de edificar um trabalho teórico substantivo, alicerçado principalmente no arcabouço do interacionismo simbólico e dos estudos da midiatização, refletindo os espaços da recepção.

Este trabalho considera a publicidade como uma narrativa plurissígnica que pauta e nutre os seus processos constitutivos nas manifestações cotidianas dos indivíduos, como também um discurso disseminador pedagógico que operacionaliza "outros/novos" significados nos meandros dos exercícios sociais.

Os movimentos de sentido que as comunicações publicitárias produzem na sociedade devem ser observados para além dos seus objetivos econômicos[6], pois os efeitos de suas narrativas alcançam concomitantemente outras instâncias, como a política, a social, a cultural, a subjetiva. Nesta lógica, as potencialidades desse discurso devem ser consideradas em todas as suas incidências, tendo em vista a estrutura basilar multifacetada que o caracteriza.

> A publicidade deve, portanto, ser estudada como narrativa capaz de revelar valores que indicam práticas sociais, fomentam significados que atribuímos às nossas vidas, orientam formas pe-

---

6   Everardo Rocha problematiza e agrega a esse pensamento ao indicar que "produtos e serviços são vendidos para quem pode comprar; os anúncios, entretanto, são *vendidos* indistintamente" (ROCHA, 2006, p. 16, grifo do autor).

las quais nos relacionamos com as coisas e com outras pessoas. Assim, entender o que é dito nos anúncios, para além das vendas dos bens de consumo, é fundamental. (ROCHA, 2006, p. 16-17).

Os reflexos da narrativa publicitária são pensados e planejados para persuadir o receptor, principalmente, para estimulá-lo a subsidiar o movimento da esfera econômica. No entanto, esse efeito pode ou não ocorrer, pois a codificação hegemônica estruturada pelos publicitários nos espaços da cultura da mídia, pode ser (re)configurada ao ser recebida (decodificada) pelos indivíduos, tendo em vista o seu repertório cultural, a saliência que outros estímulos presentes nas margens do enquadramento da mensagem podem provocar e o contexto no qual o anúncio é recebido pelo indivíduo. Enfim, como será adequadamente explorado no capítulo de referencial teórico, é no exercício das lógicas de interação do indivíduo com a mensagem que provavelmente será determinada a efetividade do realizar comunicacional (BRAGA, 2012a).

Neste ínterim, evidencia-se que a publicidade integra a cultura midiática como um dos discursos mais eficientes e capacitados para indicar "outros/novos" percursos para as percepções e representações identitárias, pois seus enredos esforçam-se por acompanhar com afinco as realidades e os diálogos sociais contemporâneos para tangenciar os seus apelos ao consumo.

Considerando tais direcionamentos, esta pesquisa se justifica, enfim, como um oportuno e original esforço de dar continuidade aos estudos que buscam edificar um quadro de compreensão teórica sobre os efeitos da publicidade contraintuitiva na sociedade brasileira. Com esse objetivo, assume o desafio de articular o conhecimento sobre este discurso publicitário às pesquisas sobre os espaços, práticas e mecanismos articulados nos espaços da midiatização, valorizando especificamente neste circuito os sentidos do realizar midiático produzido pelas lógicas de interação de mulheres brasileiras com a mensagem publicitária e seus desdobramentos em conteúdos estereotípicos.

O ensejo de utilizar os estudos da midiatização para dar sustentabilidade e avançar com as reflexões sobre a comunicação publicitária contraintuitiva e suas sensibilidades significativas impôs o desafio de definir um percurso metodológico que permitisse concatenar esse enquadramento teórico de modo a valorizar substancialmente a edificação de um estudo fortemente embasado nas experiências dos receptores, considerados nesta pesquisa como indivíduos sociais ativos e capacitados a construir, pelas interações simbólicas, os significados que circundam o social.

Para responder essa diretiva, o presente trabalho assume a natureza qualitativa, buscando dinamizar e desdobrar o propósito de contribuir com a edificação de uma compreensão teórica que agregue conhecimento ao horizonte epistemológico do campo publicitário no que tange às relações que considerem as dimensões de sentido entre a publicidade e os seus efeitos em estereótipos tradicionais associados à mulher negra brasileira.

As contribuições desta pesquisa para o campo das ciências da comunicação se estabelecem na esfera da ordem científica teórica, pois as articulações de seus pressupostos teóricos e metodológicos visam como foco principal, como já exposto, a produção de um estudo em *Grounded Theory* sobre as experiências de interação de mulheres brasileiras com a publicidade contraintuitiva e as suas repercussões em estereótipos tradicionais associados à mulher negra brasileira, ofertando ao campo uma pesquisa inovadora e inédita no Brasil sobre as manifestações de sentido da publicidade nos espaços da recepção.

A construção desta pesquisa sobre a temática em pauta também poderá servir como referência para orientar e instrumentalizar outros estudos no campo da comunicação brasileira. Pode ainda se manifestar na ordem social, pois o conhecimento produzido com base nas vozes e experiências das mulheres brasileiras, permite criar alternativas que estimulem novos pensamentos, debates e outras considerações acerca da temática em relevo. Com isso, torna-se possível promover de algum modo uma intervenção nas reflexões sobre a realidade social contemporânea e acerca do entendimento dos impactos operados pelos produtos midiáticos nas identidades.

Por exemplo, o estudo substantivo construído poderá ser um instrumento relevante para estimular a conscientização de atuais e futuros profissionais da comunicação publicitária no que se refere às repercussões dos significados da publicidade nas identidades dos indivíduos, propondo dessa forma para esses profissionais caminhos alternativos que potencializem a criação de discursos publicitários mais coerentes e responsáveis, isto é, que reflitam as nuanças éticas e estéticas em relação ao uso dos estereótipos.

Por conseguinte, diante de tais razões, este trabalho se propõe alcançar e responder aos seguintes objetivos:

Objetivos gerais

I. Edificar um estudo substantivo que apresente uma compreensão sobre os padrões interativos e os efeitos da publicidade contraintuitiva em estereótipos sociais, considerando como lugar para essa construção teórica os aspectos da recepção e as lógicas de interação de mulheres brasileiras (brancas e negras) com a tentativa comunicacional publicitária.

II. Compreender como os efeitos da publicidade contraintuitiva, em relação aos estereótipos, repercutem nas estruturas de conhecimento e sobre as experiências de mulheres brasileiras.

III. Aprofundar os significados e construir – com base nas experiências, opiniões e ações de mulheres brasileiras – um quadro interpretativo sobre algumas dinâmicas e processos sociais ou psicossociais operados pelos padrões interacionais e pelos efeitos de sentido do dispositivo publicitário contraintuitivo nas identidades.

Objetivos específicos

I. Investigar as especificidades teórico-filosóficas do conceito de publicidade contraintuitiva, explorando os efeitos associados à inclusão de seus estímulos em peças publicitárias e suas consequências para o deslocamento de conteúdos estereotípicos negativos.

II. Explorar e interpretar os dados coletados nas entrevistas em profundidade, buscando compreender como a tentativa da comunicação publicitária contraintuitiva é consumida e utilizada pelas mulheres brasileiras para o deslocamento de conteúdos estereotípicos negativos especificamente associados à mulher negra.

III. Identificar no âmbito da recepção quais lógicas afluem e que dimensões se instituem nessas ondas de interação da mulher com a publicidade contraintuitiva.

IV. Ofertar ao campo publicitário uma produção científica atualizada sobre a publicidade contraintuitiva, buscando subsidiar "novos/outros" debates, percepções e perspectivas acerca dos efeitos da comunicação nos estereótipos sociais.

É na busca de responder esses objetivos que este trabalho científico inicia o seu percurso empírico, enfrentando a seguinte problematização aberta e gerativa: Como a publicidade contraintuitiva, com a presença de mulheres negras, repercute nas estruturas de conhecimento e experiências da mulher brasileira? Quais efeitos de sentido (significados) são produzidos pelas lógicas de interação da mulher com o dispositivo publicitário contraintuitivo nos espaços e práticas da recepção?

Desse modo, no *capítulo I* apresenta-se uma revisão da literatura sobre os estudos da publicidade contraintuitiva com o objetivo de situar o leitor e ofertar ferramentas conceituais que auxiliem sua leitura sobre o pensamento teórico elaborado a respeito da publicidade contraintuitiva e seus efeitos em estereótipos.

No *capítulo II* são compartilhados os referenciais teóricos que, – além de sintetizar a base de sustentação das reflexões, das lógicas e da orientação conceitual desta investigação, – apoiam o leitor a compreender o lugar e as ideias principais que atravessam o conhecimento produzido neste estudo e explicam o enquadramento teórico que fundamenta o entendimento de sua contextualização analítica.

Apresentados esses dois primeiros capítulos, que posicionam a pesquisa frente às disciplinas e as discussões relevantes acerca de suas abordagens, no *capítulo III* a metodologia *Grounded Theory*, seus procedimentos, suas técnicas, desdobramentos históricos, escolas, bem como suas problemáticas de aplicação são abordados para elucidar os caminhos determinados para a realização desta pesquisa. O detalhamento desta execução nesta investigação é descrito no *capítulo IV*, que apresenta o desenho e o processo desenvolvido para atender os ditames da metodologia definida.

Os resultados obtidos neste trabalho são densamente apresentados nos *capítulos V e VI*. Na construção destes resultados – mediante a análise sistemática e a técnica de comparação constante postuladas na *Grounded Theory*, tendo como fundamento as vozes e vivências das informantes da pesquisa – emergiu um modelo teórico representativo denominado Experiências de interação de mulheres brasileiras com anúncios contraintuitivos. Este modelo retrata um quadro interpretativo sobre o processo complexo e subjetivo das experiências de interação das mulheres brasileiras com anúncios contraintuitivos. Dessa forma, oferece um caminho para se compreender os significados e os nexos de sentidos que podem ser ativados quando da relação simbólica desse público com a comunicação publicitária contraintuitiva, bem como as implicações dessa dinâmica interacional no que tange à produção de "novas/outras" percepções e ao enfrentamento de estereótipos negativos associados à mulher negra brasileira.

A discussão dos resultados construídos nesta investigação é registrada no *capítulo VII*, onde há um retorno mais atencioso à literatura e a promoção de diálogos que fortaleçam e/ou problematizem os achados deste estudo.

Enfim, o que este trabalho oferece é uma produção original e inédita no campo da comunicação, no Brasil e no mundo, ao construir e ofertar à sociedade um quadro explicativo do que acontece quando mulheres brasileiras interagem com publicidades com estímulos contraintuitivos. Este trabalho científico ganha ainda mais relevância por demonstrar empiricamente como os nexos de sentido produzidos pelas configurações publicitárias podem afetar profundamente as experiências de vida de mulheres vítimas da ação opressiva cotidiana das articulações dos estereótipos, viés no qual especialmente as mulheres negras são alvos fáceis. Além de demonstrar tais efeitos e suas repercussões cognitivas e sociais, este estudo avança e apresenta caminhos fundamentados nas experiências vivida e mediada (THOMPSON, 1998) das mulheres brasileiras que sugerem modos de enfrentamento e tentativas para desarticular as manifestações de estereótipos tradicionais negativos nos espaços midiáticos brasileiros.

Espera-se que os esforços empreendidos para a construção deste trabalho consigam atravessar os muros acadêmicos e circular socialmente como uma ferramenta de conscientização e de apoio aos debates e embates sociais sobre o papel que a comunicação, especialmente a publicidade, pode exercer para contribuir, dentro de seus limites, com o desenho de "novos/outros" contextos de esperança para a ampliação do reconhecimento da plenitude diversa que caracteriza a realidade do povo brasileiro. Isto porque a possibilidade de se identificar e se reconhecer nos discursos em circulação na mídia é algo muito profundo para os indivíduos na sociedade, que exige e desafia altamente as lógicas da mídia para o seus reflexos nos espaços midiatizados. Espera-se que este trabalho sensibilize e contribua com o conjunto de outras iniciativas similares para demonstrar ao campo e aos seus profissionais os desdobramentos que seus discursos operam de modo gradual e cumulativo para além do imediato nas mediações sociais.

CAPÍTULO I

REVISÃO DA LITERATURA:
publicidade contraintuitiva

A mensagem em si pode criar a realidade que
a mensagem incorpora e predispor aqueles que a
ouvem a pensar sobre ela de um modo particular.
(BRUNER, 1997, p. 128).

O anúncio contraintuitivo pode ser considerado como uma proposta do campo profissional publicitário que, estrategicamente, faz uso em suas narrativas de "outros/novos" conteúdos acerca de estereótipos dirigidos às minorias sociais, isto é, de moderadores contraestereótipos,[1] com o objetivo principal de inovar e promover as suas tentativas de apelo para o consumo mercadológico, "violando expectativas intuitivas" (UPAL; 2007a, 2007b; 2009a; 2009b) dos receptores acerca dos discursos tradicionalmente veiculados pela publicidade.

No entanto, é na densidade das margens do objetivo mercadológico – ao despertar a atenção dos receptores, dar visibilidade e proporcionar o contato social com discursos mais positivos acerca de grupos estigmatizados – que esta narrativa pode também estimular diferenciadas leituras, direcionando dessa forma percepções para outras sensibilidades com relação à presença desses indivíduos na sociedade. Isto porque, tais

---

1   Entre esses moderadores, que apoiam a manifestação do efeito de sentido contraintuitivo na publicidade, se destacam os estímulos de criação de imagens mentais contraestereotípicas positivas (BLAIR e BANAJI, 1996; BLAIR e LENTON, 2001, DASGUPTA e GREENWALD, 2001) e o treinamento contraestereotípico (KAWAKAMI, DOVIDIO, MOLL, HERMSEN e RUSSIN, 2000), que focam atingir a automaticidade da manifestação de conteúdos estereotípicos negativos.

narrativas colaborariam cognitivamente para o deslocamento ou atualização de conteúdos (crenças) negativos que governam os estereótipos tradicionais atribuídos aos membros das então denominadas, simbolicamente, minorias sociais.

As reflexões teóricas que buscam articular o pensamento sobre a publicidade contraintuitiva (LEITE, 2007, 2008a, 2008b, 2009, 2011, 2014; LEITE e BATISTA, 2008, 2009a, 2009b, 2011) a indicam como uma considerável ferramenta discursiva, tendo como aporte para tais enquadramentos reflexivos as teorias da comunicação, especialmente nos estudos que abordam os efeitos de sentido e as repercussões dos produtos midiáticos nas mediações sociais.

Neste contexto, são também fundamentais os estudos contemporâneos que apontam para as potencialidades da mídia em auxiliar a percepção em relação aos grupos sociais na construção e desconstrução de estereótipos (SANDERS e RAMASUBRAMANIAN, 2012; RAMASUBRAMANIAN, 2011, 2007; ENTMAN E ROJECKI, 2000; DIXON, 2008a, 2008b; MASTRO, LAPINSKI, KOPACZ, e BEHM-MORAWITZ, 2009; MASTRO, TAMBORINI e HULLET, 2005; HOGG, 1992; etc.) bem como as contribuições teóricas advindas da psicologia social, com base cognitiva, sobre os estudos dos estereótipos associados aos direcionamentos acerca do processamento de informação e suas possibilidades de controle e supressão de conteúdos estereotípicos (MONTEITH *et al.*, 2013; STERNEBERG, 2008; BERNARDES, 2003; PEREIRA, 2002; WEGNER, 1994; etc.).

Como se observa, o aporte teórico que concatena o pensamento sobre a publicidade contraintuitiva é configurado pela interdisciplinaridade. Desse modo, é pelo diálogo com outros campos do saber que as suas dimensões de sentido são ampliadas e se fortalecem para pensar em efeitos para além da natureza mercadológica.

A publicidade contraintuitiva parte provavelmente da iniciativa estratégica do campo profissional publicitário. Obviamente, esta iniciativa tem sua origem e suporte nas demandas mercadológicas e sociais, pois é diretamente conectada ao atendimento dessas expressões que as narrativas da publicidade alcançam o seu potencial de "refletir e refratar a realidade" (TRINDADE, 2012, p. 34), em determinados aspectos, colaborando para formar percepções diversas, inclusive, promovendo e ressignificando perspectivas e intenções comportamentais acerca de grupos e temáticas presentes na sociedade.

A publicidade contraintuitiva – como já se explicitou e discutiu em trabalhos anteriores, indicados no início deste capítulo – deve ser entendida como uma "*tentativa* deliberada de romper com os antigos estereótipos com a *produção* que se pode chamar de *cartazes* contraintuitivos" (FRY, 2002, p. 308, grifo nosso). Este norte, originalmente, ofertado por Peter Fry, posiciona a publicidade contraintuitiva num horizonte amplo e complexo de manifestação de significados que concatena a sua configuração narrativa imbricada nas lógicas e nos espaços da produção, da recepção e interação midiáticas, ou seja, nas lógicas da mídia (HJARVARD, 2012; 2014) e nas lógicas da midiatização (BRAGA, 2015). Estes pontos conceituais serão retomados com mais atenção no próximo capítulo, que trata do referencial teórico.

Na definição de Fry, três termos devem ser destacados para concatenar as conexões de sentido em relação à temática em pauta, a saber: "produção", "cartazes" (campo profissional e produto midiático, respectivamente) e "tentativa". Este último termo, especialmente, abarca os espaços da produção e recepção, considerando as tentativas de sentido que ambas as etapas buscam gerar, pelos "trabalhos de circulação" (FAUSTO NETO, 2010b, p. 3) das narrativas publicitárias ofertadas pelos seus produtores e apropriadas ativamente pelos indivíduos nos espaços da recepção.

Com efeito, sabe-se que os cartazes contraintuitivos são produções do campo publicitário que, geralmente, apresentam em suas margens discursivas estímulos que buscam romper com a tradição dos estereótipos negativos essencialistas, que demarcam e limitam a expressão de diversos grupos nos espaços da mídia e na sociedade. Tais cartazes, ainda segundo Fry (2002), estão sendo desenvolvidos por profissionais advindos de universidades onde o preconceito e a discriminação são fortemente discutidos e condenados. Por conseguinte, pode-se considerar, de um ponto de vista otimista, que esses novos profissionais estão sendo formados também em ambientes universitários que estimulam o exercício de olhares mais críticos e sensíveis frente ao contexto intercultural e diverso que caracteriza a realidade do Brasil.

O entendimento da expressão "tentativa" exige especial atenção, pois este termo possui uma sutileza complexa de significado. Primeiro, acredita-se que é este termo que, provavelmente, inscreve a comunicação contraintuitiva e os seus possíveis efeitos nos espaços, dinâmicas e práticas da recepção. Esta indicação se fortalece pela sua aproximação à tese de José Luiz Braga (2012a, 2010), que considera *tentativo* o processo comunicacional, como se explanará com mais aprofundamento no próximo capítulo.

No entanto, como ponto introdutório das discussões desse termo e de acordo com Braga, o comunicacional ocorreria tendo em vista a sua probabilidade variável, ou seja, os graus de imprecisão do estabelecimento de sentidos pertinentes ao seu processo. Dessa maneira, ao aproximar os sentidos da comunicação publicitária contraintuitiva como um discurso tentativo, direciona-se o seu entendimento para essas possibilidades de negociações de sentido que perpassam todo o processo comunicativo, da produção à recepção.

Com este prisma, é nos espaços desse proceder que as suas articulações e efeitos podem ocorrer, tendo em vista as possibilidades abertas pela circulação de suas narrativas, ao promoverem cognitivamente deslocamentos e ressignificações mais positivas de estereótipos negativos associados tradicionalmente às minorias sociais. Portanto, é nesse contexto que os estudos contemporâneos sobre a publicidade contraintuitiva estão se desenvolvendo, ao direcionar os seus esforços para compreender empiricamente os efeitos que essa narrativa pode operar neste horizonte de sentidos imprecisos.

Desse modo, é justamente assumindo esta direção que se propõe construir e ofertar nesta pesquisa um quadro interpretativo sobre a recepção desta narrativa junto às mulheres brasileiras, considerando os objetivos já demarcados.

Neste capítulo, especificamente, serão resgatadas algumas das principais reflexões elaboradas mediante as pesquisas exploratórias desenvolvidas por Leite (2009, 2014) e Leite e Batista (2008, 2009a, 2009b, 2011) acerca da publicidade contraintuitiva brasileira, pontuando as suas principais características em vista de seus efeitos nas crenças de indivíduos que interagem com sua mensagem.

Nos estudos desses autores foram reveladas nove características que possibilitam identificar, analisar e estimular a criação de anúncios com a perspectiva contraintuitiva. A saber:

a) O anúncio expõe em sua narrativa indivíduos alvo de estereótipo tradicional em contexto de prestígio social (sendo protagonistas);

b) O discurso propõe dissociação/diluição de conteúdos estereotípicos negativos, apresentando novas informações;

c) A narrativa apresenta justificativa para uma nova visão sobre o conteúdo estereotípico;

d) O discurso motiva suficientemente o processamento de deslocamento cognitivo;

e) O anúncio salienta por meio de novas informações a negatividade de aspectos centrais de estereótipos tradicionais (ex. negro e subalternidade);

f) A proposta da narrativa estimula enfrentar os efeitos da ameaça dos estereótipos;

g) A publicidade possibilita a ocorrência de efeitos irônicos como o ricochete;

h) O uso da atenção por outros elementos do anúncio (ex. música ou humor) podem ser elementos que distraem e interferem na proposta contraintuitiva;

i) Ocorre um ciclo de reforço (repetição, saliência etc.) para processamento da informação e produção do efeito cumulativo.

Na revisão bibliográfica organizada neste capítulo esses nove tópicos estão especialmente considerados, ressaltando dessa maneira que esse levantamento referencial deve ser visto como estratégico para situar o leitor com relação aos pontos de parada das reflexões teóricas produzidas acerca da publicidade contraintuitiva e suas repercussões de sentido no social. Com efeito, espera-se com essas informações estimular a compreensão dos esforços científicos aplicados para a construção dos conhecimentos empíricos produzidos nesta investigação feita com base nos procedimentos e técnicas da *Grounded Theory*.

Os caminhos da publicidade contraintuitiva

O objetivo esperado pelas narrativas publicitárias pautadas sob a proposta contraintuitiva é fornecer à sociedade, nas margens de seus objetivos mercadológicos, diferenciadas visões e significados acerca da realidade dos indivíduos alvo dos arcaicos estereótipos essencialistas, neutralizando e reorientando a manifestação da automaticidade cognitiva dos seus conteúdos negativos. Isto é, espera-se que tais discursos estimulem releituras acerca das crenças negativas referentes a esses grupos estigmatizados, colaborando assim, pelas tentativas de produção de sentido de suas leituras, a atualização (ressignificação), diluição e até mesmo a supressão cognitiva desses conteúdos.

Para isso, tais discursos buscam dar oportunidades para que representantes de grupos estigmatizados também protagonizem, sejam destaques e apareçam em posições mais favoráveis de prestígio social nos enquadramentos simbólicos das produções publicitárias, afastando-se das ultrapassadas marcações de subalternidade e inferioridade que lhes eram inflexivelmente impostas. Ofertando assim outros trânsitos e contextos antes dificilmente experimentados por esses indivíduos em tais espaços simbólicos.

Em decorrência das "inovações" abordadas em suas narrativas, pautadas em contextos e situações mais favoráveis às minorias, a comunicação publicitária contraintuitiva deve ser compreendida como uma ferramenta discursiva que pode com seu estímulo preparar a estrutura cognitiva dos indivíduos que interagem com sua mensagem para captar, assimilar e armazenar novas informações fornecidas a respeito de indivíduos alvo do conteúdo estereotípico negativo.

Por conseguinte, considerando o pressuposto da incidência dos efeitos dos discursos midiáticos nas práticas cotidianas dos indivíduos, pode-se indicar que é pela força da justificativa e pela contínua exposição, ou por meio das redescrições[2] de mensagens sob a mesma linha nos espaços discursivos da mídia, que pode ocorrer um processo de deslocamento e atualização cognitiva do indivíduo receptor em relação aos conteúdos negativos desses estereótipos. Percebe-se assim a necessidade de que esforços semelhantes aos anúncios contraintuitivos sejam estimulados e repetidos pela mídia para se produzir novas associações aos estereótipos e também reorientar as visões distorcidas acerca do papel social de minorias sociais, tanto nas instâncias da mídia quanto nos espaços das práticas cotidianas, ou seja, nas "mediações sociais" (MARTÍN-BARBERO, 1987).

Esta possibilidade também se sustenta em outras bases: nas clássicas reflexões de Mauro Wolf (2005), que apontam para a ocorrência dos efeitos de longo prazo e cumulativos frente aos estímulos das narrativas veiculadas pela mídia; nos postulados contemporâneos de Douglas Kellner (2001), que sinalizam para a "pedagogia cultural" dos discursos da "cultura da mídia" para a (re)articulação das identidades sociais; bem como nos atuais estudos sobre a midiatização.

Neste cenário, para se compreender os prováveis efeitos que possibilitam esses deslocamentos perceptivos, cognitivos e sociais realizados pelos anúncios com estímulos contraintuitivos, além de considerar o aporte basilar dos estudos da comunicação indicados acima, também é necessário recorrer aos suportes da literatura da psicologia social com base cognitiva. E isso para se encontrar pistas de como os efeitos dessa narrativa publicitária atingem a estrutura do lembrar (memória) do in-

---

2   Segundo Gardner, "uma mudança mental torna-se convincente na extensão em que se presta à representação em diferentes formas, com essas formas reforçando-se mutuamente" (GARDNER, 2005, p. 29).

divíduo receptor. Frise-se que, como se observará, é no aporte teórico desses estudos que se localiza o entendimento do movimento cognitivo operado pela proposta contraintuitiva na comunicação.

O recorte dentro desses estudos foca na linha de reflexão sobre os estereótipos e os processos cognitivos automáticos e controlados ao se processar uma informação, isto é, no momento da interação do indivíduo com uma mensagem. Especificamente, a estrutura cognitiva do indivíduo diante de um estímulo pode gerar processos diferenciados em termos de exigirem ou não o controle consciente de seus pensamentos. Os dois sistemas cognitivos fundamentais, que direcionam os indivíduos a perceberem o mundo, são denominados *automático* e *controlado*. Esses sistemas possuem focos distintos e são objetos de diversos estudos[3] que visam observar as influências e os efeitos exercidos nas atitudes e comportamentos pela ativação de ambos os processos em relação, por exemplo, aos estereótipos.

Os processos automáticos na estrutura cognitiva "não envolvem o controle consciente, isto é, em geral [...] ocorrem fora do conhecimento consciente e exigem pouco ou nenhum esforço ou mesmo intenção, [...] e são relativamente rápidos" (STERNBERG, 2008, p. 81). Eles são caracterizados como ações mentais que acontecem além da consciência, sendo involuntários, incontroláveis, não intencionais, manifestando-se até na ausência de qualquer esforço cognitivo por parte do indivíduo. De acordo com Daniel Kahneman, esses pensamentos que surgem de forma automática frente a um estímulo repetidamente processado e conhecido podem ser denominados de "visão e *pensamento intuitivo*" (KAHNEMAN, 2013, p. 47, grifo nosso).

---

3   Segundo Evans e Stanovich, "os estudos sobre esses processos têm suas origens nos idos de 1970 e 1980 (EVANS, 1989; WASON e EVANS, 1975) e receberam enfoques muito interessantes em diversos estudos contemporâneos (cf. BARBEY e SLOMAN, 2007; EVANS, 2007a, 2008; EVANS e OVER, 1996; KAHNEMAN, 2011; KAHNEMAN e FREDERICK, 2002; S. A. SLOMAN, 1996; STANOVICH, 1999, 2011; STANOVICH e WEST, 2000)" (EVANS e STANOVICH, 2013, p. 223).

Tais pensamentos simplesmente acontecem sem a exigência ou a intenção de análise prévia, isto é, surgem de modo rápido sem que sejam evocados intencionalmente. Ainda segundo Kahneman (2013), esses pensamentos estruturam o conhecimento intuitivo dos indivíduos que buscam responder sem nenhum esforço e sem controle voluntário a amplitude de resultados possíveis frente a um estímulo.

Já os processos controlados são definidos como contrários aos processos automáticos, pois seriam intencionais, controláveis e necessitariam de esforço adicional. Portanto, eles entram em atividade quando o indivíduo está consciente de sua demanda cognitiva. Os processos controlados, segundo Sternberg (2008), não somente são acessíveis ao controle consciente, como também o exigem; esses processos são realizados em série (sequencialmente, uma etapa de cada vez) e consomem um tempo relativamente longo para a sua execução (no mínimo, quando comparados aos processos automáticos).

Nesta dinâmica cognitiva, como já se discutiu em outros trabalhos (LEITE e BATISTA, 2008; LEITE, 2014), pode-se considerar que os processos automáticos procurariam fazer uma identificação das regularidades de um contexto em longo prazo, sendo incapazes de, num curto espaço de tempo, se adaptar a um determinado estímulo. Já os processos controlados, diante de tal contexto, seriam mais flexíveis e predispostos a se adaptar às mudanças propostas por um estímulo, bem como tal processo se realizaria contrariamente à proposta intuitiva, pois para se realizar exige atividades de reflexão.

Ainda conforme Sternberg, "muitas tarefas que começam como processos controlados finalmente se tornam automáticas" (2008, p. 81). Isto é, "as atividades mentais se tornam rotineiras rapidamente e automatizadas com o longo treino" (KAHNEMAN, 2013, p. 49). Dessa forma, o conceito de publicidade contraintuitiva se localiza nestas perspectivas que indicam a possibilidade de produção de pensamentos deliberados que podem violar e enfrentar a automaticidade do conhecimento intuitivo nos espaços em que ambos os processos participam do controle da atenção dos indivíduos frente aos estímulos sociais.

As operações automáticas [...] criam padrões impressionantemente complexos de representações, mas apenas [a operação contraintuitiva do processo controlado], mais lento, pode construir pensamentos em uma sequência ordenada. Há também circunstâncias nas quais o segundo [controlado] assume o controle, na medida em que rejeita os impulsos e associações descontrolados do primeiro [automático]. (KAHNEMAN, 2013, p. 49).

As injustiças sociais que resultam da ativação automática do uso dos estereótipos, provavelmente, só podem ser evitadas caso os indivíduos consigam controlar os seus pensamentos estereotípicos. Diversos estudos e experimentos realizados, inclusive com discursos comunicacionais (p.e. SANDERS e RAMASUBRAMANIAN, 2012; RAMASUBRAMANIAN, 2011, 2007; WEGNER, 1994; etc.) buscaram mensurar a eficiência e eficácia de narrativas que abordem em suas estratégias elementos que auxiliem no deslocamento (supressão ou dissociação) de conteúdos estereotípicos negativos, mediante estímulos que ativem a reflexividade do controle mental. Porém, nestes esforços, alguns resultados identificados pelos pesquisadores apontam efeitos irônicos, indesejados, dentre os quais, destacam-se o efeito ricochete e a ameaça dos estereótipos.

Efeito Ricochete e Ameaça dos Estereótipos

Conceitualmente desenvolvido por Wegner (1994), *o efeito ricochete* acontece no momento da interação quando- diante de uma motivação (estímulo) que proponha um "novo/outro" posicionamento (supressão/dissociação) do receptor frente a um pensamento estereotípico- o indivíduo está sem recursos cognitivos, sob pressão de tempo, distraído, ou sem motivação psicológica para suprimir o estereótipo negativo em questão. Ou seja, em determinadas circunstâncias, a tentativa de transmissão de mensagens desenvolvidas para auxiliar no deslocamento de associações preconceituosas, acaba surtindo efeitos indesejados, que podem reforçar e tornar hiperacessíveis tais pensamentos preconceituosos ao invés de suprimi-los, tendo em vista a dificuldade de processamento que tais elementos contextuais distratores (pressão, falta de motivação etc.) impõem ao receptor no uso dos recursos cognitivos disponíveis. Entretanto, não se deve considerar natural a ocorrência desse efeito irônico. Ele também pode ser causado pelo tempo de exposição do indivíduo à mensagem e pela (falta de) justificativa/explicação contundente desta ao indivíduo a fim de que aceite sem resistir a supressão ou dissociação de suas crenças intuitivas produtoras de pensamentos estereotípicos.

Nessa atividade também estão em ação os dois sistemas de percepção do nosso entorno, que participam do controle da atenção. Nesse sentido, Kahneman (2013) esclarece que o processamento controlado exige plena atenção e é prejudicado quando esta atenção é desviada por algum elemento distrator ou estiver focada de modo inadequado. Ainda segundo ele, o sistema controlado (contraintuitivo) "tem a capacidade de alterar o funcionamento do sistema [automático], já que normalmente controla as funções automáticas de atenção e memória" (KAHNEMAN, 2013, p. 49-50).

Para alinhar esta compreensão, Bernardes (2003) cita um modelo teórico de controle de pensamento sugerido por Daniel Wegner, segundo o qual quando os indivíduos tentam suprimir um pensamento esta finalidade é possibilitada pela ação de dois processos cognitivos específicos, porém integrados:

> O primeiro corresponde a um processo de *monitoração de pensamentos* que tem como objetivo examinar a consciência em busca de qualquer sinal do pensamento a evitar. Simultaneamente, inicia-se um segundo processo operativo cujo principal objetivo é a *reorientação da consciência* no sentido desta se afastar do pensamento indesejado e focar sua atenção num pensamento distrator. (BERNARDES, 2003, p. 309, grifo nosso).

Antes de avançar cabe pontuar e esclarecer que o modelo teórico de supressão sugerido por Wegner deve ser conectado ao processo controlado de processamento de informação, pois o discurso publicitário contraintuitivo acompanha esse desdobramento, tendo em vista que sua proposta é reorientar o indivíduo receptor mediante a reflexão sobre sua retórica enunciativa a respeito de estereótipos sociais negativos. Contudo, deve-se atentar para os efeitos da publicidade contraintuitiva que podem ser tanto positivos quanto irônicos, como o ricochete, tal resultado vai depender do reflexo das justificativas dessas mensagens sobre as crenças intuitivas do indivíduo.

No contexto de recepção da publicidade contraintuitiva, devem ser consideradas também as manifestações da ameaça dos estereótipos, que em linha com o efeito ricochete pode tornar os conteúdos negativos dos estereótipos mais acessíveis na memória dos indivíduos; por outro lado, considerando um viés positivo, a mesma ameaça pode estimular esses indivíduos a desconstruírem tais conteúdos mediante as diferenciadas narrativas positivas articuladas na mensagem publicitária.

O conceito de ameaça dos estereótipos tem suas bases nas teorias que discorrem sobre o histórico de opressão e discriminação e as péssimas condições econômicas, educacionais e sociais das quais as minorias sociais foram vítimas, considerando, nesse percurso, a verticalização das relações de poder entre os grupos, estabelecida na sociedade.

A literatura sobre a ameaça dos estereótipos e seus efeitos postula que um indivíduo, ao crer que pertence a um grupo que é alvo de um estereótipo negativo, quando submetido a uma atividade relacionada com esse estereótipo, sofre, nessa situação de pressão, uma imediata e considerável redução de desempenho.

Os estudos sobre essa abordagem são relativamente recentes e têm como marco inicial o trabalho de Steele e Aronson, publicado em 1995. Esses investigadores organizaram uma pesquisa experimental na qual consideraram o efeito da etnia na manifestação da ameaça dos estereótipos em negros, no âmbito acadêmico, de modo geral. Entretanto, diversos resultados de pesquisas já foram vastamente relatados na literatura,[4]

---

4   Uma excelente revisão dessa literatura foi realizada por Pereira (2004).

tendo como foco principal, além do negro, mulheres no domínio da matemática e aritmética (DAVIES *et al.*, 2002; MARX; ROMAN, 2002; SCHMADER, 2002; SHIH; PITTINSKY; AMBADY, 1999), idosos em testes de memória (LEVY, 1996), entre outros.

No entanto, apesar de ser notório o interesse dessas pesquisas em observar questões acerca do desempenho intelectual dos indivíduos, atualmente, outras áreas estão recebendo atenção dos pesquisadores, como o esporte (FREIRE, 2005; BEILOCK; MCCONNELL, 2004) e o contexto infantil (AMBADY *et al.*, 2001).

Com efeito, um estudo britânico recente aponta que o estereótipo influi no sucesso e no fracasso dos indivíduos. Segundo os seus resultados, "o fracasso no trabalho, na escola ou em esportes não se deve necessariamente à falta de talento ou incompetência, mas também à maneira como cada um percebe o grupo social ao qual pertence." (BBC BRASIL, 2008). Nesse sentido, Marcos Emanoel Pereira esclarece que os indivíduos alvos dos efeitos da ameaça dos estereótipos são

> [...] submetidos a um longo processo de exposição aos estereótipos negativos em relação ao próprio grupo, os membros do grupo estereotipado geralmente internalizam os estereótipos, o que levaria ao surgimento de um sentimento de inadequação ou impropriedade, que se exprimiria através de uma ansiedade em relação a ser considerado inferior ou no desenvolvimento de um sentimento de baixa expectativa a respeito das suas próprias capacidades. (PEREIRA, 2002, p. 56).

No olhar de Joice Ferreira da Silva, com base nos estudos de Schmader,

> o conceito de ameaça dos estereótipos refere-se às ameaças situacionais, oriundas de crenças estereotipadas sobre determinados grupos e da ameaça que paira no ar sobre as pessoas pertencentes a estes grupos alvo de estereótipos. Além dos indivíduos terem

seu potencial de performance inibido, há um reconhecimento de que esses possíveis fracassos possam confirmar um estereótipo negativo aplicado ao seu endogrupo, e, por consequência, a eles mesmos. (SCHMADER, 2002 *apud* SILVA, 2007, p. 20).

A ideia da teoria sobre a ameaça dos estereótipos foi organizada de forma didática por Pereira (2004), que orienta que ela se pauta em duas linhas básicas de argumentos e possivelmente se manifesta a partir de dois blocos de proposições. Ou seja, primeiramente,

I. X acredita que pertence ao grupo Y,

II. X sabe que o grupo Y é alvo do estereótipo negativo N,

III. nas circunstância em que realizar uma tarefa T, relacionada com N, a performance de X, mensurada por um instrumento I, sofrerá uma redução detectável;

Consequentemente,

IV. Para afastar a ameaça do estereótipo N, X se convence de que não deve se preocupar com a tarefa T, desvalorizando-a,

V. X afasta o temor de confirmar o estereótipo N, mas se obriga a não despender os esforços necessários para melhorar a performance na tarefa T, mensurada pelo instrumento I,

VI. O que leva à confirmação do estereótipo N sobre o grupo Y. (PEREIRA, 2004, p. 71).

Em resumo, o efeito da ameaça do estereótipo ocorre geralmente quando um indivíduo em determinado contexto/situação tem o conteúdo negativo do estereótipo ativado por algum estímulo recebido (p. ex., alguma palavra dita, publicidade, telenovela, contexto etc.). O reflexo dessa incitação pode contribuir para que esse indivíduo, alvo de estereótipo essencialista, tenha intenções comportamentais diante de uma tarefa ou ação a ser executada de forma a confirmar esse mesmo estereótipo negativo nessa situação/contexto. Assim, a teoria da ameaça dos estereótipos deve ser vista como

[...] uma linha de argumentação mais contextual, que faz referências às ameaças situacionais mais imediatas, derivadas de um amplo compartilhamento das crenças estereotipadas sobre um grupo ao qual se pertence e da ameaça que paira no ar de que o critério de julgamento da performance será antes de tudo as crenças e julgamentos estereotipados (PEREIRA, 2004, p. 72).

A relevância do debate sobre a ameaça dos estereótipos se faz urgente diante das influências que sua manifestação pode causar na saúde psicológica e sociocultural de indivíduos alvos de seus efeitos reacionários. Logo, nessa dinâmica, entender e observar tal contextualização no cruzamento dos fortes estímulos disseminados pelos discursos da lógica midiática permite ampliar esse debate e progredir para a compreensão desse contexto. Pois é sabido que, na sociedade contemporânea midiatizada, os meios de comunicação com suas narrativas têm considerável influência na construção do repertório cultural dos indivíduos/sociedade, capacitando-os para operar os conflitos de interpretação e sentidos da realidade.

Historicamente, os discursos midiáticos acompanharam e refletiram a opressão e a invisibilidade imposta às minorias sociais, que não se adequavam ao perfil hegemônico estabelecido para os seus enquadramentos. Essas posturas, provavelmente, contribuíram com propriedade para elaborar, reforçar e compartilhar crenças negativas acerca desses grupos estigmatizados na sociedade, auxiliando assim na construção do repertório que contextualiza e governa a automaticidade da ocorrência da ameaça dos estereótipos.

Nas produções midiáticas os principais papéis, cenários e trânsitos das narrativas eram, geralmente, restritos a indivíduos brancos, com fortes traços fenotípicos do norte europeu (isto é, loiros com olhos claros), em sua maioria homens, heterossexuais, de classe socioeconômica estável. Aos grupos alvos da estereotipização,[5] principalmente ao negro e

---

5   Segundo Pereira, a estereotipização é "o processo de aplicar um julgamento estereotipado a um indivíduo de forma a apresentá-lo como portador de traços

à negra, nesses contextos simbólicos de visibilidade, restavam sempre a função de "escadas"[6] (ARAÚJO, 2008, p. 980), ou seja, posições subalternas. Nesta perspectiva, segundo Muniz Sodré,

> a mídia funciona, no nível macro, como um gênero discursivo capaz de catalisar expressões políticas e institucionais sobre as relações interraciais, em geral estruturadas por uma tradição intelectual elitista que, de uma maneira ou de outra, legitima a desigualdade social pela cor da pele. (SODRÉ, 1999, p. 243).

Dessa forma, entender esse circuito histórico em associação com as lógicas da mídia permite conscientizar e orientar os produtores e pensadores contemporâneos da comunicação a coordenarem esforços e ações que estimulem o desenvolvimento de políticas de midiatização que promovam discursos mais inclusivos, pautados de forma categórica no perfil da diversidade identitária.

Nesse sentido, acredita-se que os discursos dos meios de comunicação – assim como auxiliaram no processo de construção dos conteúdos negativos dos estereótipos e seus dispositivos de ameaças – possam agora também contribuir com afinco para a sua desconstrução, considerando neste realizar as possibilidades cognitivas indicadas nos estudos sobre as atividades dos sistemas de percepção automático e controlado.

As narrativas midiáticas em suas diversas configurações (publicidade, telenovelas, entre outros) podem liderar esse processo apresentando em seus enredos abordagens que desafiem a tradição intuitiva dos estereótipos negativos, produtores de preconceitos, quebrando, entre diversas possibilidades, a contínua ocorrência da ameaça dos estereótipos, do efeito ricochete e outras consequências negativas. Dessa forma, ao oferecer essas ferramentas narrativas à sociedade, a mídia pode possivel-

---

intercambiáveis com outros membros de uma mesma categoria." (2002, p. 46).

6   O termo 'escada', no pensamento de Araújo (2008), pode ser entendido como um elemento de apoio para a projeção e valorização do protagonista branco.

mente contribuir para promover a reavaliação e atualização das crenças que significam os estereótipos.

Essa finalidade encontra suporte para sua realização nas pesquisas que apontam que os conteúdos dos estereótipos "são flexíveis, e podem ser modificados para influenciar o desempenho dos indivíduos" (BBC BRASIL, 2008) vítimas de sua estigmatização na realização de suas tarefas sociais. Patrícia Devine (1989) em suas clássicas discussões também aponta para essa possibilidade, defendendo que o preconceito motivado pelos estereótipos é um hábito e como tal pode ser quebrado e abandonado.

Na publicidade brasileira contemporânea observam-se tímidos, porém importantes esforços nesse sentido. Nas suas narrativas é possível observar um considerável trânsito de membros de minorias sociais em contextos de visibilidade mais qualificados, principalmente indivíduos da categoria social negro.

Iniciativas semelhantes também começam a ser observadas lentamente nas telenovelas, espaço tradicional do espelhamento e manifestação cultural do país. Inclusive, cabe citar como exemplo que, (só) em 2004, a principal rede de televisão do Brasil, a rede Globo, após 40 anos de sua história, trouxe como protagonista de uma telenovela uma atriz negra. A escolhida foi Taís Araújo que estrelou a trama "Da cor do pecado" – novela de autoria de João Emanoel Carneiro, veiculada no horário das 19h.[7] Esta mesma atriz, em 2009, também protagonizou a telenovela "Viver a vida", de autoria de Manoel Carlos, veiculada no principal horário de novelas da rede Globo (às 21h). Em 2011, acompanhou-se também a presença do primeiro negro como protagonista e galã de uma telenovela, das 21h, da mesma rede Globo. Um marco desempenhado pelo ator Lázaro Ramos.

Retornando ao foco, para Joel Zito Araújo, posturas semelhantes a estas configuram "um fator inédito de autoestima para crianças e adolescente afrodescendentes de todo o país, quebrando paradigmas e estere-

---

7   Dennis de Oliveira (2006) faz uma consistente discussão sobre a presença do negro nessa narrativa no artigo "Ambivalências raciais".

ótipos sobre o negro brasileiro." (ARAÚJO, 2008, p. 981). Ou seja, como já foi discutido, – ao trazer para a cena social "outras/novas" representações mais qualificadas da categoria social negro, que até então não eram consideradas nas produções midiáticas – tais iniciativas provavelmente auxiliam na desestabilização dos efeitos da ameaça dos estereótipos.

Ações pautadas nesse foco desencadeiam outras/várias perspectivas que colaboram para a neutralização dos efeitos da ameaça dos estereótipos, promovendo mudanças acerca dos climas engendrados pelos estereótipos nas dinâmicas sociais. No entanto, Araújo ainda alerta que, apesar desses tímidos avanços, as telenovelas, em sua maioria, persistem com a "ideia de superioridade do branco" e a "inferioridade do negro na sociedade brasileira" (ARAÚJO, 2008, p. 981-982), o que também pode ser verificado na publicidade (LEITE e BATISTA, 2011; MARTINS, 2009), no jornalismo (CARRANÇA e BORGES, 2004) e, provavelmente, nas produções midiáticas em geral no Brasil.

Olhares críticos devem ser lançados sobre tais discursos que dissimulam no silenciamento de um preconceito moderno, velado (SANTOS *et al.*, 2006), o *status quo* de estereótipos promotores de humilhação social. É preciso intervir nessas ações e (re)orientá-las para a desconstrução dessas percepções cristalizadas, conscientizando seus produtores da responsabilidade, efeitos, usos e funções que tais discursos podem provocar e operar na estrutura das relações sociais midiatizadas, ou nos "mundos midiatizados" atravessados pelas "configurações comunicativas" de cada produção midiática, como advoga Andreas Hepp (2014).

A publicidade, como já dito, também se destaca nesse processo, principalmente por ter sua mensagem difundida pelas fortes e rápidas nuances operadas pelo mercado. O campo publicitário brasileiro, como se observa, nunca esteve tão quantitativamente multicultural, pois em grande parte de suas produções contemporâneas indivíduos de diversas etnias e raças dividem e contextualizam uma mesma narrativa.

Provavelmente, isso se deve à forte orientação do "politicamente correto", à luta dos movimentos sociais por ações e políticas que promovam a interculturalidade, e considerando a categoria social negro, à forte demanda de uma ascendente classe média econômica negra e à força da organização do movimento social desse grupo. No entanto, como já foi dito, assim como nas telenovelas, os estereótipos tradicionais associados às minorias persistem no campo publicitário, tendo em vista os ainda poucos espaços qualificados ofertados nos seus enquadramentos.

Nesse limiar, alguns profissionais de publicidade, como Luís Grottera, tentam dar respostas para o entendimento de tais cenários e questões no campo publicitário, defendendo que a publicidade, por si só, não modifica nem distorce, apenas reflete o contexto social. Segundo ele, em entrevista para a *Revista Raça Brasil*,

> [...] a propaganda reproduz conceitos e pensamentos que estão na cabeça dos consumidores. Usa imagens e frases do cotidiano, de forma ágil e repentina (em apenas 30 segundos) para conquistar a simpatia das pessoas. A publicidade não cria novos padrões sociais, não questiona e não critica. É preconceituosa por definição intelectual. Dentro desse ponto de vista, o negro é representado hoje pela publicidade como um exemplo importante de como a marca anunciante é antenada na característica da diversidade que a sociedade moderna exige. Ou seja, ter negros representados no contexto da comunicação da marca é muito importante, para não dizer básico. (REVISTA RAÇA BRASIL, 2010, p. 68).

Com essa declaração, Grottera[8] ratifica pelo que se percebe a ideia da participação quantitativa do negro nas narrativas publicitárias, ou

---

8   Destaca-se a grande contribuição dada por Grottera que comandou a realização da pesquisa "Qual é o pente que te penteia?", em 1995; na época ele presidia seu grupo de agências, de nome Grottera Comunicação Multidisciplinar. Essa iniciativa tinha como objetivo dar luz ao potencial econômico e de consumo da população negra no Brasil. O resultado dessa pesquisa apresentou ao país de forma categórica a existência de 1,7 milhões de famílias negras, com bom nível de escolaridade e renda familiar média de 10 salários mínimos. Nesse ínterim, 7 milhões de indi-

seja, como um mecanismo para o atendimento das exigências sociais para a inserção do negro nos cenários publicitários como recurso contemporâneo para a expressividade das marcas.

Contudo, essa inclusão quantitativa do negro nos contextos da publicidade pode indicar um preconceito moderno (SANTOS *et al.*, 2006), tendo em vista que uma pequena visibilidade lhe foi ofertada (numa ainda pequena parcela de anúncios) para que divida o cenário com outros indivíduos; porém nessas narrativas o negro continua sem expressividade qualificada. Por outro lado, observa-se que os indivíduos brancos participam desses cenários compartilhados da publicidade e ainda protagonizam outras narrativas distintas. Logo, a reciprocidade dessa possibilidade de presença quantitativa e qualitativa não é identificada para os negros e as negras.

Portanto, os cenários midiáticos brasileiros continuam em sua maioria a interpelar o social pela restrita ótica pedagógica do indivíduo branco heterossexual. Aos que fogem desse perfil restam, de modo geral, o "silenciamento estruturado" (KELLNER, 2001, p. 148) e a anulação das suas diferenças pelas marcas degenerativas do inferior.

A manifestação desse esquema representativo também nos espaços da mídia acaba por neutralizar e diminuir as expressões relativas às minorias sociais, utilizando para isso a espiral de repetição que aloca esses indivíduos, alvos de estereótipos, em cenários excessivos de subalternidade e de menor expressão. O negro é um dos principais figurantes

---

víduos negros foram inseridos na classe média. Esses dados foram recentemente atualizados (em 2010) pelo levantamento do economista Marcelo Neri, do Centro de Políticas Sociais (CPS), da Fundação Getúlio Vargas (FGV). Alguns dados desse levantamento apontam que, de acordo com a Pesquisa Nacional por Amostra de Domicílios (Pnad), mais da metade dos negros brasileiros (53,5%) pertencem hoje à classe média, incluindo a classe C, a nova classe média popular. Já segundo o Instituto de Estudos do Trabalho e Sociedade (IETS), entre os 10% mais ricos do Brasil, 1 em cada 4 chefes de família é negro ou mestiço. Outros dados da pesquisa podem ser obtidos em CPS/FGV (2011).

desses espaços simbólicos da mídia pautados pela "ordem cultural dominante" (HALL, 2006, p. 374).

O publicitário brasileiro Nizan Guanaes, também em entrevista à *Revista Raça Brasil*,[9] explanou sobre esse cenário de desigualdade, ao considerar a ausência da representação social do negro como destaque nos discursos da publicidade. Segundo ele

> a propaganda não retrata a igualdade porque essa igualdade não existe na nossa sociedade. E a propaganda acaba retratando essa desigualdade. A questão é que a publicidade está ligada a poder aquisitivo, e no Brasil há um enorme problema de distribuição de renda que atinge maciçamente os afrodescendentes. Essa é uma questão que tem um viés racial e um econômico (REVISTA RAÇA BRASIL, 2011, *on-line*).

Desse modo, esse recurso controlador suportado pelas justificativas de viés econômico e racial, no caso do negro, suprime e esconde de fato as plurais realidades de mundo, restringindo dessa forma o papel que pode ser operado pela midiatização no direcionamento de ações que promovam "outros/novos" sentidos possíveis para os estereótipos inscritos as minorias sociais.

Essa tática reacionária aplicada pela mídia é bem compreendida no que Adorno já postulava sobre os mecanismos de fixação dos estereótipos. Para esse autor, "quanto mais os estereótipos se materializam e se enrijecem [...], tanto menos provavelmente as pessoas mudarão suas ideias preconcebidas com o progresso da sua experiência". (ADORNO, 1954 *apud* WOLF, 2005, p. 84).

Considerando ainda a perspectiva de Guanaes, Grottera problematiza tal observação ao ponderar que "pedir que a publicidade faça comerciais dando o papel de protagonista para negros, é apenas uma

---

9   Disponível em: http://racabrasil.uol.com.br/cultura-gente/94/artigo13863-1.asp. Acesso em 30 jun. 2017.

atitude panfletária e sem fundamento na realidade social que vivemos."
(REVISTA RAÇA BRASIL, 2010). Dessa maneira, para justificar tal opinião com base na "realidade", Grottera ainda

> [...] enumera os motivos para pouca visibilidade dos negros na
> publicidade brasileira: uma cultura racial que cultua a miscigena-
> ção; o fato de apenas 6,3% da população – ou 11 milhões de pes-
> soas – se autodeclararem negros no Brasil;[10] as características de
> consumo e hábitos de negros no país terem enorme similaridade
> com a média da população; ausência de *cases* de negócios dife-
> renciados dirigidos ao mercado de consumo negro. (REVISTA
> RAÇA BRASIL, 2010, p. 69)

Assim, a justificativa de Grottera, provavelmente, coaduna com a
maioria das vozes e dos contextos construídos pelos pilares criativos da
publicidade, que hoje já consideram inserir o negro nos seus discursos,
porém sem expressividade qualificada. Essa orientação pauta-se, como se
viu, em orientações estatísticas que propõem espelhar a "realidade social".

O publicitário Alexandre Peralta também colabora com a discussão quando falou sobre o tema em entrevista à *Revista About*. Ele decla-
rou que o discurso de um comercial

> tem de ser muito telegráfico. Há pouco tempo para fazer com que
> as pessoas se sintam cativadas pelo produto. [...] a propaganda
> não tem essa função educativa. Ela tem que vender. Há casos
> que o anúncio foge de seu objetivo quando está preocupado em

---

10   No contexto contemporâneo, de acordo com o Censo do IBGE 2010, divulgado
em 2011, negros e pardos são a maioria da população brasileira. Isto é, dos 191
milhões de brasileiros, 91 milhões se autodeclararam como brancos (47,7%), 15
milhões como pretos (7,6%), 82 milhões como pardos (43,1%), 2 milhões como
amarelos (1,1%) e 817 mil indígenas (0,4%). Negros e pardos assim representam a maioria da população brasileira. Disponível em: http://www.ibge.gov.br/
english/estatistica/populacao/censo2010/caracteristicas_da_populacao/resulta-
dos_do_universo.pdf. Acesso em: 21. ago. 2017.

mostrar essa diversidade. Ele não precisa fazer isso. (REVISTA ABOUT, 2007, p. 24).

Com outro posicionamento nessa discussão, o profissional de comunicação Diego Godoy sugere uma publicidade mais humana e contundentemente mais sensível à realidade social para além das estatísticas, ao ponderar que os profissionais da área deveriam prestar mais atenção aos ecos sociais emergentes desse debate; pois "o simples fato de saber que crianças negras têm crises de identidade por não se verem retratadas de forma digna ou protagonista é uma dívida social que deveria ser reavaliada" (REVISTA ABOUT, 2007, p. 25).

Além do mais, pontua-se novamente o papel que a publicidade pode operar para colocar em movimento os jogos de sentidos e interpretações progressistas na sociedade. Ou seja, ela pode por exemplo colaborar com efetividade, pelas margens ou não de seu discurso mercadológico, para a desestabilização dos impactos que a ameaça dos estereótipos e suas operações, bem como o efeito ricochete, podem gerar nos indivíduos alvos de suas repercussões.

No bojo da sua essência mercadológica, as influências pedagógicas que as narrativas publicitárias podem produzir na sociedade são historicamente constatadas. Exemplos desses efeitos contemplaram uma das ilustrações e motes da celebrada campanha publicitária "Propaganda. Faz diferença" criada pela Associação Brasileira de Agências de Publicidade (Abap) e pela Associação Brasileira de Anunciantes (Aba), veiculada em 2010 e 2011.

Os objetivos dessa campanha eram promover a importância e influência da publicidade na sociedade e, principalmente, ressaltá-la como fundamental ferramenta da livre iniciativa e do respeito à liberdade de escolha do consumidor. Entre suas peças, destaca-se, para o entendimento do que se discute neste trabalho, o anúncio impresso denominado "Sandália".[11]

---

11   Abap e Aba (2011).

Ao assumir, explicitamente, a penetração e a influência que as narrativas publicitárias operam nas questões sociais mediante o seu "viés pedagógico" (BARROS FILHO, 2001; HOFF, 2007) imbricado ao seu apelo ordinário para o consumo, essa peça publicitária ressoa em sua redação a maioria das vozes que representa o setor publicitário no Brasil. O texto do anúncio contextualiza que:

> [...] A propaganda não transforma apenas a história de marcas e produtos, mas também muda a vida dos consumidores. Exagero? Nem um pouco. Décadas atrás, quem ensinou as mulheres a usar absorventes descartáveis? Não, não foram as suas mães, mas os comerciais de Modess®, que conseguiram falar de um assunto tão delicado de um jeito claro e direto. Por sua vez, os antigos filmes de Cotonetes® mostraram aos pais uma maneira mais adequada de cuidar da higiene dos filhos. Assim como toda a comunicação de escovas de dentes, que sempre explicou a forma correta de fazer a escovação. Repare: não estamos falando da propaganda pública, bancada por governos ou ONGs, mas de campanhas feitas pela iniciativa privada. E que, mesmo com todos os interesses econômicos envolvidos, contribuíram para que o brasileiro criasse uma série de atitudes mais positivas e saudáveis. É isso o que a propaganda faz. E, parafraseando uma antiga assinatura de Brastemp®, isso também não tem comparação. (ABAP; ABA, 2011).

É nessa perspectiva, para além dos cenários desenhados pelas orientações estatísticas, que as configurações comunicativas da publicidade ganham projeção para ser também pensadas como um "recurso comunicativo" (LOPES, 2009, p. 34) potencial para (re)atualizar e desafiar (por que não?) os estereótipos sociais tradicionais, considerando para tal fim a capacidade de suas narrativas para articular e interpenetrar todas as instâncias sociais, movimentando e fomentando o processo de deslocamento dos estereótipos, minimizando desse modo os seus efeitos de ameaças e ricochete.

No entanto, é mister estimular um debate no campo publicitário para desestabilizar essas fronteiras do econômico, do estatístico e do racial, e compreendê-las no bojo da dimensão intercultural brasileira. A publicidade, enfim, precisa ampliar a sua perspectiva com relação à diversidade e compreender, como já destacado, que os seus efeitos manifestam-se para além dos basilares objetivos mercadológicos.

No tocante desse viés, Kellner informa que já se observa nos espaços midiáticos que

> [...] alguns textos da cultura da mídia defendem posições e representações progressistas de coisas como sexo, preferências sexuais, raça ou etnia, enquanto outros expressam formas reacionárias de racismo e sexismo. Desse ponto de vista, na cultura da mídia há uma luta entre representações que produzem as lutas sociais existentes e transcodificam os discursos políticos da época. (KELLNER, 2001, p. 77).

Nesse sentido, algumas vertentes da publicidade brasileira já apresentam alguns esforços que podem colaborar para a construção de contextos e representações mais diversas nos espaços da mídia. Como exemplo dessas iniciativas, pode-se indicar o formato da publicidade contraintuitiva observado como uma narrativa capacitada a exercitar a atualização dos conteúdos dos estereótipos tradicionais atribuídos às minorias sociais, ao confrontá-los com conteúdos positivos, ou seja, contraestereotípicos que influenciem um processo sociocognitivos de atualização e a neutralização de suas manifestações essencialistas.

As especificidades da publicidade contraintuitiva

A discussão sobre as distinções da publicidade contraintuitiva em "específica" e "inespecífica" objetiva organizar, de forma mais clara, o entendimento acerca dos efeitos que podem ser operados pelas leituras de anúncios que exponham o negro, ou outros representantes de minorias sociais, em posição de protagonistas de suas narrativas (ver quadro 1).

Quadro 1
Especificidades da Publicidade contraintuitiva

Publicidade Contraintuitiva		
	Específica	Inespecífica
Características	Reflete plenamente a essência de estimular a reavaliação da tradição dos estereótipos negativos, agregando "outras/ novas" informações positivas para combater preconceitos.	Apresenta sutis traços de uma publicidade contraintuitiva específica por possibilitar o trânsito de indivíduos minoritários nas esferas de visibilidade qualificada, porém neutras. Como também, apresenta tais indivíduos fora do enquadramento de estereótipos tradicionais.
Efeitos	Opera diretamente a desestabilização de conteúdos estereotípicos, pela apresentação direta de justificativas e informações que agreguem as estruturas dos estereótipos tradicionais. Aborda crença específica, apresentando "outras/novas" informações para a diluição, inibição e combate de conteúdos negativos.	Não opera diretamente a desestabilização de conteúdos estereotípicos, pela apresentação direta de justificativas e informações que agreguem as estruturas dos estereótipos. Não aborda nenhuma crença específica, mas, colabora para a visibilidade positiva do indivíduo minoritário na cultura da mídia.
Direcionamento do anúncio	Fala para a sociedade como um todo.	Pode ou não falar para a sociedade como um todo. Exemplo, algumas narrativas podem falar diretamente de negro/negra para negro/negra (intragrupo).

Essas demarcações tentam ao qualificar o efeito contraintuitivo, imprimir e alertar para o simples fato de que, ao apresentar, por exemplo, o negro em situações de protagonismo, anúncios podem não mobilizar o efeito esperado, ou seja, podem não desconstruir, romper ou inibir os conteúdos negativos dos estereótipos.

Neste prisma, os anúncios contraintuitivos "específicos" convergiriam para aqueles discursos que refletem plenamente a essência do estímulo à reavaliação e ao deslocamento de conteúdos de estereótipos negativos pelo suporte do sistema de percepção de processamento de informação controlado.

Exemplos de narrativas no viés "específico" da publicidade contraintuitiva são apresentados nos três anúncios abordados nas figuras sequentes, que expõem indivíduos da categoria social negro como protagonistas de sua enunciação dentro de uma estética qualificada que se afasta da "repetição demoníaca" (BHABHA, 2008, p. 105) da imagem do negro e da negra associada às marcações contextuais de carência, subalternidade e inferioridade social.

A primeira peça a ser considerada é o audiovisual "Capacete"[12] da empresa de telefonia fixa do estado de São Paulo, Telefonica (que desde 2012 foi reposicionada sob o nome Vivo), para o seu serviço de internet banda larga *Speedy*. Este comercial foi veiculado, em 2011, nas principais redes de televisão do Brasil, em suas retransmissões para o estado de São Paulo.

A narrativa traz como protagonistas dois meninos (um negro e um branco) e como coadjuvante, uma mulher negra. O roteiro dessa narrativa retrata a visita do menino branco à sua tia e ao seu primo (negros). De início, o filme apresenta a chegada do menino branco à casa da sua tia e do seu primo. A tia abre a porta para recepcioná-lo e logo atrás dela surge o menino negro convidando o visitante para entrar. Após o convite, o menino negro sai correndo e é seguido logo pelo seu primo que o visita.

Na cena seguinte o menino negro aparece, sendo indicado pelo *close* em sua mão e parte do braço direito pegando um escorredor de macarrão, num cenário que remete para um espaço de uma provável cozinha. Na sequência, em uma situação semelhante à anterior, ele reaparece num espaço que remete a uma lavanderia, pegando alguns pregadores de roupa que estavam num recipiente em cima de um tanque de lavar roupas. De repente, o menino negro surge novamente, porém agora portando na cabeça um capacete com fios e pregadores de roupas pendurados. Concomitantemente, a este jogo de imagem, aparece uma narração *off* feminina dizendo: "Eles são muito inteligentes e adoram compartilhar o conhecimento".

---

12 Disponível em: http://www.youtube.com/watch?v=iEeJb84lXpA&feature=relat ed. Acesso em 15 jul. 2015.

Figura 1: Fragmentos do anúncio audiovisual "Capacete" do *Speedy* da Telefonica (2011). Fonte: Site*You Tube*.

Na cena posterior o menino negro entra numa provável sala de visita com seu primo, este último surge ainda correndo para sentar-se em uma das duas cadeiras que davam para frente de um monitor de computador que está sobre uma escrivaninha. Com o menino branco sentado, o menino negro coloca na cabeça dele o escorredor de macarrão com linhas e pregadores de roupas para simular um capacete. Ambos sentam-se então à frente do computador e começam utilizá-lo.

Os cenários que se seguem mostram as crianças se divertindo ao acessar a internet. Nisto, a narração em *off* feminina ressurge e atravessa este cenário de diversão, informando sobre a promoção do serviço *Speedy* que a Telefonica estava oferecendo para os novos clientes. Ao final, os dois meninos aparecem em pé se movimentando. Ao lado deles está a mãe/tia admirando-os com um sorriso diante do cenário lúdico que eles construíram para estudar, brincar e interagir na internet. O comercial é encerrado com o enquadramento dos dois meninos se abraçando com os capacetes na cabeça.

Essa narrativa publicitária corresponde pontualmente ao pensamento da construção publicitária contraintuitiva específica, pois no seu enredo não se observa nenhuma marcação de sentido discriminatório associado a nenhum dos participantes, como também o negro é apresentado num ambiente de representação positiva, pois é inserido num contexto de dinâmica familiar e em um cenário que se afasta das saturadas associações de carências sociais tão inscritas aos negros no discurso da cultura da mídia, principalmente, quando se recorre à representação familiar.

O anúncio da Telefonica projeta ainda mais o objetivo contraintuitivo ao apresentar competentemente indivíduos negros e brancos de maneira equânime no seu discurso, distante de uma verticalização de poder mascarada. Especificamente, este anúncio mostra de maneira acentuada o processo que pode ser liderado pela publicidade, e por outros produtos midiáticos, que por meio de suas histórias suportadas pelo potencial do mercado podem apoiar gradativamente mudanças na percepção social sobre minorias sociais.

Na mesma linha deste anúncio do *Speedy* da Telefonica, tem-se a publicidade para a pomada de assaduras, Hipoglós da Procter & Gamble, com a assinatura "Hipoglós. Protege seu bebê e seu bolso também".

Essa campanha foi veiculada no primeiro semestre de 2011 e criada pela agência de comunicação Grey Brasil. A ação de publicidade trouxe como protagonista de seu enredo uma criança negra chamada Maria Eduarda. Ela foi eleita num concurso nacional como a Bebê Hipoglós 2010 (figura 2). É pertinente antes de prosseguir dar um sucinto histórico do referido concurso que a elegeu bebê propaganda da referida marca.

O concurso aconteceu na internet, no segundo semestre de 2010, no site do produto adaptado para tal fim. A votação foi aberta a todos os interessados, que a elegeram, entre mais de 180 mil bebês inscritos e mais de 300 mil votos registrados, o bebê número 1 do Brasil. Segundo o site do concurso, Maria Eduarda foi eleita com mais de 55 mil votos. Ela (sua família) foi premiada com um cachê de R$ 10 mil e a oportunidade de protagonizar os materiais de comunicação da marca.

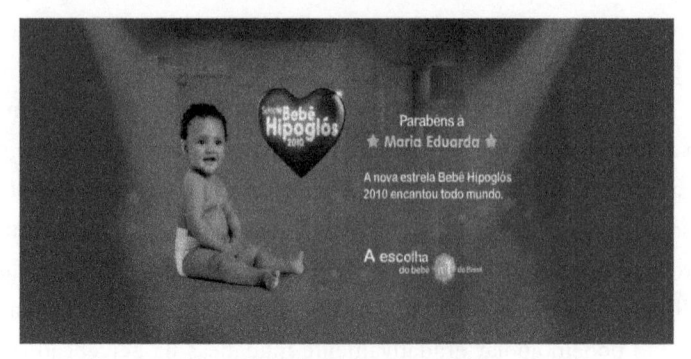

Figura 2 – Maria Eduarda na página inicial do site Hipoglós.
Fonte: Site Hipoglós (2011).

A eleição de um bebê negro Hipoglós não é novidade ao longo das últimas edições do concurso. Em 2007, o menino Marcos Alberto foi o primeiro bebê negro eleito para estrelar as campanhas do produto (figura 3).

Figura 3 – Marcos Alberto na campanha Bebê Hipoglós 2007.
Fonte: Site Hipoglós.

As eleições de Maria Eduarda e Marcos Alberto podem indicar a tendência e os anseios sociais pela pluralidade de participação de outras identidades nas configurações narrativas dos espaços midiáticos. Portanto, os resultados de tais eleições sugerem que a sociedade brasileira está sim "quebrando" e reavaliando suas crenças acerca da rigidez dos estereótipos sociais.

Isso implica questionar algumas estruturas produtoras da publicidade que insistem em defender discursos pautados apenas em cenários sociais estatísticos. É necessário saber equilibrar tais cenários e considerá-los em consonância com os anseios sociais em sua plenitude. De outro modo, essa visão precisa ser adaptada para aceitar que o contexto social se faz pela diversidade e é sob essa matriz que a publicidade precisa ser também pensada na contemporaneidade.

Retomando a campanha[13] que Maria Eduarda protagonizou, em 2011, o roteiro da narrativa publicitária audiovisual traz uma família negra, provavelmente de classe média, composta por uma mulher (mãe), homem (pai) e um bebê (Maria Eduarda) em clima amistoso e feliz.

A primeira cena do filme traz a pomada Hipoglós sendo manuseada por uma mulher negra que a coloca numa bolsa. Posteriormente, essa mulher surge já no ambiente interno de um carro acomodando o bebê em sua cadeira especial do veículo. Já com o carro (do segmento utilitário) em movimento, a imagem mostra a provável mãe e o bebê em uma descontração contagiante.

Nessa tomada, a narrativa apresenta também um homem negro, o provável pai, sorrindo ao constatar o bem-estar do bebê e da mãe que irradia alegria. No fim da mensagem os três aparecem juntos, numa cena que aparentemente justifica o porquê daquele clima de harmonia e felicidade expresso no início da narrativa. Os prováveis pais aparecem juntos num quarto olhando para o bebê que está deitado num possível trocador infantil. Aparentemente, entende-se que essa cena se estabelece após a mãe proteger o bebê com a pomada.

---

13 Disponível em:
     <http://www.youtube.com/watch?v=QD-cyW5DxTA&feature=related>. Acesso
     em: 15. abr. 2017.

Essa campanha em sua essência atende também em todas as suas dimensões aos preceitos contraintuitivos específicos. Pois, além de trazer indivíduos negros, alvos de estereótipos tradicionais, para protagonizar sua narrativa de forma qualificada, essa publicidade avança ainda mais ao apresentar tais indivíduos em trânsitos representacionais que contextualizam o simulacro de uma família negra de classe média e feliz. Essa narrativa, semelhantemente, à do anúncio da Telefonica também se distancia das representações tradicionais que buscam associar os negros a cenários de carências sociais e apelos beneficentes.

Figura 4 – Fragmentos do anúncio audiovisual da campanha
Bebê Hipoglós 2011, com Maria Eduarda.
Fonte: YouTube.

A mensagem publicitária contraintuitiva deve considerar como ponto conectivo para a construção ou criação de sua retórica a centralidade das crenças que ativam o estereótipo negativo ou o preconceito. Ela desperta a atenção e oferece ao indivíduo receptor suporte informativo que justifique e condicione a proposta de reavaliação de suas crenças para a desestabilização da automaticidade dos estereótipos negativos. Em outras palavras, o indivíduo interage com esse enunciado pelo aspecto contrário do que ele identifica em outros anúncios, isto é, a publicidade contraintuitiva fornece subsídios para a produção de sentido reverso às significações em que o receptor se mostra mais resistente. Pode-se dizer que com a exposição, percepção, recepção e avaliação desse discurso instaura-se uma briga entre as crenças adquiridas pelo receptor, promovendo alterações nas suas atitudes e comportamentos expressos em decorrência dos estereótipos.

É justamente esse exercício que a campanha da Hipoglós tenta operar, pois ao trazer um bebê negro para estrelar uma campanha de produto para crianças, num cenário altamente qualificado, ela sugere um rompimento com o ultrapassado padrão publicitário de apenas considerar crianças com traços arianos para estrelar esse estilo de anúncio. Exemplos clássicos desse padrão arcaico são as campanhas do bebê Johnson's (da Johnson & Johnson).[14]

A campanha da Hipoglós, além de demonstrar com categoria estética que outras abordagens são possíveis para a construção publicitária, oferece também aos indivíduos da categorial social negro, especialmente as crianças, a possibilidade de reconhecerem a sua identidade representada e utilizada com respeito nos circuitos midiáticos, sendo apresentada à sociedade dentro de um cenário bem-sucedido, positivo e de felicidade; longe dos contextos de carência e necessidade social que geralmente são demarcados para os negros.

Já as figuras 5, 6 e 7 apresentam exemplos de cartazes contraintuitivos "inespecíficos". Como se observa, os anúncios abaixo da Vivo, da Caixa e da Melissa trazem como protagonistas de suas narrativas crianças e mulheres negras para promoverem as vantagens, diferenciais e benefícios de seus produtos.

14　No início de março de 2016, a Procter & Gamble (P&G) anunciou a venda da marca de pomadas contra assaduras Hipoglós para a Johnson & Johnson no Brasil. Disponível em: http://www.valor.com.br/empresas/4462922/johnson--johnson-compra-hipoglos. Acesso em 09. ago. 2016.

Figura 5 – Anúncios Impressos Vivo Celular e Caixa.
Fonte: Vivo Celular – revista *Contigo* (2009) e
Banco Caixa Econômica Federal – revista Isto é (2012).

As peças apresentam os traços de publicidade contraintuitiva inespecífica por possibilitarem o trânsito da mulher e de crianças negras em esferas de visibilidade também qualificada, apresentando-as fora do enquadramento de projeções de conteúdos estereotípicos tradicionais negativos.

Figura 6: Anúncio impresso "Melissa Secret Garden".
Fonte: Revista *Contigo* (2009).

Figura 7: Anúncio impresso "As Viagens de Melissa".
Fonte: Blog Melissa.com (2008).

No entanto, tais narrativas provavelmente não operam diretamente a quebra de conteúdos estereotípicos, pela apresentação de justificativas e informações que agreguem as estruturas dos estereótipos. Isto é, elas não abordam diretamente nenhuma crença específica, apenas possibilitam uma relevante e positiva visibilidade. Essa visibilidade não deve ser desconsiderada, de modo algum pois, em linha com o pensamento proposto por Maio e seus colaboradores (2001), a simples presença de negros protagonizando uma publicidade pode levar os receptores, quando interagem com tais anúncios, a pensar sobre igualdade e respeito à diversidade.

Esses exemplos são diferentes dos estímulos contraintuitivos específicos apresentados nos anúncios das figuras 3 e 4, que buscam romper diretamente com o estereótipo tradicional (p.e. família negra = indivíduos com carências sociais) promovendo o seu deslocamento, levando o indivíduo receptor dessas mensagens a refletir e assimilar outras informações acerca do núcleo familiar de uma família negra.

A publicidade contraintuitiva apresenta outra mobilização no seu viés inespecífico, bem semelhante às ilustradas pelas figuras 5, 6 e 7, que provavelmente também não produz os seus efeitos específicos no que tange a romper com a tradição dos estereótipos sociais, mas que, por sua vez, pode contribuir também para promover cenários de visibilidade mais qualificada.

As características desse viés também não suportam adequadamente os movimentos de sentidos para a atualização, supressão e deslocamento cognitivos dos conteúdos essencialistas dos estereótipos. Logo, não há o exercício direto de associar novas informações positivas às memórias e ao imaginário que formam as articulações dos estereótipos.

Geralmente, tais narrativas são identificadas por terem características intragrupais, ou seja, dirigidas para os indivíduos de uma mesma categoria. Por exemplo, produtos direcionados a categorial social 'negro'.[15] Essas narrativas, por exemplo, falam diretamente de negro para negro.

Já as peças publicitárias contraintuitivas "específicas" falam para a sociedade como um todo. Obviamente, os anúncios contraintuitivos "específicos" também são direcionados a um público-alvo, porém os produtos expostos nos seus enquadramentos promovem comunicações intergrupo e não para um grupo segmentado, como também suas enunciações estimulam o deslocamento de crenças acerca dos estereótipos, como já ponderado.

Considerando o recorte deste trabalho para explorar publicidades que apresentem indivíduos da categoria social negro, os anúncios das figuras 8.1 e 8.2[16] não se enquadram e não devem ser reconhecidos como narrativas publicitárias contraintuitivas, pois apesar de trazerem negras e negros como protagonistas de seus enredos, apenas apelam e reforçam a

---

15 São exemplos dessas comunicações os anúncios do creme hidratante Vasenol para pele morena e negra, desodorante Rexona Ebony, Sabonete Albany para peles morenas e negras e Lux Pérola Negra.

16 Especificamente o anúncio da cerveja Devassa Negra, veiculado no ano de 2011, gerou grande comoção social por ser considerado ambíguo, de teor racista e sexista. Seus produtores e responsáveis tiveram que alterar a sua estrutura por determinação do Conselho Nacional de Autorregulamentação Publicitária (Conar), que foi acionado pela Secretaria de Políticas de Promoção da Igualdade Racial (Seppir), do Governo Federal do Brasil. Ver mais em: http://www.seppir.gov.br/portal-antigo/noticias/ultimas_noticias/2012/03/conar-determina-alteracao-do-anuncio-da-devassa-considerado-racista-e-sexista. Acesso em 16. Jun. 2017.

promoção de crenças limitadoras e opressoras da identidade desses indivíduos. Além de indicar nas suas estruturas a resistência de conteúdos e temas-chave negativos da descrição do negro e da negra.

Kabenguele Munanga elenca, no contexto brasileiro, alguns desses temas-chave advindos da história de opressão colonial, que são utilizados até hoje nas expressões sociais como a "sexualidade, nudez, feiura, preguiça, indolência" (MUNANGA, 2009, p. 30). Todos esses rótulos sociais são atravessados pelo reflexo da subalternidade e pelas características emocionais (e não intelectuais), de força e expressão corporal.

O apelo arcaico destas narrativas reflete um protagonismo baseado na historicidade e nas marcas da escravidão[17] em que o negro e a negra eram, na maioria das vezes, posse e objeto sexual para os indivíduos brancos. Essa leitura é atualizada nestes anúncios (figuras 8.1 e 8.2) dentro de uma estética contemporânea que estimula os sentidos para o consumo.

Figura 8.1 – Homem Negro protagonista de peça publicitária com apelo à sexualidade.
Fonte: revista Contigo (2009).

---

17 Em vista dos objetivos deste capítulo não serão aprofundadas as análises sobre a historicidade dessas questões.

Figura 8.2 – Mulher Negra protagonista de peça publicitária com apelo à sexualidade.
Fonte: site ABPN (2011).

Nesta visada, as duas narrativas expõem os indivíduos negros como protagonistas, no entanto tais posições reverberam uma "subrepresentabilidade" (NUNES, 2007) que persiste em representar o negro e a negra em patamar de desigualdade, de inferioridade nas produções midiáticas.

Logo, tais exemplos publicitários de apelo ultrapassado diferem e afastam-se profundamente da proposta comunicacional contraintuitiva, que aposta num discurso contemporâneo pautado pela diversidade que tenha potencial para colaborar com a desconstrução de tais ocorrências pelas estruturas e efeitos da midiatização.

Por conta do seu papel de vanguarda criativa, o campo publicitário pode fomentar com especial atenção e alcance a proposta que se apresenta, especialmente no que tange a desestimular o mau uso dos estereótipos em seus espaços discursivos. Esse engajamento não significa colocar em segundo plano os objetivos mercadológicos. Mas, sim, considerar a possibilidade contraintuitiva como uma mescla para "outras/novas" formas contemporâneas de contextualização enunciativa de temas minoritários em seus enredos para o mercado de consumo.

Com essa perspectiva progressista, como se observou, tanto as narrativas específicas e inespecíficas contraintuitivas não deixaram de atender uma das máximas da estratégia publicitária que se pontua por formar "sistemas textuais com componentes básicos interrelacionados de tal maneira que apresentem o produto sob luzes positivas". (KELLNER, 2001, p. 318).

No entanto, apesar da visão otimista apresentada neste capítulo, sabe-se que a ocorrência do processo de atualização e ressignificação dos conteúdos negativos dos estereótipos não é tarefa fácil. Howard Gardner discorre sobre essa implicação ao elucidar que "embora seja fácil e natural mudar a própria mente nos primeiros anos de vida, fica difícil alterá-la conforme os anos passam. A razão, resumidamente, é que desenvolvemos visões e perspectivas sólidas que resistem à mudança". (GARDNER, 2005, p. 30).

Desse modo, como também já se discutiu em outros lugares,[18] durante a recepção de uma mensagem publicitária contraintuitiva para supressão ou revisão de pensamentos estereotípicos, campos de associação podem ser ativados na memória do indivíduo e, dependendo do contexto no qual essa comunicação é recebida, ela pode ser decodificada/percebida entre outras coisas de forma negativa ou positiva. Como também, outros fatores podem intervir nessas leituras, como as "distorções" ou "mal-entendidos" indicados por Hall. Segundo esse autor, tais fatores são produzidos "precisamente da falta de equivalência entre os dois lados na troca comunicativa" (HALL, 2006, p. 369).

Ou seja, por exemplo, no caso das campanhas do *Speedy* da Telefonica ou da Hipoglós da Procter & Gamble, que retratam famílias negras felizes e aparentemente com condições financeiras consideráveis, alguns indivíduos ao interagirem com essas narrativas podem aceitá-las, assimilando as informações contraintuitivas transmitidas, ou rejeitá-las, resistindo a tais informações, não as considerando como possíveis para famílias de negros. Desse modo, ao invés de rever seus conceitos preconceituosos, o indivíduo reforçaria as bases negativas dos estereótipos

---

18 Ver Leite e Batista (2008), Leite (2014).

abordados tornando-os mais acessíveis. Essa ocorrência, como já se explicou, refere-se ao efeito ricochete (WEGNER, 1994).

Contudo, apesar dessa possibilidade de resistência e efeitos adversos, as narrativas da publicidade contraintuitiva ou correlatas, que trabalham com recursos contra a automaticidade de pensamentos estereotípicos, podem direcionar os indivíduos para reflexões positivas acerca dos indivíduos vítimas de mobilizações preconceituosas e discriminatórias, ou seja, "apesar dos efeitos irônicos e indesejados, tais mensagens podem ter as consequências desejáveis de dar ao preconceito um nome mau" (BERNARDES, 2003, p. 317).

Para estimular que ocorrências positivas dos reflexos contraintuitivos ressoem com mais efetividade junto aos indivíduos e na sociedade, os esforços devem focar, como se viu, em movimentar as estruturas cognitivas dos indivíduos, "levando-os depois a certos pensamentos e ações" (KELLNER, 2001, p. 140).

Para isso, no bojo dos processos midiáticos, deve-se estimular que ações com este escopo façam continuamente parte da sua programação, pois, resgatando Wolf (2005), os efeitos da mídia se manifestam pelo seu aspecto cumulativo. Portanto, a força dos efeitos positivos da narrativa publicitária contraintuitiva provavelmente se estabelecerá pelas redescrições dessa iniciativa em outras produções midiáticas, pois conforme os estudos de Gardner "os indivíduos aprendem mais efetivamente quando recebem a mesma mensagem de maneiras diferentes" (GARDNER, 2005, p. 105).

Dessa forma, esse raciocínio se consubstancia sob alguns vetores de orientações da psicologia social com base cognitiva que consideram "os estereótipos como um 'mau hábito', adquirido através de associações culturais (ver DEVINE e MONTEITH, 1993), [e sendo assim] o simples ato de produzir uma associação inversa pode reverter a associação cultural dominante" (LIMA e VALA, 2004, p. 57).

É principalmente a esta perspectiva que este trabalho se vincula para pontuar o resgate do pensamento ora apresentado sobre o discurso publicitário contraintuitivo e discorrer sobre uma visão otimista, porém equilibrada, de um potencial cenário que pode ser desbravado pela publicidade para problematizar tais temáticas pelo suporte dos seus objetivos mercadológicos.

No entanto, não se deve confundir em hipótese nenhuma essa expectativa com a conquista da cidadania das minorias sociais pelo consumo, ou esta como moeda de troca de mercado. O que se busca indicar é simplesmente as possibilidades que a publicidade como narrativa midiática poderia liderar ao participar dos esforços para a (re)construção de outras expressões e visões sociais em relação à consideração de minorias sociais nas "configurações comunicativas" (HEPP e HASEBRINK, 2013).

Com efeito, para o alinhamento dessas reflexões, resgata-se a citação da epígrafe deste capítulo que expressa com propriedade a força que as narrativas operam para enredar a construção do social no seu percurso de constituição de perspectivas mais equitativas: "a mensagem em si pode criar a realidade que a mensagem incorpora e predispor aqueles que a ouvem a pensar sobre ela de um modo particular. (BRUNER, 1997, p. 128). Por isso, acredita-se que a construção teórica acerca da aplicação conceitual da publicidade contraintuitiva possa ser útil ao campo publicitário, especialmente, para contribuir com os debates sociais sobre as repercussões colaborativas da mídia para uma sociedade mais equânime.

Por fim, com base nas articulações deste capítulo, que objetivou resgatar de modo objetivo as principais reflexões dos estudos sobre a publicidade contraintuitiva, considerando as suas especificidades e os circuitos de sentido que suas narrativas podem operar, parte-se para apresentar e explicar nos próximos capítulos o referencial teórico que subsidia este trabalho e as etapas de sua execução que tem como proposta avançar com estudos sobre a publicidade contraintuitiva, partindo para compreender teórica e empiricamente as significações que podem ser produzidas por suas narrativas nos espaços e práticas da recepção.

CAPÍTULO II

PERSPECTIVAS TEÓRICAS:
interacionismo simbólico, midiatização e mediações

"A pira comunicativa da nossa sociedade é muito mais rica e muito mais ampla do que permitem os meios."
(MARTÍN-BARBERO, 2009, p. 150)

Com as suas raízes na psicologia social e na sociologia, a perspectiva teórica do interacionismo simbólico agrega fundamental aporte para a compreensão das ações dos indivíduos e grupos nos circuitos cooperativos de negociações e produção de significados na sociedade. O conjunto de conceitos que estrutura essa perspectiva- que também pode ser aplicada como metodologia de pesquisa- delineia a possibilidade de uma sistematização analítica do social e do comportamento humano (ato social), considerando o seu realizar sob um processo dual, constituído reciprocamente por atividades interpretativas, ou seja, por um proceder interativo pautado e composto pela "designação e interpretação" (BLUMER, 1980, p. 137).

O aporte de conhecimentos desta corrente teórica, surgida no fim do século XIX, oferta consistentes contribuições para o campo dos estudos das ciências da comunicação, especialmente, para as investigações que buscam compreender as repercussões dos significados elaborados na vida social pelo processo comunicacional nos espaços da recepção de discursos midiáticos.

Neste trabalho, ao abordar o interacionismo simbólico como uma de suas perspectivas teóricas, busca-se, de um lado, alinhavar o olhar analítico desta investigação com a proposta metodológica qualitativa definida para a construção do seu saber, que responde aos procedimentos e técnicas da *Grounded Theory* Construtivista (CHARMAZ, 2009), metodologia qualitativa orientada pelas diretrizes interacionistas e que será adequadamente apresentada, discutida e explorada com mais atenção nos capítulos *a posteriori*. Por outro lado, há também um esforço para concatenar uma aproximação dos estudos do interacionismo simbólico aos da comunicação, pois como bem alerta Vera França (2007, 2008) as investigações do campo comunicacional, principalmente os estudos da recepção midiática, devem realizar – o que ainda não foi feito – leituras mais cuidadosas acerca da perspectiva do interacionismo simbólico, considerando com atenção especial os postulados de George Herbert Mead.

França ainda complementa que "já há alguns anos as contribuições da corrente comumente chamada de interacionismo simbólico vêm sendo reivindicadas pelos estudos da comunicação, mas a referência a esta corrente são ainda pouco sistemáticas" (FRANÇA, 2007, p. 1) nas investigações produzidas no campo.

Dessa forma, buscando contribuir nessa direção, este trabalho utiliza algumas ferramentas conceituais do interacionismo simbólico, empreendendo um esforço que organize e oferte um pensamento dialógico acerca de tal perspectiva articulada aos estudos da comunicação, principalmente aos que consideram os reflexos da midiatização nos espaços da recepção. O pensamento é acomodado para suportar analiticamente o entendimento dos resultados desta investigação sobre a recepção da comunicação publicitária contraintuitiva junto às mulheres brasileiras e suas tentativas de produção de sentido em estereótipos sociais negativos direcionados à mulher negra.

Ao associar principalmente, não exclusivamente, esses dois quadros teóricos e a metodologia *Grounded Theory* espera-se potencializar um caminho estratégico que permita edificar uma original e inédita investigação sobre as experiências de interação da publicidade contraintuitiva junto a mulheres brasileiras, objetivando desse modo a construção de um estudo em *Grounded Theory* que possibilite apresentar um contributo teórico interpretativo sobre as repercussões de sentido que esse discurso midiático viabiliza, ao proporcionar visibilidade simbólica às mulheres negras em posições de protagonista.

Entretanto, cabe enfatizar que neste capítulo não se tem a pretensão de apresentar uma revisão completa e profunda dos pressupostos do interacionismo simbólico de George Herbert Mead e seus desdobramentos críticos, tendo em vista que tal esforço já foi realizado e encontra-se registrado na literatura mediante diversas releituras de seus pressupostos teóricos.[1] Dessa maneira, a proposta nesta investigação é ofertar ao leitor uma visão geral sobre o interacionismo simbólico resumindo as origens, principais premissas e conceitos essenciais que contribuem para suportar a atividade de direcionamento analítico dos resultados desta pesquisa.

O interacionismo simbólico

De acordo com Morgan (1980) e Schwandt (1994), é no horizonte da investigação social que o interacionismo simbólico deve ser posicionado como uma perspectiva teórica inserida no paradigma[2] interpretativista. Paradigma este "que tem como objetivo entender o mundo das experiências vividas através do ponto de vista daqueles que nele vivem" (MENDONÇA, 2002, p. 4). Kathy Charmaz complementa este pensar ao elucidar que

> o pragmatismo anunciou o interacionismo simbólico, [...] perspectiva teórica que compreende que a sociedade, a realidade e o indivíduo são construídos por meio da interação e, assim, conta

---

1   Para aprofundamentos acerca desses desdobramentos indicam-se inicialmente as leituras de Virgínia Donizete de Carvalho *et.al.* (2010), Joel M. Charon (2009), Jordão Horta Nunes (2005) e Hans Joas (1999).

2   O entendimento de paradigmas, segundo Schwandt (1994), reflete os conjuntos básicos de crenças que conduzem a ação e que lidam com princípios iniciais, ou fundamentos. "São construções humanas que definem a visão de mundo do pesquisador" (MENDONÇA, 2002, p. 3). Um paradigma articula três elementos: ontologia, epistemologia e metodologia.

com a linguagem e a comunicação. Essa perspectiva pressupõe que a interação é inerentemente dinâmica e interpretativa, e trata de como as pessoas criam, representam e modificam os significados e as ações. (CHARMAZ, 2009, p. 21).

A edificação dessa corrente tem as suas diretrizes elaboradas pelos embates e debates teóricos da/na denominada "Escola de Chicago", localizada nos espaços interdisciplinares da Universidade de Chicago,[3] nos Estados Unidos da América, no período entre as duas guerras mundiais. É mediante o conjunto de estudos plurais produzidos nesta escola, orientados geralmente sob as bases da filosofia pragmática, que se promoveu o fortalecimento do trabalho empírico, valorizando fortemente o uso de técnicas qualitativas para a compreensão da vida social cotidiana.

O interesse comum dos estudos que formaram a Escola de Chicago revela-se principalmente pela preocupação com o particular, com o cotidiano e com as suas pequenas ocorrências. De acordo com Joas (1999), esta escola pode ser considerada como uma conjunção entre a filosofia pragmática de orientação política reformista e o esforço de tornar a sociologia uma ciência empírica. Logo, os esforços dos trabalhos desenvolvidos nos seus espaços e sob seus prismas procuraram realizar desse modo

> as possibilidades sociológicas do pragmatismo, que diz que é a ação que determina quais estímulos são relevantes dentro do contexto. da própria ação. A filosofia pragmática desenvolvida por Charles Pierce e Willian James influenciou John Dewey e

---

3   "A Universidade de Chicago foi fundada no final do século XIX, a partir da iniciativa do milionário John Rockefeller, que queria desenvolver no meio-oeste americano uma universidade que não ficasse atrás das tradicionais instituições da costa leste. Para tal empreendimento, contratou o filósofo Albion Small, que daria início a uma das principais vertentes do pensamento sociológico contemporâneo." (BRAGA e GASTALDO, 2009, p. 78).

George Herbert Mead, responsáveis pela adaptação do pragmatismo à teoria social. (GOSS, 2006, p. 155).

Nesse contexto, foi pelos pilares filosóficos e teóricos da Escola de Chicago que o interacionismo simbólico se desenvolveu, tendo como o seu principal e mais influente precursor, George Herbert Mead.[4] Ao seu lado, como fundadores do pensamento interacionista, são também apontados pela literatura: John Dewey, Charles H. Cooley e Willian I. Thomas (CARVALHO *et. al.*, 2010, p. 148). No entanto, foi Mead quem elaborou as bases[5] do pensamento que estimularam e originaram as interpretações sobre o interacionismo simbólico.

A princípio a corrente do interacionismo simbólico proposta por Mead era identificada como "behaviorismo social"[6] e [7]. O entendimento de behaviorismo social em Mead deve ser radicalmente distanciado do

---

4   Mead nasceu em Massachusetts [1863], nos Estados Unidos da América. Estudou em Harvard, onde conheceu e tornou-se amigo de Willian James. Em 1894, transferiu-se para Chicago a convite de John Dewey. Nesse mesmo ano, publicou seus primeiros artigos. Permaneceu nessa universidade por vários anos e faleceu [em 1931], ainda em Chicago, pouco tempo depois de ter aceito um convite para trabalhar na Universidade de Columbia (BAZILLI *et al.*, 1998 *apud* GOSS, 2006, p. 155).

5   Segundo Silva, Mead "não chegou a sistematizar suas propostas em vida, o que foi realizado postumamente, quando seus alunos e discípulos compilaram uma série de anotações de aulas (taquigrafadas em sua maior parte) do curso de psicologia social que ministrava, de palestras e de alguns de seus artigos e editaram a obra *Self, Mind and Society* (1934)". (SILVA, 2007, p. 83).

6   A identificação de behaviorismo social para a descrição do comportamento feita por Mead foi realizada por Morris, um filósofo que editou a transcrição do curso de psicologia social oferecido por Mead na Universidade de Chicago (FARR,1998 *apud* CARVALHO *et. al.*, 2010, p. 150).

7   Segundo Dupas *et al.* (1997), o interacionismo simbólico de Mead foi influenciado pelo pragmatismo, pela teoria da evolução de Darwin e pelo behaviorismo, por isso, Mead é considerado também empirista, naturalista, pragmatista e condutivista (CASSIANI, 1994)." (DUPAS *et al.*, 1997, p. 221).

behaviorismo em Watson, de F. H. Allport e Skinner (FARR, 1998), isto porque, diferentemente desses teóricos, Mead nos seus pressupostos considerava a linguagem como um fenômeno intrinsecamente construído pelo ato social. Neste sentido, ao descrever o comportamento humano em seus escritos enfatizou um entendimento e uma posição distintos, tendo como base principal o ato social produzido sob níveis de comportamento externo (observável) e interno (encoberto, não-observável).

> O ato, e não o trajeto, é o dado fundamental na psicologia social e na psicologia individual, quando são concebidas na forma condutista, e tem por sua vez uma fase interna e outra externa, um aspecto interior e outro exterior [...] nosso ângulo de enfoque é condutista, mas diferentemente do condutismo watsoniano, reconhece as partes do ato que não aparecem na observação externa e acentua o ato do indivíduo humano em sua situação social natural. (MEAD, 1934/1982, p. 55).

O interacionismo simbólico foca também nos aspectos internos ou experienciais do ato humano. Dessa maneira, os indivíduos organizam o seu mundo mediante um processo de negociação e renegociação da realidade, utilizando de modo reflexivo símbolos que possibilitam interpretar e criar significados mais do que simplesmente reagir automaticamente a eles.

Em outras palavras, considerando a perspectiva de Mead, Vera França (2004) compreende que o ato ou ação dos indivíduos na sociedade deve perceber a intenção do outro e construir uma resposta baseada nessa suposta intenção. Entretanto, essa não é uma simples resposta (como na mecânica do estímulo e resposta), e sim uma interpretação do comportamento e do ajustamento de sua própria intervenção. Desse modo, isto é apenas possível quando os gestos e a externalização do outro possuem significados recíprocos, ou seja, "esquemas e expectativas mútuas de comportamento" (JOAS, 1999, p. 139).

De forma completamente distinta do modelo estímulo-resposta de Watson, dotado de uma estrutura linear e mecânica, Mead resgata o arco reflexo de J. Dewey: não se trata aqui de uma relação causal, mas de uma dinâmica circular, de um movimento de reflexividade. E esta reflexividade só é possível pela capacidade de utilização de gestos conscientes, que é um atributo do animal humano (FRANÇA, 2007, p. 4).

Para Mead o ângulo do fenômeno da ação social deve ser considerado sob os conceitos de "mente", "*self*" e "sociedade", que articulam as perspectivas teóricas do seu interesse em analisar o ato social. É na construção dessa articulação que Mead ultrapassa "a equação estímulo-resposta [...], considerando a especificidade humana de atribuição de significado às coisas do mundo" (BRAGA e GASTALDO, 2009, p. 81), ou seja, mediante a intervenção ativa dos indivíduos no social.

Neste ponto, antes de seguir com o exame mais próximo dessa tríade conceitual elaborada por Mead, que organiza as bases mais expressivas de seu pensamento, cabe abrir um parêntese e enfatizar que o termo "interacionismo simbólico" foi cunhado apenas em 1938, por Herbert Blumer, discípulo de Mead, que após a morte desse último em 1931, assumiu a continuidade de suas pesquisas, estabelecendo mediante os seus escritos[8] esclarecimentos sobre os pressupostos teóricos de seu mestre (sendo também fiel ao aporte teórico de Dewey e Pierce), bem como articulou como desdobramento dessas atividades um proceder metodológico que consolidaria a corrente interacionista.

Posto isso, retoma-se o exame conceitual do ato social organizado por Mead no seu modelo triádico produzido nos circuitos da ação social. Gradualmente também serão agregadas e articuladas as contribuições de Herbert Blumer.

---

8 A maioria dos postulados de Blumer está contemplada na sua mais importante obra *Symbolic Interacionism: Perspective and Method* (1986).

Em Mead o conceito de "mente" pode ser compreendido como ação simbólica que os indivíduos fazem em relação ao *self*. Ela é uma atividade interna que o indivíduo se empenha em produzir ao autointeragir consigo fazendo uso de símbolos significantes. Os significados e os sentidos produzidos pela interpretação desses símbolos são de origem social, conforme indica Haguette (1987).

A mente, enfim, é o que se entende por pensamento, isto é, a inteligência reflexiva do ser humano. A ação que o indivíduo faz por meio de si num processo de intracomunicação ou autointeração, que "aparece quando o organismo é capaz de apontar significado aos outros e a si mesmo" (MEAD, 2006, p. 205 *apud* FRANÇA, 2007, p. 4).

Ao considerar os indivíduos em termos de processo social e comunicativo, Mead pontuou que a mente só é produzida e "surge através da comunicação, por uma conversão de gestos em um processo social ou contexto de experiência – e não a comunicação através da mente". (MEAD, 1934/ 1982, p. 91). Com efeito, a mente ainda deve ser compreendida como a relação do organismo com a situação, que se estabelece mediante a articulação de um conjunto de símbolos. Logo, ela é ação simbólica para o *self* e surge da interação com outros, numa dependência mútua de respostas (via interpretações) de *selves* e símbolos articulados em ações cooperativas e flexíveis de significados compartilhados.

O conceito de "situação" tem relevância no interacionismo simbólico, pois expressa o lugar onde a atividade simbólica se realiza pela "relação entre agente e situação, ou entre indivíduo e sociedade" (NUNES, 2005, p. 48).

Segundo João Horta Nunes (2005), William Isaac Thomas foi quem elaborou a primeira formulação sobre o conceito de situação e nesta articulação o autor aponta que

> antes de qualquer ato de comportamento auto-determinado há
> sempre um estágio de exame e deliberação que podemos chamar
> de definição da situação. Na realidade não só os atos concretos
> são dependentes da *definição da situação*, mas toda uma conduta

de vida e a personalidade do próprio indivíduo derivam, gradualmente, de uma série de tais definições. (THOMAS, 1923, p. 42, grifo do autor, *apud* NUNES, 2005, p. 44).

Isto porque toda situação é um problema para os indivíduos participantes do processo interacional, bem como toda situação exige uma interpretação antes do indivíduo lidar com ela e buscar definições para respondê-la adequadamente.

Exposto o entendimento de situação, retomam-se as perspectivas acerca da mente no interacionismo simbólico, que na leitura de Haguette (1987), é produzida pelo processo social de comunicação. A mente portanto é social em origem e função. Nesse sentido, Vera França complementa que o entendimento de Mead sobre a produção da emergência da mente em relação aos processos social e comunicativo opõe-se aos preceitos de Wundt, pois segundo ela na

> [...] análise de Wundt, [...] a comunicação pressupõe a existência de [mentes] capazes de se comunicar (e onde, então, a existência [da mente] permanece "um mistério inexplicável"), Mead ressalta a antecedência da comunicação: "Não é mais a comunicação que é um produto [da mente]. [Esta] emerge pela comunicação, através de uma conversação de gestos, em um processo ou contexto social." (p. 138). (FRANÇA, 2007, p. 5).

A mente também não deve ser confundida com cérebro, pois este último é a estrutura fisiológica que armazena e possibilita a manipulação de símbolos, mas o cérebro não forma a mente. Ela, como se observou, é construída na situação da interação social.

Ao resgatar as orientações de Manis e Meltzer (1972), José Ricardo Costa de Mendonça sinaliza que "o aparato fisiológico é indispensável para a formação da mente, mas é a sociedade e a interação social (processos sociais de experiência e comportamentos) que, utilizando o cérebro, formam e desenvolvem a mente". (MENDONÇA, 2002, p. 12).

Portanto, como se observa, para Mead a interação humana não é resposta a estímulo fixado e automático ou simplesmente evidente e físico. Ela é acompanhada de atividade mental, de um processo cooperativo de interpretação e produção para a edificação de símbolos significantes. Desse modo, como elucida Carvalho *et al.*, com base nas orientações de Blanco (1998),

> O que Mead queria demonstrar era que a ação de cada um só obteria seu sentido através da ação do outro. Durante o processo de qualquer ato social, os objetos do ambiente percebido se definem e se redefinem. De tal dinamismo consiste a interação simbólica, a qual não se dá por reação direta às ações e gestos do outro, mas mediante uma interpretação dessas ações ou gestos com base no significado que lhes é atribuído. Para explicar esse processo de interação que envolve definição e redefinição de objetos do ambiente percebido, Mead introduz as noções de *Self*, Eu e Mim. (CARVALHO *et. al*, 2010, p. 150-151).

O *self* [9] pode ser observado como a representação de um processo social interiorizado nos indivíduos. A sua origem é inerente à natureza dos indivíduos, que mediante a sua inteligência reflexiva (a mente) constrói a suas estruturas. O *self* é um objeto social edificado na interação e que pode permanecer estável ou ser continuamente definido e redefinido. Em suma, "o *self* é um produto da comunicação e tem, portanto, um caráter social" (NUNES, 2005, p. 18).

Já a mente, "por sua vez, é essencial na construção do *self*, isto é, da personalidade social do indivíduo, este que pode se colocar no lugar do outro e se tornar um objeto para si mesmo". (FRANÇA, 2007, p. 5). Ou nas palavras de Mead, "quando não só se escuta a si, mas também se

---

9   As teorias do *self* articuladas no interacionismo simbólico são originárias dos estudos de James (1890), "que distingue os 'aspectos discriminados' do *self*, designando-os como Eu e Mim; nenhum aspecto pode ser analisado adequadamente sem que o outro seja considerado". (NUNES, 2005, p. 48-49).

responde [...] tão realmente como se responde a outra pessoa, então temos uma conduta em que os indivíduos se convertem em objetos para si mesmos". (MEAD, 1934/1982, p. 171), este ponto será retomado adiante quando for apresentado o conceito de "Eu-objeto" proposto por Blumer.

O *self* surge e se desenvolve nos contextos do ato individual e da ação social, isto é, "ele emerge da comunicação significante com os outros" (NUNES, 2005, p. 49). Ele tem a sua origem na infância e se desenvolve mediante três fases: imitação, brincadeira e jogo.

A primeira fase, da imitação, refere-se a quando as crianças não possuem ainda a capacidade de elaborar ou fazer uso de símbolos que signifiquem o seu cotidiano, logo são carentes do *self*. Dessa maneira, é neste estágio que a criança faz uso simplesmente da imitação ao interagir com os outros (pais, familiares, professores etc.) em suas mediações, porém neste estágio a criança não entende os objetivos e efeitos que direcionam os seus atos, ela apenas os reproduz. No entanto, é ao exercer a imitação que a criança vai sendo gradativamente inserida no universo dos símbolos e a partir dessa atividade o *self* inicia o seu desenvolvimento.

A fase da brincadeira realiza-se quando do processo de aquisição da linguagem. Neste ínterim, a criança apreende para si as visadas dos indivíduos que respeita (por medo ou identificação). Tais indivíduos são denominados como "outros significantes" e são considerados pela criança como modelos de comportamento. Eles geralmente são seus pais, parentes ou indivíduos muito próximos.

Jordão Horta Nunes ressalta que os outros significantes também podem ser "quaisquer personagens, reais ou fictícios (super-heróis, artistas de cinema ou televisão etc.). Tais indivíduos ou personagens são responsáveis pela emergência do *self*, e isso ocorre com um significante de cada vez." (NUNES, 2005, p. 52). Nesta direção, no contexto da sociedade midiatizada, é pertinente considerar os discursos praticados e os personagens das narrativas midiáticas (publicidades, telenovelas etc.) como "outros significantes" com papel de relevo na situação de desenvolvimento do *self* no contemporâneo.

Assimilando essa fase da brincadeira, a criança realiza as suas atividades sociais, tanto em relação aos outros quanto a si mesma, com base nos referenciais de seus modelos de papéis sociais, ou seja, frente ao aprendizado com os seus "outros significantes". É nessa atividade complexa que o *self* social emerge e se estrutura.

A terceira fase do desenvolvimento do *self* refere-se ao estágio do jogo, que desafia a criança a assumir concomitantemente diferentes perspectivas dos seus "outros significantes" e direcionar adequadamente os seus atos sociais, articulando esse mosaico de diversificados papéis e posições sociais. É o resultado desse jogo organizativo que Mead denomina de "outro generalizado", "que acompanha e controla a conduta e que faz emergir o *self* na experiência do indivíduo" (MEAD, 1925, p. 269-70 *apud* NUNES, 2005, p. 52).

Em síntese, as crianças "num primeiro momento, brincam/jogam com representações daqueles que são importantes em suas vidas, chamados por Mead de "*outros significa[ntes]*". Nas situações de jogos, as crianças aprendem a ver-se desde um ponto de vista externo". (SILVA, 2007, p. 88). Posteriormente, é pela atividade dos processos da interação social com os outros e seus universos simbólicos, que o indivíduo avulta a maturidade do *self*, mediante o desenvolvimento do "outro generalizado". Na fase adulta o indivíduo é fortemente influenciado pelos seus grupos de referência[10] que agregam distintas visões ao *self* e o fazem um tanto diferente para cada situação.

O *self* representa um "processo social no interior do indivíduo que envolve duas fases analíticas distintas: o *Eu*, que é a tendência im-

---

10 Segundo Jordão Horta Nunes, "Tamotsu Shibutani (1955) resgata as considerações de James em sua interpretação da teoria de Mead e propõe uma quarta fase de desenvolvimento do *self*, a dos 'grupos de referência'. Cada indivíduo compartilha perspectivas com vários grupos de referência. A perspectiva do grupo com o qual mantém uma interação mais bem sucedida torna-se, nesse período, o 'outro generalizado' do indivíduo para a direção do *self* naquele grupo". (NUNES, 2005, p. 53).

pulsiva do indivíduo, e o *Mim*, que representa o outro generalizado" (CARVALHO *et. al.*, 2010, p. 151, grifo das autoras).

De um lado, o *Eu* é a resposta do organismo às atitudes dos outros; é o indivíduo como interagente que, como tal, não se sujeita às regras socialmente impostas. O *Mim* por outro lado é o *self* social, porque se trata das atitudes organizadas que o indivíduo assume com o resultado da interiorização da vida social que o constitui como objeto. Em síntese, o *Eu* impulsiona o indivíduo e o *Mim* representa a incorporação do outro no indivíduo, direcionando as suas ações. Este outro, como indicado, trata-se do "outro generalizado" que é observado como um processo no qual o *self* é edificado mediante a internalização das expectativas dos outros sobre os indivíduos, ou seja, é o jogo de autodefinição e enquadramento pelo olhar dos outros na situação da interação social.

Assim, como bem orienta Mead,

> O Mim é um indivíduo convencional, habitual. Está sempre presente. Tem que ter os hábitos, as reações que todos têm, ao contrário, o indivíduo não poderia ser um membro da comunidade [...]. A reação do Eu a uma atitude organizada transforma a mesma, e assim, ocorre certa proporção de adaptação e readaptação. Essa reação do Eu pode ser um processo que envolve uma degradação do estado social como uma integração superior. (MEAD, 1934/1982, p. 222).

Completando o modelo de Mead tem-se o conceito de sociedade, que é definida como qualquer tipologia organizacional, sem distinção. Portanto, ela deve ser observada como uma conjunção de ações cooperativamente referenciadas pelos indivíduos que a integram. A sociedade é formada, reafirmada e alterada pela interação social. Ela é construída quando os indivíduos trabalham reciprocamente.

> A sociedade existe enquanto atividade cooperativa de indivíduos, enquanto realização permanente de atos e trocas possibilitadas

pela comunicação. É a organização produzida pela linguagem e a emergência do *self* que permitiram o desenvolvimento da sociedade humana. (FRANÇA, 2007, p. 6).

A outra característica da sociedade é o desenvolvimento da cultura, uma vez que a interação social simbólica cooperativa a produz. Assim, toda a sociedade possui uma cultura, que é a perspectiva compartilhada ou de referência para a realidade. A cultura no interacionismo simbólico significa o consenso do grupo, a concordância, o entendimento, a linguagem, o reconhecimento compartilhado e as regras que orientam a ação do *self* e suas modulações.

Pela sua perspectiva compartilhada, é pela cultura que os indivíduos em interação elaboram e reelaboram a sua realidade, bem como ela também reflete os ditames do outro generalizado, por cujo viés os indivíduos cooperativamente condicionam-se e fiscalizam as próprias ações. Portanto, o conceito de sociedade em Mead,

> segundo Haguette (1987), se baseia no comportamento cooperativo. A associação humana surge apenas quando: a) cada ator percebe a intenção dos atos dos outros, e b) constrói sua resposta com base nessa intenção. Para que haja a cooperação devem existir mecanismos para que cada ator possa entender as linhas de ação dos outros e possa direcionar o seu próprio comportamento com o objetivo de se ajustar a essas linhas de ação. (MENDONÇA, 2002, p. 12).

Com a compreensão do modelo triádico de Mead, é pertinente preencher algumas lacunas de compreensão, ao elucidar a concepção de alguns termos que atravessam as suas articulações, como os símbolos, os objetos e a linguagem.

O símbolo é o conceito cerne na perspectiva interacionista, tendo em vista que é somente mediante o seu uso que os indivíduos podem interagir cooperativamente, socializar-se, compartilhar cultura, bem como compreender sua posição social frente ao outro. Os símbolos são objetos utilizados nas atividades de reflexão, representação e comunicação simbólica, pois é somente mediante o processo recíproco de interpretação dos símbolos que a comunicação pode ocorrer. Logo, é nessa troca de compreensão, isto é, pela capacidade interpretativa dos significados de símbolos entre os indivíduos que a interação social se estabelece.

Com base em Charon (1989), Sergio Ribeiro dos Santos aponta que as representações simbólicas "são definidas na interação social, caracterizando-se como significativos e significantes, isto é, têm um significado, envolvem um entendimento, tanto para os atores quanto para os indivíduos a quem se dirigem às (sic) ações". (SANTOS, 2008, p. 8).

No interacionismo simbólico, os produtos construídos pela interação social com os símbolos são denominados objetos. Segundo Blumer, objeto é "tudo o que for passível de ser indicado, evidenciado ou referido – uma nuvem, um livro, uma legislatura, um banqueiro, uma doutrina religiosa, um fantasma etc.". (BLUMER, 1980, p. 127).

Os objetos podem ser classificados sob três categorias: físicos (cadeiras, árvores, entre outros), sociais (estudantes, presidentes, mães etc.) e abstratos (princípios morais, doutrinas filosóficas, ou conceitos como justiça, preconceito, estereótipos, compaixão). Eles podem ter significados divergentes para os indivíduos dependendo dos seus universos de convívio e repertórios sociais, ou seja, da sua cultura. Os objetos não possuem qualquer *status* fixo e são criados e estabelecidos na interação social. O significado dos objetos para cada indivíduo é produzido basicamente no processo cooperativo e interpretativo com quem interage para a produção dos seus sentidos.

> Em suma, [...], a coexistência grupal humana traduz-se em um processo no qual os objetos são criados, confirmados, transformados e desprezados. A vida e os atos dos homens são necessariamente alterados conforme as mudanças ocorridas em seu universo de objetos. (BLUMER, 1980, p. 129).

Já a linguagem[11] no interacionismo simbólico deve ser compreendida como um tipo especial de símbolo usado para realizar descrição, precisar o que se apreende, observa e pensa em referência à vida social. Em outras palavras, ela organiza a ordem da experiência e do comportamento. "O uso da palavra nos diálogos e outros símbolos, como gestos, comportamentos, ações, têm significados sociais, que são construídos nas interações e que apenas passam a ser símbolos quando adquirem sentido para quem os utiliza". (CARVALHO *et. al.*, 2007, p. 121). Isto é, "nesta proposta, a linguagem, o símbolo, os sentidos partilhados ocupam um papel central: é o lugar da junção, o fator-chave na constituição dos indivíduos e na aglutinação da sociedade" (FRANÇA, 2004, p. 9).

> Há, então, uma grande variedade no nosso uso da linguagem, mas qualquer fase que essa variedade é usada é parte de um processo social e sempre parte pelo significado pelo qual nós nos afetamos assim como nós afetamos os outros e mediamos a situação social através do entendimento do que estamos dizendo. Isto é fundamental para qualquer linguagem; se ela vai ser linguagem, alguém tem de entender o que ele está dizendo, tem de afetar a si mesmo assim como afeta os outros (MEAD, 1934, p. 36).

Esclarecidos esses conceitos é pertinente recorrer às reflexões práticas de Joel M. Charon (2009) para alinhavá-las e posicioná-las na dinâmica interacional. Segundo esse autor, a interação tem origem nos símbolos, que são um especial tipo de objeto social; na linguagem, que é um especial tipo de símbolo; e na perspectiva, que é formada por um conjunto de símbolos. Desse modo, esses três objetos são centrais para a vida humana e sua importância pode ser encontrada nos reflexos da realidade e amplitude da sociedade, bem como na vida individual.

---

11 "A contribuição da linguagem consiste em um conjunto de símbolos comuns que, correspondendo a certos conteúdos, são idênticos na experiência dos diferentes indivíduos." (MEAD, 2006, p. 141 *apud* FRANÇA, 2007, p. 1).

Na situação da realidade humana, o indivíduo age em direção a uma realidade social/simbólica, não física. Nos espaços sociais o indivíduo cria uma sociedade que depende de símbolos. Logo, tem-se uma realidade social compartilhada – a cultura – que é produzida na interação simbólica. Neste ponto de vista, deve-se entender que a cultura em si é simbólica bem como o processo de socialização, portanto, na sociedade as práticas de cooperação ocorrem mediante a comunicação simbólica em curso entre os indivíduos e, neste realizar, os conhecimentos produzidos são passados de geração em geração mediante os símbolos.

Em relação à vida individual, especialmente considerando a linguagem na interação, ela tem as seguintes funções para o indivíduo: nomeação, memória e categorização; percepção; pensar/operar a interação simbólica consigo mesmo; deliberação e resolução de problema; transcedência de espaço e tempo; transcedência do próprio indivíduo (o indivíduo ativo); função de realidade abstrata, criatividade e autodireção.

Considerando a dinâmica do indivíduo no processo de interação social, Charon (2009) também elucida que este, ao entrar no circuito de produção de significados, possui *self*, mente, símbolos, outros significantes, grupos de referência, experiências passadas, perspectivas, interesses e objetivos. Com esses objetos o indivíduo entra na situação de interação e define a situação para o *self*. Nessa atividade, o indivíduo toma decisões referentes a como agir em direção aos objetos na situação considerando inclusive os outros indivíduos da situação. O indivíduo age de maneira evidente (se há outros indivíduos na situação).

Dessa maneira, os outros na situação dão sentido à ação ostensiva do indivíduo, de acordo com sua perspectiva, e definem a situação conforme os seus objetivos (isso, é claro, inclui tomar o papel dos outros na situação). Portanto, os outros agem abertamente (atos sociais) e considerando esse contexto o indivíduo interpreta os atos dos outros e avalia os seus próprios em conformidade com tais atos interpretados. O indivíduo assim revisa a perspectiva, a definição da situação, toma decisões e age na direção da ação influenciada em curso.

Em síntese, a proposição básica do interacionismo simbólico, segundo Charon (2009), postula que os indivíduos vivem em um mundo de significados e são capazes pela sua criatividade de desenvolver e utilizar símbolos para orientar a condução de suas vidas na sociedade. Esta capacidade simbólica de indicarem objetos sociais que podem configurar as suas definições de situações e interações, bem como a atividade de autorreflexão, ou seja, de ver a si mesmo como objeto do processo interacional é o que torna os indivíduos únicos no mundo.

Posto esses essenciais esclarecimentos, é adequado apresentar o desdobramento do pensamento de Mead, mediante os esforços interpretativos do seu principal discípulo, Blumer, que liderou os desdobramentos das suas reflexões e também, guiado por suas bases, propôs um programa metodológico de investigação. Esta proposta metodológica não é explorada neste trabalho de modo denso, tendo em vista que os objetivos deste capítulo enfatizam apresentar a perspectiva teórica do interacionismo simbólico, como já informado.

Blumer "desenvolveu a tese de que havia necessidade de o pesquisador social manter uma relação íntima com seus objetos. Além da consideração do ponto de vista subjetivo do pesquisador, no interacionismo simbólico a afinidade entre teoria e método também é íntima". (GOSS, 2006, p. 155). Em seus escritos ele reafirmou a importância central do significado no entendimento da dinâmica do ato social, sendo este um dos elementos primários de análise no interacionismo simbólico.

Para Blumer o significado é produzido socialmente, por conseguinte, ele é um produto social elaborado mediante o exercício de interação dos indivíduos no nível individual e coletivo. Dessa maneira, a natureza do interacionismo simbólico, no seu entendimento, tem fundamento em três premissas básicas:

> A primeira estabelece que os seres humanos agem em relação ao mundo fundamentando-se nos significados que este lhes oferece. Tais elementos abrangem tudo o que é possível ao homem observar em seu universo [...]. A segunda premissa consiste no fato

de os significados de tais elementos serem provenientes da ou provocados pela interação social que se mantém com as demais pessoas. A terceira premissa reza que tais significados são manipulados por um processo interpretativo (e por este modificados) utilizado pela pessoa ao se relacionar com os elementos com que entra em contato. (BLUMER, 1980, p. 119).

Objetivamente, a partir dessas três premissas, pode-se resumir que os indivíduos atuam no social baseando-se nos significados produtores de sentidos que a sociedade lhes permite observar (interpretar) em suas situações cotidianas; os significados elaborados dos objetos dispostos na sociedade têm suas origens na (ou são derivados da) interação social; tais significados são edificados e manipulados por um processo interpretativo, ou seja, são elaborados e podem sofrer alterações tendo em vista a sua característica flexível e pelas possibilidades de construção de novas percepções inerentes a este processo interpretativo promovido pelo indivíduo, quando do seu uso. Neste proceder, deve ficar claro que o uso de significados pelos indivíduos viabiliza-se mediante um processo de interpretação!

No escopo de sua abordagem teórico-metodológica, ao refletir sobre o papel do significado no pensamento interacionista, Blumer também orienta e alerta os investigadores dessa linha de pensamento acerca dos significados que são intrinsecamente fundamentais para entender e analisar a ação (sociedade) e o ato (comportamento individual) sociais. Neste viés, ele ressalta que ignorar os significados que os indivíduos se inter-relacionam é falsificar o comportamento e as situações que se analisa.

No entanto, é na segunda premissa, a qual aborda a fonte do significado, que Blumer indica estar o ponto original do interacionismo simbólico frente a outras teorias que também fazem uso da primeira premissa. De acordo com ele, existem duas formas proverbiais nas ciências sociais e psicológicas de explicar a fonte do significado.

A primeira refletiria a posição tradicional do realismo na filosofia, forma segundo a qual o significado é "intrínseco ao elemento que o contém e parte natural da estrutura objetiva deste. Assim, uma cadeira é nitidamente uma cadeira em si, uma vaca, uma vaca, [...], uma rebelião, uma rebelião etc. [...]". Nesta perspectiva, o sentido derivaria do objeto e não se constata nenhum processo na formação desse significado; "tudo o que se necessita é identificar o significado contido no elemento" (BLUMER, 1980, p. 121).

A outra forma tem a natureza psíquica e suas raízes estão na psicologia clássica. Conforme Blumer, este modo considera o significado como um acréscimo psíquico aplicado ao objeto pelo indivíduo para quem este detém significado. A formação do significado pelo indivíduo se estabelece pela ativação de processos psicológicos (percepção, cognição, repressão, transferência de sentimentos e associação de ideias) focados em reunir e coadunar fatores psicológicos específicos produtores de significados.

Neste viés, o significado ainda é uma "expressão de fatores psicológicos específicos [...] relativos à percepção do elemento; desta forma, procura-se explicar o significado de um elemento isolando os fatores psicológicos específicos que produzem o significado" (BLUMER, 1980, p. 121).

Em contrapartida, no interacionismo simbólico a fonte do significado responde a uma diferenciada origem. Ela é originada pelo processo de interação dos indivíduos na sociedade. Por essa razão, os significados são produtos sociais. Neste viés, de acordo com Blumer, não é viável compreender que os significados podem emergir de estruturas inerentes do elemento detentor, nem sequer pressupor que o significado tem sua fonte apenas mediante a conjunção de distintos fatores psicológicos no indivíduo.

Portanto, é nas bases dessas três premissas que o interacionismo simbólico aloca seus fundamentos e reverbera considerando alguns conceitos ou "imagens-raiz", que segundo Blumer são:

- *A natureza da sociedade humana ou coexistência grupal humana*: que expressa que o indivíduo isolado ou coletivamente está empenhado em agir. Assim, é o indivíduo em ação que compõe e desenvolve as estruturas da sociedade e sua cultura;

- *A natureza da interação social*: este conceito-raiz reza que é no processo de interação que o ato social se constitui, ou seja, é pela relação de indivíduos agindo uns para com os outros. No entanto, apenas as interações edificadas mediante "gestos significantes", que articulam um processo interpretativo, é que podem ser indicadas como interações simbólicas. O que representa dizer que os significados devem possuir compreensão recíproca entre os indivíduos em interação. O significado do gesto,[12] segundo Blumer, percorre três caminhos que refletem a natureza triádica de Mead. Dessa forma, o gesto direciona "o que o indivíduo para quem é destinado deve fazer, o que o indivíduo que o apresenta tenciona realizar, é a ação conjunta originada da articulação dos atos de ambos". Ele ainda indica que se ocorrer algum problema ou dificuldade no decorrer de qualquer uma dessas linhas de significados, o ato comunicativo não se realiza, "impede-se a interação e bloqueia-se a feitura do ato conjunto" (BLUMER, 1980, p. 126);

- *A natureza dos objetos*: sobre o conceito de objeto já se discorreu, anteriormente, porém cabe apenas enfatizar que eles são os produtos criados na e pela situação da interação humana. A sua natureza é estabelecida pelo significado que possuem para os indivíduos, pois eles podem ter diferentes significados para diferentes indivíduos em vista do repertório sociocultural edificado por estes ao longo de suas experiências de vida;

---

12 O conceito de gesto "consiste em qualquer parte ou aspecto de ação contínua que traz consigo o ato global de que faz parte. [...] transmitem aos que os reconhecem uma ideia da intenção e desígnio do ato a ser realizado pelo indivíduo que o expõe". (BLUMER, 1980, p. 126). Vera França complementa ao indicar que "os gestos, [...], são estímulos que devem provocar uma resposta do organismo ao qual eles se dirigem, mas os *gestos significativos* têm uma particularidade: essa consciência da significação faz com que eles afetem não apenas o outro ao qual se dirigem, mas igualmente aquele que o produz. (FRANÇA, 2007, p. 3).

- O indivíduo *como um organismo agente*: este conceito-raiz tem suas bases imbricadas nos postulados de Mead sobre o *self* e a dinâmica de apreensão de papéis ("outro significante" e "outro generalizado"). Blumer agrega ao contexto o seu pensamento sobre o "Eu-objeto", que elucida e agrega ao pensamento de Mead, ao expressar que o indivíduo "pode ser objeto de sua própria ação. [...] agindo consigo próprio e orientando-se em suas ações com outras pessoas de acordo com o tipo de objeto que constitui para si mesmo". (BLUMER, 1980, p. 130). Assim, o indivíduo é organismo que produz autointeração e condiciona as suas ações na vida social de acordo com tais diretrizes.

- Neste contexto, mesmo ciente, que Mead foi contemporâneo dos estudos de Freud sobre o psiquismo humano, Blumer esclarece que esta autointeração articulada no interacionismo simbólico

  > não se apresenta sob a forma de um processo interativo entre duas ou mais partes de um sistema psicológico, como entre necessidades, entre emoções, entre ideias ou entre o *id* e ego na sistematização freudiana. Antes, esta interação é social – uma forma de comunicação, com o indivíduo dirigindo-se a si mesmo como a um indivíduo e a isto reagindo. (BLUMER, 1980, p. 130).

- *A natureza da ação humana*: é um conceito-raiz que corresponde à capacidade do ser humano interpretar o seu mundo, com o propósito de poder agir nos seus espaços, tendo como base os processos interativos interpretativos que resultam nas ações conjuntas de significado para edificar suas linhas de ação na sociedade; e

- *Encadeamentos de ações*: refere-se ao entendimento de que nenhuma forma de ação interpretativa pode ser desvinculada do seu encadeamento histórico, "há sempre alguma ligação ou continuidade com os fatos passados. [...]. A ação conjunta não apenas representa um encadeamento horizontal, por assim dizer, das atividades dos participantes, mas também uma concatenação vertical com o comportamento conjunto anterior". (BLUMER, 1980, p. 137). Em síntese, há no processo interpretativo dos indivíduos uma lógica onde um ato pauta o sequente.

Como se observou, a perspectiva teórica do interacionismo simbólico proposta por Mead e desdobrada por Blumer oferece relevante ferramental para as reflexões do campo dos estudos da comunicação. Conforme Vera França, "Mead não foi um teórico da comunicação, mas esta ocupa sem dúvida um lugar muito importante na questão central de sua reflexão, que é a correlação entre a experiência e as condições onde ela se produz, entre o indivíduo e o mundo comum". (FRANÇA, 2007, p. 2).

Desse modo, é com esta expectativa que é profícuo abordar algumas conexões entre o interacionismo simbólico e os estudos da comunicação, considerando, especialmente, as orientações organizadas por Vera França (2004, 2007, 2008) que, ao fazer leituras da clássica obra de Mead *Mind, Self and Society*,[13] estimula o exercício de aproximação desses estudos para pensar as repercussões dos produtos midiáticos no social.

Aproximações entre o interacionismo simbólico e os estudos da comunicação

Apesar de não apresentar um aporte teórico que responda todos os desafios impostos pela comunicação no contemporâneo, de acordo com Vera França, o interacionismo simbólico é uma frutífera perspectiva, que disponibiliza uma contribuição teórica insubstituível para apropriadamente se "pensar o processo comunicativo, a dinâmica relacional, a configuração das interações" (FRANÇA, 2008, p. 90), sendo uma rele-

---

13   Vera França em seus estudos faz uso da edição/ tradução francesa do livro em referência de Mead: *L'esprit, le soi et la société*. Paris: PUF, 2006.

vante corrente para apoiar o avanço dos estudos de recepção e as discussões do campo sobre os reflexos da midiatização nas mediações sociais.

A tradição do interacionismo simbólico indica que é no proceder da mútua afetação que os significados se estabelecem, produzindo sentidos pela interação dos indivíduos consigo e com os outros. Isto é, o seu realizar é operado quando os indivíduos relacionam-se buscando abstrair e interpretar as mensagens que produzem e recebem frente ao outro e que podem modificar ou não contextos e esquemas sociais mediante a reflexividade deste processo. Tal dinâmica articula-se concomitantemente também pela recepção de mensagens e pela produção de respostas de sentido a estas.

Verifica-se nessa atividade, "a extrema importância da comunicação no pensamento de Mead; ela é inseparável do ato social que ajuda a realizar. Como componente do ato, a comunicação intervém na construção [da mente], do *self* e da *sociedade*" (FRANÇA, 2007, p. 10, grifo da autora), tendo em vista, como já elucidado, que é pela interação social, a comunicação entre indivíduos e a intracomunicação (a possibilidade de comunicação do indivíduo consigo mesmo), que as estruturas e os repertórios de significados desses objetos são edificados e promovidos em escalas de efeitos de sentidos.

No entanto, França ainda enfatiza que "nem toda interação, como apontado anteriormente, é comunicativa. [...] as interações comunicativas [...] se utilizam de gestos significativos. É a presença da significação, da linguagem, que delimita nosso terreno – embora os limites entre os dois campos sejam tênues". (FRANÇA, 2007, p. 8).

É neste contexto que se pode manifestar um entendimento sobre a midiatização, seus discursos e o seu alcance nas mediações sociais, ou seja, é possível pensar em "interações comunicativas" (FRANÇA, 1998, 2007) e em "interações mediatizadas" (FRANÇA, 2007, p. 9), sendo que a primeira seria o processo de interação direta entre os indivíduos e a segunda seria uma rede interpretativa e cooperativa que se forma na sociedade integrando entre outros objetos o mercado, os profissionais de comunicação e os indivíduos receptores, produzindo afetações mútuas entre eles pela midiatização de produtos mediáticos elaborados (p.e. publicidade, telenovela etc.) em torno de uma determinada temática, que também busca estimular interações comunicativas ao alcançar a interpretação do outro.

> A situação de interagir mexe com todos os sujeitos envolvidos no ato; interagir através de gestos significativos faz intervir na ação em curso um mundo paralelo – um mundo de possibilidades, de escolhas; uma temporalidade condensada – em que passado e futuro são acionados e intervêm na ação presente dos atores. (FRANÇA, 2007, p. 9).

Logo, associar esse repertório teórico às reflexões sobre as ativações interativas que podem ser estimuladas, por exemplo, por anúncios contraintuitivos, ou não, indica um caminho relevante para observar o jogo interacional exercitado pelos indivíduos para a revisão e deslocamento de conteúdos estereotípicos negativos tradicionais associados às minorias sociais, indicando aqui a possibilidade da autointeração, da autorreflexividade, bem como os seus impactos e manifestações diretas em estimular respostas sociais positivas ou negativas.

Esta intenção fortalece-se ao considerar os pensamentos de Adriana Braga e Édison Gastaldo quando discorrem que o interacionismo simbólico na perspectiva Mead demonstrou que a comunicação é interação simbólica e "pesquisar as dinâmicas comunicacionais no local onde ocorrem é também compreender a vida social na sua dimensão mais elementar, relacional, a vida social em processo" (BRAGA e GASTALDO, 2009, p. 78).

> Assim, na perspectiva indicada por Mead, uma análise da comunicação é antes de tudo uma análise situacionista: a situação como um todo – [...] o quadro geral de uma campanha política ou publicitária [...] – deve ser nosso ponto de partida e nossa

referência ao recortar um objeto específico. [...]. Não é possível numa perspectiva interacional, analisar o receptor separado dos estímulos que lhe foram endereçados e que o constituíram como sujeito daquela relação. [...]. E não se trata aí de simplesmente [...] querer analisar todos os ingredientes do processo comunicativo, mas de pensá-los em articulação e mútua afetação. (FRANÇA, 2008, p. 85-86).

Ressalta-se, desse modo, que o entendimento de interação neste trabalho assume as diretivas do interacionismo simbólico, considerando as suas dinâmicas, sutilezas e distinções, que se pautam no horizonte do ato/ação social de afetações mútuas dos indivíduos em suas mediações. E, como bem elucidou Charon (2009), essa perspectiva deve também ser compreendida pela sua potencialidade de atravessar a realidade humana e a sociedade de modo amplo.

Neste viés, tal aporte teórico também é articulado considerando os pressupostos da midiatização, que delibera sobre a compreensão de um horizonte de regulação social influenciado pelos discursos da mídia e suas negociações de sentido. Dessa maneira, ambas as perspectivas teóricas coadunam-se e se complementam neste trabalho para guiar a análise dos seus resultados para um enquadramento interpretativo que possibilite direcionar reflexões que elucidem as experiências de interação com o dispositivo publicitário contraintuitivo nas dimensões sociais e os nexos de sentido produzidos nas perspectivas e biografias de mulheres brasileiras.

A articulação dessas perspectivas indicadas por Andreas Hepp e Uwe Hasebrink (2013) como complementares, é feita porque, segundo eles, uma das vertentes da pesquisa de midiatização fundamenta-se expressivamente na interação simbólica, que como se explicitou anteriormente considera e posiciona a "comunicação" no primeiro plano para se compreender os desdobramentos sociais operados pela sua realização na situação interacional. Ainda neste sentido Friedrich Krotz agrega que

Se seguirmos Berger e Luckmann (1980) e também George Herbert Mead (1934), o interacionismo simbólico e as posições teóricas relacionadas, nós podemos assumir que a sociedade, a cultura e todas as outras entidades sociais e culturais são socialmente construídas pelos indivíduos. Assim, podemos concluir que a comunicação é a relevante conexão entre a mudança das mídias e as mudanças na cultura e na sociedade. (KROTZ, 2014, p. 82, tradução nossa).

No entanto, para Hepp e Hasebrink (2013), se fez necessário e urgente edificar um conceito de médio alcance que abarcasse com expressividade as nuanças dialógicas e as potencialidades dessas perspectivas consonantes, isto é, que conseguisse fundamentar a ideia geral da midiatização na interação simbólica e que viabilizasse pesquisas científicas nesta direção. Com isso, com base nos estudos de Norbert Elias[14] (1978), eles sugerem o termo "configurações comunicativas" (HEPP e HASEBRINK, 2013, p. 18, tradução nossa) para abarcar a amplitude reverberada pela realização de enquadramentos contextuais produzidos pelo realizar dessas perspectivas nas mediações sociais. Segundo Hepp, as configurações comunicativas devem ser entendidas como "padrões de processos entrelaçando o que existe ao longo de várias mídias e em um "enquadramento temático" que orienta a ação comunicativa." (HEPP, 2014, p. 56).

A potencialidade de sua abordagem nos estudos da comunicação "é que se pode usá-la para analisar diversos fenômenos em diferentes níveis [...] micro, meso e macro" (HEPP e HASEBRINK, 2013, p. 18, tradução nossa), considerando assim que é pela compreensão da midiatiza-

---

14 De acordo com Hepp, foi Elias que cunhou o conceito de "configurações", que na sua perspectiva deve ser entendido como "'redes de indivíduos' (ELIAS, 1978, p. 15) que constituem uma entidade social maior através da interação recíproca – por meio, por exemplo, da participação em um jogo, ou numa dança. Essa entidade pode ser uma família, um grupo, um estado, ou sociedade: em todos esses casos, essas entidades sociais podem ser descritas como diferentes redes complexas de indivíduos." (HEPP, 2014, p. 55).

ção localizada nas configurações comunicativas, que se viabilizaria a edificação dos "mundos midiatizados". Com base nesses enquadramentos, "tal conceitualização torna possível reteorizar a pesquisa da midiatização a partir de uma perspectiva diacrônica e sincrônica". (HEPP, 2014, p. 46).

Esclarecidas essas dimensões, o que se propõe, como já dito, é realizar uma aproximação teórica, considerando as complexidades que atravessam o processo comunicacional, tendo como orientação o presente quadro teórico de referência, que viabiliza as análises dos resultados desta investigação pautadas pelo diálogo entre o arcabouço do interacionismo simbólico e os estudos da midiatização, especialmente, considerando os reflexos de suas configurações comunicativas para os estudos "mediáticos da recepção publicitária" (TRINDADE, 2007).

Enfim, estas aproximações teóricas produzirão mais sentido a partir do enquadramento teórico apresentado a seguir em relação às atuais discussões do campo das ciências da comunicação sobre as complexidades que permeiam o entendimento de midiatização e mediações nos espaços da recepção. Portanto, as discussões sobre tais conceitos estão considerando, principalmente, mas não exclusivamente, os debates tradicionais e contemporâneos elaborados na América Latina e na Europa.

Midiatização e Mediações

É testemunhado no contemporâneo um debate teórico crescente, efervescente e frutífero acerca do pensamento comunicacional e suas circundantes dimensões de sentidos repercutidas na sociedade. No bojo da agenda dessas discussões visualizam-se com destaque esforços interpretativos para conjecturar de modo adequado proposições direcionadas a compreender especialmente os conceitos de mediações e midiatização, considerando as suas potencialidades, divergências, complementaridades, desdobramentos e os mecanismos de seus efeitos de sentido nas atividades midiáticas da sociedade.

Para a articulação e produção desses cenários que espelham as imposições da contemporaneidade, algumas teorias da comunicação estão se mostrando relativamente limitadas, como as abordagens clássicas dos

> efeitos da mídia, presentes nas formulações funcionalistas [e] a visão apocalíptica da teoria crítica. Precisamos hoje pensar os processos midiáticos de maneira menos linear. E neste sentido os conceitos de mediação e midiatização oferecem novas perspectivas de análise. (BARROS, 2012, p. 91).

À guisa de uma contextualização objetiva desses debates é que, pertinentemente, neste tópico, tem-se a intenção de apresentar alguns pensamentos que estão sendo (re)elaborados com base nesses conceitos, no horizonte de uma agenda de pesquisa que tenta reposicionar e reaproximar o olhar do campo dos estudos da comunicação para a complexidade da sociedade hodierna midiatizada. Esses olhares elaboram conjunturas em direção ao entendimento da comunicação como construtora de significados produzidos reciprocamente e mutuamente nos espaços de interação, como propugna o interacionismo simbólico. Tais esforços buscam apresentar caminhos alternativos que superem as visões funcionalista e apocalíptica dos estudos midiáticos.

Neste sentido, no exercício deste tópico, são resgatadas algumas vozes desse cenário teórico, visando espelhar e vincular o pensamento do presente trabalho na direção de suas perspectivas. Logo, para a sua construção, são especialmente considerados o aporte de conhecimentos sobre os mecanismos e lógicas de recepção dos indivíduos em ação nesta sociedade, que está sendo observada sob as nuances da midiatização e das mediações.

Para as teorias da comunicação, as contribuições mais tradicionais acerca das mediações[15] foram desenvolvidas na América Latina por Jesús

---

15 Cabe registrar que "originalmente, o conceito de mediação no âmbito da comunicação social foi apresentado como propriedade exclusiva dos meios (MARTÍN

Martín-Barbero e contempladas na sua antológica obra *De los Medios a las Mediaciones* (1987). Nessa celebre publicação, o autor elaborou uma perspectiva edificada por uma matriz cultural e política que, além de propor uma alternativa às teorias funcionalistas da época – que (muitas vezes) não refletiam o contexto latino-americano-, buscava compreender as possibilidades de articulação dialógica do processo comunicacional e de seus participantes (produção, produto e práticas das audiências) nas pesquisas do campo.

Ao problematizar o fluxo dos meios às mediações Martín-Barbero ofertou um pensamento que avançava acerca das dinâmicas da comunicação, indicando um modo mais adequado para se compreender os usos e consumos dos discursos midiáticos, incluindo aí as resistências sociais a tais discursos, nos espaços de uma recepção ativa enredada pelos reflexos das identidades e da cotidianidade.

Segundo Martín-Barbero, o pensamento seminal desse primeiro momento da sua pesquisa sobre as mediações buscou considerar a importância inegável da mídia, porém refletir também sobre "a força social, cultural e política da vida cotidiana, da comunicação entre vizinhos, entre amigos do mesmo time de futebol, e também entre os governantes e os governados" (MARTÍN-BARBERO, 2009, p. 151).

> O resultado é um desenho complexo de pesquisa que envolve a estrutura e a dinâmica da produção de conteúdos, os usos e apropriações desses conteúdos e a composição textual dos mesmos. Note-se que esta perspectiva teórica vai além da proposta que caracterizava a maioria dos estudos de recepção, porque é a partir

---

SERRANO, 1982). Em inglês ou francês é mais simples ver esta derivação de mídia: 'media-tion'. Posteriormente, Martín-Barbero (1987) usou o conceito com outra intenção e para significar a descentralização da comunicação das mídias, o que ele chamou de midiacentrismo [...]. A cultura então veio a ser assumida como a mediação principal ou 'mediação com maiúsculas' e posteriormente derivou em 'diversas mediações mais específicas' (OROZCO GÓMEZ, 1991)". (OROZCO GÓMEZ, 2006, p. 88).

de um deslocamento para o interesse cultural e político com o que as pessoas fazem com a mídia no seu cotidiano que passa a desenvolver-se uma forte tendência para a pesquisa de recepção (LOPES, 2014, p. 66).

Nos estudos de Martín-Barbero, o conceito de mediações deve ser entendido inicialmente como o "'lugar' de onde é possível compreender a interação entre o espaço da produção e o da recepção: o que se produz na televisão [ou mídia, de modo geral] não responde unicamente a requerimentos do sistema industrial e a estratagemas comerciais, mas também a exigências que vêm da trama cultural e dos modos de ver". (MARTÍN-BARBERO, 1992, p. 20).

Dessa forma, as mediações, no plural, devem ser compreendidas pelas possibilidades de encontros e negociações de sentidos, operadas no tempo e espaço, por onde se constroem os discursos midiáticos (nas lógicas da produção); por onde tais discursos circulam e são usados e consumidos (nas competências da recepção), manifestando efetivamente o seu realizar de significação nos circuitos interativos do cotidiano sociocultural. Ressalta-se que esses circuitos são, conforme Martín-Barbero, mediados pelas visadas institucionais, técnicas e de ritualidades que atravessam os lugares da produção, circulação e recepção.

José Luiz Braga contribui para o esclarecimento do conceito de mediações ao pontuá-lo sob as suas perspectivas genérica e epistemológica.[16] Em relação à primeira, de acordo com ele, a mediação "corresponde a um processo em que um elemento é intercalado entre sujeitos e/ou ações diversas, organizando as relações entre eles" (BRAGA, 2012b, p. 32). Já considerando a segunda, ele faz referência

---

16 Marcos Bastos Toledo elucida que para Braga (2006), "a midiatização ocorre em dois âmbitos sociais. No âmbito microsocial a midiatização trata de instituições ou instâncias que incorporam elementos da medialidade. No âmbito macrossocial a midiatização refere-se ao processo de adaptação e simulação da própria sociedade à lógica medial" (TOLEDO, 2012, p. 70).

ao relacionamento do ser humano com a realidade que o circunda, que inclui o mundo natural e a sociedade. A ideia de mediação corresponde à percepção de que não temos um conhecimento direto dessa realidade – nosso relacionamento com o "real" é sempre intermediado por um "estar na realidade" em modo situacionado, por um ponto de vista – que é social, cultural, psicológico. O ser humano vê o mundo pelas lentes de sua inserção histórico-cultural, por seu "momento". (BRAGA, 2012b, p. 32).

Recentemente, Martín-Barbero sinalizou uma revisão do seu conceito de mediações, tendo como um dos principais estímulos responder às exigências das atuais reconfigurações sociais imbricadas pelas novas tecnologias da informação e comunicação ou como ele prefere pela "institucionalidade da tecnicidade" (MARTÍN-BARBERO, 2009, p. 153).

Com tal redirecionamento, ele vem deslocando o seu olhar, que considerava fortemente as diretrizes da cotidianidade comunicativa das mediações sociais, para assumir que o comunicativo dos meios (não as suas prioridades) está atualmente desempenhando de modo mais denso um relevante papel de protagonismo na sociedade, onde de forma gradativa os indivíduos estão se isolando e na solidão de suas residências, consumindo e auxiliando na produção de produtos midiáticos, promovendo assim a sustentabilidade de uma "cultura a domicílio" (MARTÍN-BARBERO, 2009, p. 152).

Ao considerar essas "novas/outras" atitudes e comportamentos sociais estimuladas pela tecnicidade das mídias é que o autor se posiciona em relação ao seu pensamento hodierno sobre as mediações. Que segundo ele,

> pode-se continuar falando "das mediações dos meios", mas "mediação" para mim sempre foi outra coisa que tem muito mais relação com as dimensões simbólicas da construção do coletivo. Preferi falar então de "mediações comunicativas da cultura", e quando digo

da cultura não falo somente de seus produtos, mas digo da sociedade, da política. (MARTÍN-BARBERO, 2009, p. 153).

O conceito "mediações comunicativas da cultura", que auxilia Martín-Barbero a reposicionar a sua proposta inicial sobre as mediações, não está direcionado somente aos produtos culturais, mas também à sociedade, à política. Logo, esse termo elucida pontualmente as razões que o motivam a repensar as suas orientações das mediações aos meios

> a mudança foi esta: reconhecer que a comunicação estava mediando todos os lados e as formas da vida cultural e social dos povos. Portanto, o olhar não se invertia no sentido de ir das mediações aos meios, senão da cultura à comunicação. Foi aí que comecei a repensar a noção de comunicação. Então, a noção de comunicação sai do paradigma da engenharia e se liga com as "interfaces", com os "nós" das interações, com a comunicação-interação, com a comunicação intermediada. (MARTÍN-BARBERO, 2009, p. 153).

Com efeito, é justamente nesta passagem que o papel das interações pode ser ressaltado no entendimento do processo comunicacional no contemporâneo. Maria Immacolata Vassallo de Lopes, ao considerar esse realinhamento proposto por Martín-Barbero, reforça que atualmente é nesse prisma do interacional que o acontecimento da comunicação deve ser observado, o "que possibilita a interface de todos os sentidos, portanto, é uma *inter-mediação*, que é um conceito para pensar a hibridização das linguagens e dos meios" (LOPES, 2014, p. 72).

Diante desta visada, é a partir dessa (re)contextualização que se pode *a priori* aproximar os conceitos de midiatização e mediações, projetando as suas reflexões para o pensamento acerca do papel das interações no processo, porém sem considerar uma linearidade, observando assim neste proceder os seus prováveis pontos divergentes e/ou complementares. Neste direcionamento, Marco Toledo Basto enfatiza que a "produção, recepção, meio e mensagem só podem ser pensados como um processo contínuo – as mediações – posição de onde é possível compreender a interação social entre emissão e recepção." (BASTOS, 2012, p. 64).

Para Laan Mendes Barros, os conceitos de mediações e midiatização possuem conotações próximas, pois

> enquanto "midiatização" vem sendo pensada como uma nova forma de sociabilidade, decorrente de uma lógica midiática, "mediação" traz já de algum tempo[17] o sentido das interações sociais, que nos dias de hoje se dão essencialmente – mas não exclusivamente – por intermédio da mídia. (BARROS, 2012, p. 88).

Por conseguinte, antes de avançar, cabe resgatar o relevante olhar de Eliseo Véron sobre tais questões, que já anteriormente, nos idos de 1990, pontuava com base no seu *esquema para el análisis de la mediatización*, afirmando que as instituições e práticas sociais são diretamente influenciadas e modificadas pelos discursos midiáticos. Nas suas reflexões, por consequência, "o termo midiatização não designa nada além do que é hoje a mudança social nas sociedades contemporâneas" (VERÓN, 1997, p. 17).

Em um dos seus últimos trabalhos[18] publicado na revista Matrizes, da Universidade de São Paulo, Véron retomou o conceito de midiatização, sob um enfoque atualizado, observando que ele não deve ser alocado historicamente como um fenômeno da contemporaneidade, mas sim deve ser observado como algo que vem se realizando num contexto que se desdobra numa perspectiva histórica de longo prazo, ou seja, não é novo e deve ser considerado pela sua sequência temporal. Dessa maneira, nas palavras do autor, a midiatização

---

17 Segundo Barros (2012), "há 35 anos Manuel Martín Serrano publicava, em Madri, o livro *La Mediación Social*, que já trazia as bases da teoria das mediações, também desenvolvida em outras de suas obras".

18 Eliseo Véron faleceu em abril de 2014.

linguisticamente falando, [é] um substantivo que dá nome a um processo, as entidades consideradas como sujeitas a tal processo são, na maioria dos casos, as sociedades em si ou subsistemas particulares delas. [...]. É um nome para a longa sequência histórica de fenômenos midiáticos sendo institucionalizados em sociedades humanas e suas múltiplas consequências. (VÉRON, 2014, p. 15-16).

Esses esclarecimentos de Véron acerca da midiatização, os quais direcionam o seu entendimento sob o prisma de uma construção histórica de longo prazo, vem em resposta ao pensamento de Stig Hjarvard, que posiciona o conceito de midiatização como um processo não universal e que se estabeleceria apenas no recorte atual de sociedades ocidentais industrializadas. Assim, para esse autor, que se baseia nas orientações de Thompson (1995), a midiatização "não é um processo universal que caracteriza todas as sociedades. É primariamente um processo que se acelerou particularmente nos últimos anos do século XX, em sociedades modernas, altamente industrializadas e predominantemente ocidentais [...]." (HJARVARD, 2008, p. 113).

Sem polemizar, é relevante para ampliar o debate, destacar novamente o olhar de Véron, que difere- como já se indicou- de alguns pontos da visada de Hjarvard. De um lado, ambos os autores concordam com o entendimento da midiatização como um processo, no entanto, de outro lado, discordam da sua perspectiva e localização histórica, bem como do seu alcance social. Véron vê a midiatização sob um prisma de longa duração, como já dito, e observa que "os fenômenos midiáticos são uma característica universal de todas as sociedades humanas, desde um primeiro estágio de semiose humana, iniciado a cerca de dois e meio milhões de anos atrás, com a produção de ferramentas de pedra" (VÉRON, 2014, p. 13). Já Hjarvard, ao assumir sua posição diante do contexto hodierno, ressalta ter plena consciência que diverge de vários pesquisadores, como Krotz e Couldry, que, se aproximam de certo modo do pensamento de

Véron. Sobre esse embate, ele comenta o seu entendimento reafirmando e defendendo a sua postura ao enfatizar que

> ao conectar o conceito de midiatização às transformações institucionais da alta modernidade, nossa abordagem afasta-se de certas vertentes da teoria de midiatização. Krotz (2007, 2009), apoiado por Couldry (2012), sugere que entendamos a midiatização como um "metaprocesso", ou seja, um processo trans-histórico de mudança social e cultural. Seguindo a sociologia de Norbert Elias ([1939] 1978), Krotz considera a midiatização como um processo civilizacional que não se restringe à fase moderna, mas que se inicia com a ascensão da mídia relacionada à escrita em civilizações mais antigas. Krotz não especifica uma definição mais precisa de midiatização já que "midiatização, por sua própria definição, está sempre relacionada ao tempo e ao contexto cultural" (KROTZ, 2007b). (HJARVARD, 2014, p. 31).

Dado esse contexto, é relevante elucidar novamente que os conceitos de midiatização bem como mediações estão em um movimento de (re)articulação e aprofundamentos teóricos, buscando enquadramentos que reflitam as profundas mudanças que a sociedade vem enfrentando com a sua mídia. Portanto, não existe ainda um consenso sobre as suas prerrogativas conceituais. Contudo, acerca das suas proximidades e tensões Bastos ressalta a visão de Nick Couldry (2008), o qual argumenta na direção que

> embora o conceito de mediação, empregado especialmente no contexto latino-americano e nos trabalhos de Roger Silverstone,[19]

---

19   Silverstone elaborou seu pensamento sobre as mediações, especificamente, nos idos do final da década de 1980. Ele desconhecia a obra de Martín-Barbero (1987), que só foi traduzida e publicada em língua inglesa em 1993. Assim, só teve conhecimento dos pensamentos de Martín-Barbero em meados de 2004 ou 2005 (cf. COULDRY e HEPP, 2013). Para Silverstone, a mídia deve ser pensada

forneça maior flexibilidade para tratar das possibilidades abertas e dialéticas das transformações sociais, é o conceito de midiatização que permite um tratamento adequado para a intertextualidade entre os *media* face à lógica medial. Com isso, a tensão entre os conceitos de mediação e midiatização reflete tanto um deslocamento nos programas de pesquisa em comunicação como duas distintas visões a respeito do tratamento adequado para os objetos mediais e para a comunicação. (BASTOS, 2012, p. 70).

Ao observar a citação dos trabalhos de Roger Silverstone é pertinente ressaltar que, assim como Martín-Barbero, pode-se dizer que quase paralelamente, Silverstone também colaborou para a articulação e o desenvolvimento do pensamento seminal acerca das mediações. Nick Couldry e Andreas Hepp relembram que Silverstone

> explorou o conceito de "mediação" como um termo dialético para o intercâmbio contínuo por meio do qual a mídia moldava ou era moldada pelos espaços cotidianos e a cultura (SILVERSTONE, 2005). O trabalho de Silverstone, sem dúvida, até a sua morte, em 2006, indicou para o local onde os estudiosos desde então convergiram sob o termo "mediatização", apesar de que ele não tenha usado propriamente o termo. (COULDRY e HEPP, 2013, p. 193, tradução nossa).

Neste debate sobre a midiatização e as mediações, Andreas Hepp (2014) expressa a sua contribuição, indicando categoricamente que o ter-

---

"como um processo, um processo de mediação. Para tanto, é necessário perceber que a ela se estende para além do ponto de contato entre os textos midiáticos e seus leitores ou espectadores. É necessário considerar que o conceito envolve os produtores e consumidores de mídia numa atividade mais ou menos contínua de engajamento e desengajamento com significados que têm sua fonte ou seu foco em textos mediados, mas que dilatam a experiência e são avaliados à sua luz numa infinidade de maneiras" (SILVERSTONE, 2002 *apud* LOPES, 2014, p. 69).

mo midiatização sugere o direcionamento de um processo de mudança para os estudos da comunicação. Ele também enfatiza ainda que o entendimento de mídia nos seus estudos não se pauta pela mídia primária (p.e. linguagem, ou apresentação teatral) ou mídia generalizada (p.e. dinheiro, amor e poder), mas sim pela mídia de comunicação técnica, isto é, aqueles "vários tipos de mídia que usamos para expandir as nossas capacidades de comunicação além do aqui e agora: a televisão, o telefone (móvel), as redes sociais e assim por diante". (HEPP, 2014, p. 46).

Frente a esse recorte explicativo de Hepp, pode-se aqui resgatar os posicionamentos de Véron e Hjarvard para potencialmente direcionar a compreensão acerca do provável espaço e perspectiva de mídia onde os conceitos de mediações e midiatização estão sendo (re)pensados no contemporâneo.

Nesta direção, Hepp ainda esclarece que os conceitos de mediação e midiatização "descrevem algo diferente: a *mediação* é o conceito para teorizar o processo de comunicação como um todo; *midiatização*, diferentemente, é um termo mais específico para teorizar a mudança relacionada à mídia" (HEPP, 2014, p. 47, grifo do autor).

Eneus Trindade e Clotilde Perez, com base nos trabalhos de Couldry e Hepp, recordam que

> O termo midiatização tem sua formulação conceitual de forma mais contundente, como hoje o compreendemos, na década de 1980. Isso não significa dizer que ignoramos o uso do termo que remonta à primeira metade do século XX. Mas é só no final do século XX, que pesquisadores do campo comunicacional começam a perceber e redirecionar, no âmbito teórico, [as investigações] dos meios para o estudo da presença dos *media* na organização e nas práticas (culturais, sociais, políticas, econômicas) devido ao espalhamento dos dispositivos comunicacionais, de seus conteúdos e de suas plataformas na vida cotidiana. (COULDRY e HEPP, 2013 *apud* TRINDADE e PEREZ, 2014, p. 2877).

Essas discussões encontram também ressonâncias nas postulações tradicionais registradas na literatura, especialmente, nos trabalhos de Gianni Vattimo (1989) com seu conceito de "sociedade da comunicação generalizada" e Muniz Sodré (2002), de quem, entre reflexões nesta direção, destaca-se a proposta de "*bios* midiático". Ambas as contribuições teóricas, mesmo configuradas para tentar compreender perspectivas macrossociais (porém, obviamente, com alcances microssociais), acredita-se que refletem, colaboram e dialogam com os postulados que Andreas Repp, Nick Couldry, entre outros, vêm articulando.

Por exemplo, Vattimo (1992) em sua tese já postulava que a sociedade de comunicação generalizada pelas mídias, em vez de um ideal de emancipação modelado pela autoconsciência completamente definida, conforme o perfeito conhecimento de quem sabe como estão as coisas [...], abre caminho a um ideal de emancipação que tem antes na sua base a oscilação, a pluralidade, e por fim o desgaste do próprio 'princípio de realidade'. (VATTIMO, 1989, p. 13).

De acordo com Lopes, a proposta de Vattimo já verticalizava para o entendimento não de uma sociedade da informação, mas sim de uma sociedade da comunicação

> cujas especificidades são as ciências e as tecnologias de produção do mundo como imagem. A técnica, portanto, está recolocando o lugar da imagem tanto na ciência (imagem não mais como obstáculo, mas parte de um novo modo de conhecer e de construir o conhecimento) como na prática cotidiana. (LOPES, 2014, p. 69).

Ao caracterizar o espaço-tempo das realizações cotidianas na contemporaneidade, dentro de sua proposta de também colaborar para o entendimento da conjuntura social e o papel operado pela mídia, Muniz Sodré nos oferece seu pensamento sobre o "*ethos* midiatizado". Este conceito elaborado por Sodré busca expressar "a consciência atuante e objetiva de um grupo social – onde se manifesta a compreensão histórica do sentido da existência, onde têm lugar as interpretações simbólicas do mundo – e, portanto, a instância de regulação das identidades individuais e coletivas". (SODRÉ, 2002, p. 45).

O pensamento de Sodré, de modo mais enfático, direciona para a compreensão de que a sociedade está atravessada e suportada por uma lógica midiática que pelo seu repertório auxiliaria a edificação de práticas de interações sociais, influenciando consciências e identidades individuais e coletivas. Essa dimensão da midiatização, na perspectiva de Sodré, que considera a relação mídia e sociedade, deve ser vista como um novo modo de vida e espaço, ambos pautados por uma diferenciada situação de interação manifestada em vista de uma relação espelhar de interpelação coletiva do espaço social midiatizado, isto é, em novos modos de vida e espaço enredados pelo "*bios* midiático".

De acordo com Barros, Muniz Sodré

> propõe que a midiatização seja "pensada como tecnologia de sociabilidade ou um novo *bios*, uma espécie de quarto âmbito existencial" (SODRÉ, 2002, p. 25), referindo-se à classificação aristotélica de três gêneros de existência: a vida contemplativa, a vida política e a vida prazerosa, vida do corpo. (BARROS, 2012, p. 86).

Exposto estes enquadramentos, retorna-se às ideias de Andreas Hepp sobre a midiatização, especialmente, aos seus pensamentos sobre os "mundos midiatizados", buscando alinhá-las às reflexões de Vattimo e Sodré. Pode-se, assim, realizar um exercício reflexivo e compreender que a sociedade da comunicação generalizada reflete e refrata os "novos/ outros" modos de vida atravessados por um *bios* midiático configurado, provavelmente, por um conjunto de diversos mundos midiatizados, isto é, por configurações midiáticas das realidades parciais que são edificadas mediante as relações espelhares entre mídia e indivíduos em interação nas mediações. Indivíduos estes que são direcionados e sustentados por um *ethos* midiático que refletiria o contexto de midiatização em escala individual e coletiva.

Neste sentido, Fausto Neto (2008, p. 92) corrobora também com essa discussão ao sugerir o conceito de "cultura da mídia" para enquadrar conceitualmente essa complexidade teórica, pontuando que todos os conceitos apresentados, dentro de suas perspectivas, tentam demostrar que a mídia deixa de ser restritamente um aparelho a serviço da organização do processo interacional dos demais campos sociais. A mídia, segundo Fausto Neto, está reposicionada dentro de uma nova ambiência, novas formas de vida, e interações interpenetradas e motivadas por novos gradientes de "trabalho de sentidos".

> Já não se trata mais de reconhecer a centralidade dos meios na tarefa de organização de processos interacionais entre os campos sociais, mas de constatar que a constituição e o funcionamento da sociedade – de suas práticas, lógicas e esquemas de codificação – estão atravessados e permeados por pressupostos e lógicas do que se denominaria a "cultura da mídia". Sua existência não se constitui fenômeno auxiliar, na medida em que as práticas sociais, os processos interacionais e a própria organização social, se fazem tomando como referência o modo de existência desta cultura, suas lógicas e suas operações (FAUSTO NETO, 2008, p. 92).

O conceito de "cultura da mídia" também é localizado em Douglas Kellner (2001), que ao propor leituras sociais críticas aos produtos midiáticos considera tal cultura como "*high-tech*, que explora a tecnologia mais avançada. [...]. Por isso, seria um modo de tecnocultura que mescla tecnologia em novas formas e configurações, produzindo novos tipos de sociedade em que a mídia e a tecnologia se tornam princípios organizadores". (KELLNER, 2001, p. 10).

Dessa forma, direcionando o impacto dessas discussões para as pesquisas de comunicação Andreas Hepp, em seus trabalhos defende que a midiatização, nas últimas duas décadas, tornou-se um elemento chave para os estudos da comunicação. Neste cenário, destacam-se duas tradições entrelaçadas a tal perspectiva de estudos: a institucionalista e a socioconstrutivista.

> Ambas diferem em seu foco sobre como teorizar a midiatização: enquanto a *tradição institucional* tem, até recentemente, estado interessada principalmente na mídia tradicional de massa, cuja influência é descrita como uma *lógica da mídia*, a tradição *socioconstrutivista* está mais voltada às práticas de comunicação cotidianas – especialmente aquelas relacionadas à mídia digital e à comunicação pessoal – e enfoca a construção comunicativa em transformação da cultura e da sociedade. (HEPP, 2014, p. 47, grifo do autor).

Entre os circuitos de entendimento dessas perspectivas ressalta-se o conceito de "lógica da mídia", que deve ser compreendido a partir dos estudos de David Altheide e Robert Snow (1979, p. 9), nos quais eles sugeriram que para entender o papel da mídia, é preciso fundamentalmente indagar de que maneira a mídia como "forma de comunicação"

> transforma nossa percepção e a interpretação do social. O conceito de *lógica da mídia* tenta capturar isso. [...] a *lógica da mídia* é inerente não aos conteúdos da mídia, mas à sua forma de comunicação. Esta última pode ser entendida como um "enquadramento processual *pelo qual* as ações sociais ocorrem" (ALTHEIDE e SNOW, 1979, p. 15, ênfase no original) – nesse caso, a ação social da comunicação. (HEPP, 2014, p. 47).

Os estudos Altheide e Snow, ainda segundo Hepp, apesar de não utilizarem o conceito de midiatização, mas o conceito mais amplo de mediação, "se tornaram um importante ponto de referência para o desenvolvimento da *tradição institucionalista* na pesquisa da midiatização" (HEPP, 2014, p. 47, grifo do autor). Porém, é Hjarvard (2008) que condensa o viés da tradição de perspectiva institucional. Este pesquisador, em relação ao conceito de "lógica da mídia", pontua que ele trata do *modus operandi* institucional e tecnológico da mídia, incluindo as formas pelas quais ela distribui recursos e materiais simbólicos e opera com o auxílio de regras informais" (HJARVARD, 2008, p. 113).

José Luiz Braga refletindo sobre o pensamento conceitual de lógica da mídia exposto por Hjarvard, o problematiza introduzindo as suas reflexões sobre as lógicas da midiatização. Segundo este autor,

> Quando tratamos de *lógicas da mídia* [...], estamos falando de lógicas socialmente estabelecidas por práticas bastante estendidas no tempo; e academicamente estudadas, debatidas, conhecidas, teorizadas. Essa percepção é reforçada por Stig Hjarvard, justamente ao propor como agenda principal dos estudos uma concentração nas instituições (2014, p. 24-25). [...]. Ora, no âmbito do que podemos referir como *lógica da midiatização* não é isso que encontramos. Trata-se, antes e tipicamente, de algo que deveríamos chamar, com mais precisão, de lógicas tentativas ou de processos experimentais, tendentes a gerar, por desenvolvimento e seleção, futuras lógicas interacionais disponíveis à sociedade. Encontramos aí usos experimentais, mais que práticas ancoradas. (BRAGA, 2015, p. 28, grifo nosso).

O pensamento de Braga sobre as lógicas da midiatização associa-se às bases da segunda tradição indicada por Hepp (2014) pautada pelo viés socioconstrutivista. Esta tradição é, expressivamente, vinculada ao interacionismo simbólico e à sociologia do conhecimento. Entre os pesquisadores desta tradição destaca-se Friedrich Krotz (2001),que construiu uma perspectiva de longo prazo sobre a midiatização verticalizada para a pesquisa de comunicação baseada na teoria de ação e nos estudos culturais.

Krotz, como anteriormente pontuado, compreende a midiatização como "um *metaprocesso* de mudança, na direção de um enquadramento compreensivo utilizado para descrever a mudança cultural e da sociedade de uma maneira teoricamente informada" (HEPP, 2014, p. 48-49).

> *Em consequência, formas mais complexas de comunicação midiatizada se desenvolveram, e a comunicação ocorre com maior frequência, por mais tempo, em mais momentos da vida e cada vez mais em relação a outros assuntos do que a comunicação da mídia* (KROTZ, 2001, grifo no original, *apud* HEPP, 2014, p. 49).

Entretanto, conforme Hepp (2014), nos esforços contemporâneos dos estudos da midiatização, percebe-se um movimento de abertura entre essas duas tradições, pois os institucionalistas estão repensando as questões acerca das lógicas da mídia e os socioconstrutivistas enfatizam a necessidade de também considerarem em suas investigações o prisma institucional da mídia.

Desse modo, é diante desses movimentos de convergência que Andreas Hepp reforça e alinha a sua definição para o conceito de midiatização, sugerindo a metáfora "forças de moldagem" para articular a aproximação entre tais perspectivas, uma vez que segundo ele "não se pode presumir um efeito geral ou livre de contexto da mídia específica; entretanto, diferentes mídias moldam a comunicação de formas diversas". (HEPP, 2014, p. 51). Portanto, o entendimento de forças de moldagem deve expressar os dois processos imbricados à mídia no que tange à sua institucionalização e aos seus impactos de sentido nos contextos e ações sociais.

Ainda de acordo com Hepp, este conceito deve ser *"usado para analisar a inter-relação (de longo prazo) entre a mudança da mídia e da comunicação, por um lado, e a mudança da cultura e da sociedade, por outro, de uma maneira crítica"* (HEPP, 2014, p. 51, grifo do autor). Logo, no seu olhar, a midiatização precisa ser pensada numa perspectiva mais abrangente e nesse sentido um caminho seria considerar as suas manifestações nos contextos de "mundos midiatizados" (HEPP, 2014; KROTZ e HEPP, 2011). Estes que, inicialmente, devem ser entendidos

> *como certos "pequenos mundos da vida"* (LUCKMANN, 1970) ou *"mundos sociais"* (SHIBUTANI, 1955; STRAUSS, 1978), *que*

em sua forma presente dependem constitucionalmente de uma articulação pela comunicação midiática. Como tal, são marcados por certos inventários de conhecimento intersubjetivos relacionados, práticas sociais específicas e adensamentos culturais. Os mundos midiatizados são o nível no qual a midiatização se torna concreta e pode ser analisada empiricamente. (HEPP, 2014, p. 53, grifo do autor).

Desse modo, é nessas confluências interativas de trabalhos de sentidos que a midiatização realiza-se concretamente e pelas suas lógicas possibilita, aos estudos da comunicação, analisá-la de modo empírico. Mesmo que não exclusivamente, de acordo com Hepp, a análise das realidades parciais "como mundos midiatizados significa pesquisar empiricamente a maneira pela qual sua construção comunicativa é institucionalizada e reificada pelas várias mídias, assim como sua construção comunicativa resulta em uma mudança das próprias mídias". (HEPP, 2014, p. 53-54), considerando as expressões das suas forças de moldagem.

Ainda, conforme Hepp, tais estudos sobre os mundos midiatizados podem ser elaborados considerando três aspectos: a rede de comunicação, a variabilidade de escalas (ou enquadramento temático) e os seus entrelaçamentos.

O primeiro aspecto refletiria que os "mundos midiatizados" teriam uma rede de comunicação e esta deveria ser vista para além da perspectiva territorial. "Os mundos midiatizados são ao menos particularmente articulados por redes de comunicação mediadas e que, com a midiatização crescente, essas redes de comunicação atravessam vários territórios" (HEPP, 2014, p. 54).

Já o segundo ponto trata do enquadramento temático de um mundo midiatizado nos estudos empíricos, isto é, não existe uma restrição para análises micros, mas as investigações podem considerar uma escala mais abrangente das interações em certo lugar, em variados níveis ou nas escalas micro ou macro.

Por fim, o terceiro aspecto postula que os mundos midiatizados são entrelaçados entre si, isso significa que "somos confrontados com a 'segmentação dos mundos sociais' (STRAUSS, 1978, p. 123), não apenas por segmentarem a totalidade dos mundos da vida, mas também no sentido que eles segmentam-se internamente, produzindo submundos específicos" (HEPP, 2014, p. 54-55).

Nesta linha, a investigação acerca da midiatização "não corresponde, então, a explicar ocorrências singulares pela indicação das lógicas supostamente inexoráveis que se encontrariam em ação. Corresponde antes estudar as experiências sociais de produção de circuitos e de dispositivos interacionais [...]" (BRAGA, 2012b, p. 50), tentando perceber nessas imbricações como estão ocorrendo às "configurações comunicativas" (HEPP, 2014, p. 56) operadas nas mediações dos mundos sociais midiatizados.

Para sugerir uma síntese dessas explanações conceituais acerca dos sentidos de midiatização e mediações que atravessam e enredam o compreender da sociedade no contemporâneo, é pertinente dar relevo às reflexões socioconstrutivistas de José Luiz Braga sobre a midiatização. Segundo esse autor,

> a midiatização se põe hoje como principal mediação de todos os processos sociais. Acredito que isso corrobora e desdobra a afirmação de Jesús Martín-Barbero [...], de ter passado de uma proposição sobre "mediações culturais da comunicação", para uma ênfase nas "mediações comunicativas da cultura". São os processos da midiatização que hoje delineiam e caracterizam, crescentemente, as mediações comunicativas da sociedade (BRAGA, 2012b, p. 51).

Portanto, com base nos cenários teóricos articulados e apresentados anteriormente percebe-se de modo explícito, pelas vozes dos autores considerados, o papel de destaque que a interação está assumindo e operando no realizar comunicacional, contribuindo dessa forma para o entendimento conceitual de midiatização e mediações nas investigações do campo das ciências da comunicação. Isto porque, de acordo com Braga (2012b, p. 37), ambos os termos ainda "não são objetos suficientes", como se observou, para se compreender as dinâmicas do comunicativo midiático na sociedade.

Posto isto, no próximo tópico, tendo especialmente como base os trabalhos de José Luiz Braga, parte-se para tentar compreender o papel e a dinâmica das interações nas tentativas de construção de significados na sociedade midiatizada, considerando neste enquadramento os dispositivos interacionais e o sistema de resposta social à mídia.

Comunicação Tentativa, Interações e Sistema de Resposta Social à Mídia

Vinculado à perspectiva socioconstrutivista de sua tese, que caracteriza os fenômenos comunicacionais como tentativos, é que são edificadas algumas das contribuições relevantes de José Luiz Braga para o debate sobre a midiatização e o comunicacional no contemporâneo. Em seus estudos, ganham destaque, entre outras proposições, as reflexões sobre as interações no contexto comunicativo e os sistemas de resposta social à mídia.

De início, Braga percebe a comunicação como um "processo social de seleção, ajuste e redirecionamento de imaginário, percepções e lógicas" (2010, p. 46), bem como o considera como tentativo na direção compreensiva de dois principais aspectos, conforme ele mesmo elucida:

> Em todo episódio comunicacional, a existência de uma margem, maior ou menor, de ensaio-e-erro torna os resultados probabilísticos, qualquer que seja o critério adotado para considerar o sucesso da interação. O *tentativo* corresponde, também, ao reconhecimento de algum grau de imprecisão (incerteza, multivocidade, ausência de controle) em todos os passos do processo. (BRAGA, 2010, p. 66, grifo do autor).

Frise-se que o uso da expressão "resultados probabilísticos" não deve ser conectado a nenhuma esfera semântica de natureza estatística, pois Braga explica, em resposta a algumas incompreensões acerca dessa expressão, que ela foi utilizada considerando expressar sentidos praxiológicos de

> que, nos processos comunicacionais da sociedade, não há certeza de resultados. Por mais que *os participantes sociais* tenham intenções, objetivos, *e se esforcem para produzir previsibilidade*, a comunicação não é controlável. Por isso mesmo, dou ênfase à palavra *tentativa*. Parece-me inegável que os participantes sociais estão sempre tentando alguma coisa por suas interações (inclusive se comunicar). (BRAGA, 2012c, p. 36, grifo do autor).

É então no exercício dessas tentativas que a comunicação pode ser produzida, ou não, numa dinâmica de "ensaio-e-erro". Neste ínterim, devem-se considerar as "ocorrências e 'lógicas' das interações, na prática social, como o lugar de realização do comunicacional. O valor humano da comunicação depende de como tais ocorrências e lógicas são socialmente produzidas" (BRAGA, 2012a, p. 4).

Braga ainda complementa que é também no lugar das interações onde é articulada toda uma variedade de processos sociais para o objetivo-fim do comunicacional. Desse modo, ele enfatiza que "se não sabemos exatamente o que é o fenômeno [da comunicação], sabemos, entretanto, que está ali [...]" (BRAGA, 2012b, p. 39). Logo, é no lugar das interações sociais que as proposições do comunicacional se realizam em suas potencialidades de sentidos articulados e/ou descartados pelos indivíduos que administram e negociam uma variedade de cruzamentos de outros processos sociais manifestados nas suas mediações.

Considerando essa diversidade propositiva complexa, Braga também indica que "os critérios de sucesso interacional podem ser múltiplos, para uma mesma interação". Por conseguinte, eles podem variar de acordo com "as intenções dos participantes, a clareza dos enunciados, o atendimento de objetivos diversos, o equilíbrio ou desequilíbrio entre os participantes", (BRAGA, 2010, p. 71). Por tanto, é impossível, segundo autor, estabelecer previamente critérios para o sucesso na tentativa interacional que é a comunicação.

Nesse viés, Braga ainda ressalta que não se deve fazer coincidir exclusivamente o processo tentativo com aquilo que o enunciador (emissor) tenta obter com sua narrativa, ou seja, aquele efeito que ele espera que seja produzido "(seja informação, proposição polêmica, interpretação, estímulo estético ou sentimento)" (BRAGA, 2010, p. 72). Nesta tese, não são só os participantes em um recorte interativo que acionam suas tentativas, mas essas também são ativadas nos processos comunicacionais de perspectivas mais amplas, que a dos participantes.

Dessa forma, têm-se nesse contexto as distinções fundamentais entre as tentativas dos participantes e as tentativas sociais que articulam, enfim, as tentativas do processo comunicacional.

> Podemos então distinguir as tentativas dos participantes e as tentativas sociais que se atualizam a cada episodio interacional – *as tentativas do processo*. As tentativas dos participantes (cada qual tentando ser bem-sucedido em sua visada específica, na troca) ocorrem em um contexto processual no qual alguma coisa está em jogo. *Dentro deste quadro*, o participante tenta. O contexto processual não apenas organiza as tentativas diversificadas, como também diz o tipo de coisa que pode ser tentada e desenvolve determinadas tentativas sociais. (BRAGA, 2012b, p. 72, grifo do autor).

Cabe realçar que esta proposição de Braga, especificamente sobre a comunicação tentativa e as práticas dos participantes, recebeu consideráveis críticas de outros pesquisadores do campo dos estudos da comunicação no Brasil. Exemplos foram as críticas de Ciro Marcondes Filho que, entre outras questões, alertava que "a tentativa do participante é, para [Braga], algo relevante de sua tese (BRAGA, 2010, p. 72). [Especialmente,] o fato de o receptor buscar uma interpretação da mensagem de forma coerente com o ponto de partida, na emissão" (MARCONDES FILHO, 2011, p. 174).

Especificamente, estimulado pelas críticas de Marcondes Filho, Braga (2012c) replicou algumas orientações de resposta, num movimento reflexivo, que segundo ele deve ser considerado como um modo de contribuir para o avanço do debate e para esclarecer pontos que talvez não tenham sido adequadamente explicitados em seus trabalhos anteriores, o que pode por essa razão ter ocasionado os desentendimentos sobre as suas reflexões.

Braga esclarece que as declarações iniciais de Marcondes Filho refletem a importância que o prisma tentativo na comunicação tem em suas investigações. Porém, ele elucida que "a inferência de que *restrinjo o tentativo* a interpretar a mensagem *de forma coerente com o ponto de partida, na emissão* não é coerente com minhas proposições, e não se sustenta diante de uma leitura cuidadosa de Braga (2010)". (BRAGA, 2012c, p. 31-32, grifo do autor).

Para ele, esta proposição é clara quando no trabalho referenciado é apresentado o seu pensamento sobre as tentativas dos participantes e as tentativas sociais, porém ele ressalta que nessa produção o que ficou mais saliente foi a sua reflexão relacionada não às tentativas dos participantes ou sociais, mas sim às tentativas do processo que engloba em consonância com as outras as tentativas de "trabalhos de sentido" (FAUSTO NETO, 2008, p. 92). Braga ainda esclarece que entende "tais tentativas como base possível para as verdadeiras invenções sociais. Nada é restrito, portanto, a decodificar mensagens" (BRAGA, 2012c, p. 32), como inferiu Marcondes Filho, finaliza.

Redirecionando o foco para outras colaborações teóricas relevantes do pensamento de Braga, que subsidiam o pensamento deste trabalho, destacam-se as suas proposições acerca dos dispositivos sociais e interacionais.

Em seu livro *A sociedade enfrenta sua mídia*, Braga (2006) problematiza que empresta os sentidos do termo "dispositivo" de Maurice Mouillaund, que o entende "como lugares materiais ou imateriais nos quais se inscrevem (necessariamente) os textos. O dispositivo é uma 'matriz que impõe sua forma aos textos', e ainda: 'o dispositivo pode parecer como uma sedimentação de textos." (MOUILLAUND, 1997, p. 33-34 *apud* BRAGA, 2006, p. 36). Logo, ele deve ser compreendido como formas socialmente construídas e "tornadas culturalmente disponíveis como matrizes para a realização de falas específicas". (BRAGA, 2006, p. 36).

Porém, em publicação posterior, Braga (2012a) registra que o seu entendimento sobre o conceito de "dispositivo" também tem origem nos fundamentos e preceitos de Michael Foucault (1980), que os entendia como "sistemas de relações que se produzem entre elementos heterogêneos", tais sistemas constituem-se mediante uma sequência histórica.

O dispositivo em Foucault[20] reflete nuances de elementos de regulação (p.e. lei, disciplina, segurança etc.), que se configuram como redes discursivas que trazem em si lógicas disciplinares hegemônicas de poder, articuladas em e por aparatos de visibilidade e silenciamentos.

> Tratando de um sistema de relações, a perspectiva é, de modo evidente, interessante para estudar interações (comunicacionais). A percepção de que estes sistemas são historicamente constituídos – não decorrem de "essências" prévias e externas à prática social – é igualmente básica. Lembramos que Foucault propõe estudos de dispositivos *disciplinares* – o que o faz enfocar sobretudo processos de regulação. O que nos interessa, mais que esse conceito assim especificado, é o que Deleuze (1989, p. 188) considera "uma filosofia dos dispositivos" desenvolvida por Foucault, e de que Deleuze assinala características centrais. (BRAGA, 2012a, p. 4-5).

Isto porque o conceito de dispositivo em Foucault não estava exatamente articulado, mas é a partir da leitura sobre o dispositivo foucaultiano

---

20 Para Foucault o dispositivo pode ser compreendido como "um conjunto decididamente heterogêneo que engloba discursos, instituições, organizações arquitetônicas, decisões regulamentares, leis, medidas administrativas, enunciados científicos, proposições filosóficas, morais, filantrópicas. Em suma, o dito e o não dito são os elementos do dispositivo. O dispositivo é a rede que se pode tecer entre estes elementos." (FOUCAULT, 2000, p. 244).

operada por Deleuze (1999) em *O que é um dispositivo?* que o pensamento sobre esse objeto em Foucault ganha uma visada mais estruturada[21].

Braga (2012d) destaca, objetivamente, que o pensamento de Foucault "repõe assim no mundo histórico a geração mesmo das regras que nos governam". Dessa maneira, ele ainda ressalta que em seus estudos o que interessa "é também o aspecto empírico do conceito de Foucault [...], pela possibilidade que oferece à investigação e, sobretudo, para o aproveitamento de conhecimentos produzidos em áreas de interesses diversificadas". (BRAGA, 2012d, p. 32). Todavia, é na articulação desse cenário pragmático que uma filosofia do dispositivo é necessária e, portanto, que o pensamento de Foucault reverbera uma contribuição basilar.

> O de que me aproprio, em Foucault, é sobretudo a possibilidade de tratar de elementos heterogêneos que pragmaticamente desenvolvem sistemas de relações perceptíveis na conjuntura social. Ao enfatizar, de minha parte, o aspecto interacional, certamente dou atenção às regras que viabilizam, instituem e caracterizam dispositivos empiricamente perceptíveis; mas também valorizo as estratégias e inferências que trazem a disponibilidade do dispositivo para o exercício concreto do *episódio comunicacional* que o aciona. (BRAGA, 2012d, p. 33-34).

Portanto, é sob a articulação do pensamento de Foucault e de Mouillaund sobre os dispositivos, que José Luiz Braga, pautado em bases pragmática e heurística, organiza e elabora as suas reflexões acerca dos dispositivos sociais e interacionais como elementos do processo comunicacional tentativo.

Primeiramente, Braga (2006, p. 36-37) elabora e oferta o seu pensamento sobre os dispositivos sociais para a comunicação ao elucidar que

---

21 Para aprofundamentos recomendam-se as leituras: Foucault (2000), Deleuze (1999) e os artigos complementares que enfocam a discussão alinhada à mídia de Marcello (2004) e Klein (2007).

a forma básica pela qual a sociedade se mobiliza para promover tentativas no processo comunicacional é mediante a geração de tais dispositivos, onde ela própria se organiza para tratar a mídia com procedimentos de seleção, apreensão, interpretação e enfrentamento. Como exemplos de dispositivos sociais, entre toda uma variedade, Braga (2006) destaca alguns de viés crítico como os cineclubes, *sites* de *media criticism*, fóruns de debate sobre a mídia, crítica jornalística, revistas cujo tema principal é a mídia, produções acadêmicas sobre os meios, processos de autocrítica da imprensa, entre outros.

> O modo básico pelo qual a sociedade faz essa organização de tentativas aparece na forma de geração de *dispositivos sociais* para a comunicação. A *tentativa do processo* se manifesta pela produção social de dispositivos interacionais. Ampliamos aqui o conceito de dispositivos sociais expresso em *A sociedade enfrenta sua mídia [...]*. Nesse livro, são trabalhados exclusivamente dispositivos críticos. Aqui, tratamos em geral de todas as matrizes socialmente elaboradas (e em constante reelaboração) que de um modo ou outro acionamos para poder interagir e nos comunicar. (BRAGA, 2010, p. 72, grifo do autor).

Logo, é nessa passagem que Braga avança para abordar o seu pensamento sobre os dispositivos interacionais, pontuando que esses não se referem ao aparato tecnológico, mas concretamente às matrizes sociais que vão sendo construídas, no trabalho tentativo da comunicação, para assegurar a interação, que pode ser acionada culturalmente.

Partindo da premissa de que a comunicação só é possível na ocorrência concreta de interações, Braga entende que o dispositivo interacional é "lugar geral de ocorrência do comunicacional" (2012a, p. 3) e ressalta que, como objeto de investigação, o dispositivo interacional "trata-se de um modo de observar as interações sociais, procurando condições para estudar empiricamente sua diversidade quase caótica; e propondo uma perspectiva específica segundo a qual não só a singularidade de cada episódio seja ressaltada, mas também processos comuns possam ser percebidos" (BRAGA, 2012a, p. 4).

Ainda ele complementa que o dispositivo interacional é um "objeto empírico [...], com formulação flexível para comportar a inteligibilidade de diferentes proposições, descobertas e linhas de pesquisas na área da comunicação". (BRAGA, 2012d, p. 31). Portanto, para Braga, os dispositivos interacionais podem ser entendidos também como lugar de observação bem como de realização dos fenômenos comunicacionais midiáticos.

Eduardo Yuji Yamamoto, mediante uma atenciosa leitura dos estudos de Braga, alinha a compreensão sobre o dispositivo interacional, enfatizando que ele deve ser compreendido, enfim, como

> um subsistema normativo, porém, com flexibilidade suficiente para acolher a pressão histórica, as demandas comunicativas da sociedade como um todo, quais sejam, a realização de um determinado imaginário (individual ou grupal), a abertura para invenções e aperfeiçoamentos sociais (desenvolvimento de aparelhos inclusivos), o acolhimento de singularidades políticas, estéticas ou socioculturais, entre outros. Tais dispositivos funcionam como contextos da comunicação, em que um sistema instituinte (uma pessoa, um grupo, uma cultura) faz contato (interage, dialoga) com o sistema instituído (em geral pouco flexível)". (YAMAMOTO, 2013, p. 30).

É na realização tentativa dessas práticas no percurso processual comunicativo, entre os lugares interativos dos seus sistemas de produção e recepção, que outro conceito hipotético de Braga (2006) também ganha relevo, trata-se do "sistema de resposta social" à mídia.

Para o autor esse conceito pode ser visto como um terceiro sistema do processo comunicativo, juntamente como a produção e a recepção. Com essa contribuição conceitual, Braga busca redirecionar o olhar do campo da comunicação, contrapondo-se fortemente às lógicas informacionais (unidirecionais e estanques) dos seus estudos ao apresentar uma posição, segundo ele, "decididamente comunicacional" (BRAGA, 2006, p. 22).

Ele também discorda, acerca das proposições do campo, uma vez que só agora, com o advento das novas tecnologias da informação e comunicação, especialmente as mídias sociais da internet, que ocorrem "verdadeiros processos bidirecionais". Para Braga, é possível observar essa troca bidirecional onde a sociedade age e produz sentido social, não exclusivamente com os meios de comunicação, desde as primeiras interações midiatizadas.

Portanto, partindo das práticas de uso onde são possíveis a apropriação e a ressignificação dos discursos comunicativos é que Braga elabora o seu pensamento sobre o sistema de resposta social à mídia[22].

> Para além das relações da sociedade com a mídia e das interações entre emissor e receptor e deles com a coletividade, existe um "sistema de interação social sobre a mídia", um "sistema de resposta social", que merece ser estudado para que se entenda como "a sociedade enfrenta sua mídia". Tal proposta de Braga (2006a, p. 307) estabelece uma relação dialética entre mídia e sociedade. (BARROS, 2012, p. 90-91).

Tal sistema corresponde às atividades de resposta produtiva e direcionadora da sociedade em interação com as "configurações comunicativas" (HEPP, 2014). Denomina-se esse terceiro componente da processualidade midiática "sistema de interação social sobre a mídia" ou, mais sinteticamente, "sistema de resposta social". (BRAGA, 2006, p. 22).

Usando outros termos, o foco desse sistema de resposta é tratar e localizar o que a sociedade faz com a sua mídia, portanto, é nesse ponto

---

22 Braga esclarece ser primordial, "não confundir 'resposta' e 'retorno'. Nem toda resposta retorna eficazmente ao interlocutor – o que, aliás, podemos experimentar no próprio processo conversacional, em decorrência de limitações da escuta, da pertinência ou da articulação de objetivos". (BRAGA, 2006, p. 25).

construtivo que se localizaria o interacional propulsor do sistema de resposta. Braga infere neste sentido que

> A mesma sociedade que, por alguns de seus setores, grupos e linhas de ação, gera a midiatização enquanto sistema produtivo, por outros setores e atividades complementa essa midiatização por meio de operações de trabalho e de circulação comentada daquilo que o sistema produtivo oferece ao sistema de recepção. (BRAGA, 2006, p. 39).

É nessa perspectiva das interações dos indivíduos com os dispositivos sociais e interacionais, em vista dos estímulos das configurações comunicativas, que este trabalho, inscrito na linha de pesquisa dos estudos mediáticos da publicidade, assume o lugar de construção do estudo de *Grounded Theory* sobre a recepção da publicidade contraintuitiva. Portanto, é considerando as dinâmicas nesse espaço de edificação e "circulação de significados" (FAUSTO NETO, 2010a e 2010b) que se busca edificar uma *Grounded Theory* sobre as experiências de interação de mulheres brasileiras com a publicidade contraintuitiva, considerando neste contexto as questões acerca dos preconceitos direcionados a categoria social negro.

Dessa forma, é a partir do entendimento desses encontros de trabalhos de sentidos, nos horizontes da midiatização, que são lançados esforços para se compreender as dinâmicas operadas pelas tentativas do dispositivo publicitário contraintuitivo na situação de interação de mulheres brasileiras negras e brancas, ao considerar a presença de mulheres negras como protagonistas de tais narrativas publicitárias.

Como se percebe, a publicidade na sociedade contemporânea é um dos principais produtos da midiatização, pois com seu apelo plurissígnico abarca e dinamiza toda uma rede de sentidos que movimenta os aspectos mercadológicos, sociais, políticos, culturais, subjetivos, entre outros. Neste sentido, Eneus Trindade colabora ao elucidar que "a produção de sentido da recepção publicitária [...] só pode ser captada na sua mediação discursiva que se revela nas práticas culturais, como práticas de consumo" (TRINDADE, 2008, p. 78).

O entendimento de consumo utilizado nesta investigação precisa ser mobilizado para uma compreensão flexível e mais ampla, avançando para ser compreendido para além da aquisição de objetos de consumo e seus procedimentos relacionais. O consumo aqui é considerado como uma atividade de recepção. Isto porque, "a recepção é um tipo de consumo, ainda que psíquico por sua materialidade simbólica" (TRINDADE, 2008, p. 78).

Nesta direção, resgata-se que este trabalho se vincula às investigações associadas à vertente que vem sendo denominada de estudos midiáticos da publicidade. A ideia de "midiático" origina-se das bases conceituais de mediações propostas por Martín-Barbero, como se explorou anteriormente. Dessa maneira, com base em todo repertório articulado neste capítulo, deve-se compreender "as discussões referentes aos suportes/canais como sendo da ordem do midiático e as questões referentes às interferências e mudanças socioculturais pela mediação das linguagens das mídias como sendo da ordem do mediático" (TRINDADE, 2007, p. 2), pois acredita-se que é nos espaços mediáticos que as interações são efetivadas e as tentativas de significado do processo de midiatização podem se estabelecer.

Enfim, é pelo suporte dessa conjuntura teórica que articula as perspectivas do interacionismo simbólico e dos estudos da comunicação, pensando a midiatização e mediações, que se busca elaborar nesta investigação uma *Grounded Theory* Construtivista sobre as interações da publicidade contraintuitiva. Empreendendo um esforço de tentar elaborar um quadro interpretativo que possa explicar o processo psicossocial e social, que está atrás das redes de significados produzidas pela interação de mulheres brasileiras com as tentativas desta configuração comunicativa.

Posto isto, no próximo capítulo é apresentada a metodologia *Grounded Theory* definida para este trabalho científico, enfatizando as suas origens, principais escolas bem como as justificativas referentes à escolha pela sua vertente construtivista elaborada por Kathy Charmaz (2009 [2014]).

A proposta com a utilização da *Grounded Theory* é explorar as dimensões da publicidade contraintuitiva, considerando-a como um dispositivo comunicacional que pode contribuir a partir da compreensão das suas lógicas de sentido, produzidas junto às mulheres brasileiras, indicando alternativas de como poderia ser viável uma relação mais adequada da presença da mulher negra na publicidade nacional e uma mudança social possível do uso do negro e da negra na mídia e, consequentemente, de outra aceitação social necessária.

No entanto, frise-se que a proposta desta investigação é demonstrar esse percurso de sentido dentro de uma perspectiva científica e comunicacional de contribuição, um viés que se soma a trabalhos de outras ciências em relação ao entendimento e enfrentamento dos preconceitos e do racismo na sociedade.

Por fim, a construção da *Grounded Theory* deste trabalho considera justamente os aspectos pertinentes da recepção da publicidade nas lógicas de interação. Portanto, é basilar exercitar o pensamento nessas direções, considerando a questão de investigação em pauta, e refletir sobre as lógicas que afluem do processo interativo de mulheres brasileiras com a narrativa publicitária contraintuitiva e sobre as expressões que se instituem nessas ondas de interações em relação à imagem da mulher negra como protagonista de tais narrativas.

CAPÍTULO III

METODOLOGIA:
Grounded Theory: procedimentos e técnicas para
a construção de teorias substantivas

*Nosso trabalho culmina em uma teoria fundamentada ou em
uma compreensão teórica da experiência estudada.*
(CHARMAZ, 2009, p. 16).

O objetivo principal deste trabalho científico, situado no domínio
dos estudos dos meios e da produção mediática, é edificar um estudo
substantivo que apresente um quadro explicativo sobre as configurações
comunicativas associadas ao consumo e usos da publicidade contraintuitiva para o deslocamento de conteúdos estereotípicos e preconceitos
inscritos aos indivíduos da categoria social negro, especialmente a mulher negra. A partir daí, o que se pretende é compreender empiricamente
as repercussões e o alcance de sentido de tal narrativa nos espaços da
recepção. Para a realização desses objetivos, este trabalho orienta-se pela
metodologia qualitativa[1] denominada *Grounded Theory*[2] na sua corrente
construtivista (CHARMAZ, 2009), que assume o relativismo como epis-

---

1   No conjunto de metodologias qualitativas existentes (com seus quadros especí-
    ficos de referência), além da *Grounded Theory* destacam-se: os estudos ideográ-
    ficos, etnografia, etnometodologia, análise do discurso, análise da conversação,
    fenomenologia etc.

2   Esta expressão foi traduzida para o português como "Teoria Fundamentada",
    no entanto, também observou-se outras variações menos utilizadas como
    "Teoria Fundamentada nos Dados", "Teoria Embasada", "Teoria Emergente" ou
    "Teorização Enraizada". Nesta tese prioriza-se seguir a tendência mundial de uti-
    lizar a locução original em inglês, embora em alguns momentos a sua tradução
    em português possa ser utilizada.

temologia (CHARMAZ, 2008a, p. 129; 2008b, p. 401) para a edificação de seus resultados.

Esta metodologia, baseada em investigação sistemática, configura-se como uma abordagem de pesquisa alicerçada em dados, os quais devem ser construídos e revelados a partir de um forte processo dialógico entre pesquisador e pesquisados, buscando evocar as experiências vividas dos participantes da investigação.

Com efeito, a Grounded Theory Construtivista tem como orientação o paradigma interpretativo que enfatiza as interrelações entre pesquisador e pesquisado para a construção de significados de mundo. Esta corrente reconhece que não existe uma realidade estabelecida, mas sim interpretações construídas socialmente sobre a realidade, que podem ser observadas pelas pesquisas sociais. Dessa forma,

> opondo-se a uma investigação positivista, que pressupõe uma causalidade temporal, estabelecendo uma relação de causa (antecedente) e efeito (consequente), o paradigma interpretativo valoriza a compreensão e a explicação. Sem ter por objetivo a previsão, através da verificação de leis ou a generalização de hipóteses, o paradigma interpretativo pretende desenvolver e aprofundar o conhecimento de uma dada situação num dado contexto. (SANTOS, 2000, p. 187-188).

Strauss e Corbin colaboram com esta exposição ao esclarecerem que a análise qualitativa na Grounded Theory não se refere aos procedimentos que objetivam a "quantificação de dados qualitativos, mas sim ao processo não-matemático de interpretação, feito com o objetivo de descobrir conceitos e relações nos dados brutos e de organizar esses conceitos e relações em um esquema explanatório teórico". (STRAUSS e CORBIN, 2008, p. 24).

A opção pela tipologia qualitativa vem ao encontro da questão e dos objetivos estabelecidos nesta pesquisa, pois o seu direcionamento busca compreender, pelo suporte das perspectivas e experiências de mulheres brasileiras, as dinâmicas e manifestações de sentidos produzidas mediante as configurações do consumo e uso da publicidade contraintuitiva nos espaços da recepção.

Neste aspecto, portanto, considerando a originalidade desta investigação para o campo das ciências da comunicação e o pouco conhecimento teórico e empírico acerca das repercussões de sentido operadas pelas narrativas contraintuitivas no social, a metodologia qualitativa *Grounded Theory* se mostrou mais pertinente para responder tais proposições, pois ela é geralmente utilizada em estudos que objetivam

> explorar áreas substanciais sobre as quais pouco se sabe ou sobre as quais sabe-se muito, para ganhar novos entendimentos (Stern, 1980). Além disso, [metodologias qualitativas] podem ser usadas para obter detalhes intrincados sobre fenômenos como sentimentos, processos de pensamento e emoções que são difíceis de extrair ou de descobrir por meio de [metodologias] de pesquisa mais convencionais. (STRAUSS e CORBIN, 2008, p. 24).

Dito isso, a principal proposição e fruto desta orientação metodológica é a construção de teorias substantivas (conceito a ser explorado no avançar das reflexões deste capítulo) capazes de explorar e articular explicações, baseadas nas realidades em foco dos indivíduos, sobre determinados fenômenos socioculturais.

Esta metodologia de investigação "tem por objeto a construção de teorias empiricamente fundamentadas, a partir de [processos sociais] a propósito dos quais poucas análises foram articuladas" (LAPERRIÈRE, 2012, p. 354). Como também, "visa compreender a realidade a partir da percepção ou significado que certo contexto ou objeto tem para a pessoa, gerando conhecimentos, aumentando a compreensão e proporcionando um guia significativo para a ação" (DANTAS *et. al.*, 2009, p. 2). Isto é, por ser fundamentada em dados,[3] tende "a oferecer mais discernimen-

---

3   Segundo Strauss e Corbin (2008, p. 66), "quando dizemos 'dados' queremos dizer entrevistas, notas de observações de campo, vídeos, [...], memorandos, manu-

to, melhorar o entendimento e fornecer um guia importante para a ação" (STRAUSS e CORBIN, 2008, p. 25) sobre determinados processos psicossociais e sociais. Em resumo, segundo Charmaz, a *Grounded Theory* é uma metodologia que estuda processos bem como ainda está em processo. Portanto, "primariamente é uma metodologia de análise". (CHARMAZ, 2012, p. 4, tradução nossa).

A *Grounded Theory* foi elaborada inicialmente pelo cruzamento de perspectivas teórico-filosóficas de seus fundadores, os sociólogos estadunidenses Barney Glaser (1930) e Anselm Strauss (1916-1996). A formação desses pesquisadores é bem distinta, no entanto, *a priori*, este ponto não impediu que ambos compartilhassem visões de mundo e desenvolvessem atividades acadêmicas conjuntas.

Glaser estudou na Universidade de Columbia. Ele foi aluno de Paul Lazarsfeld (reconhecido como inovador nas investigações quantitativas) e Robert K. Merton, que propôs a construção de teorias úteis de médio alcance.[4] A formação quantitativa rigorosa de Glaser atravessa as bases da *Grounded Theory*. Charmaz destaca que as contribuições deste autor objetivaram

> codificar os métodos da pesquisa qualitativa, da mesma forma que Lazarsfeld havia codificado a pesquisa quantitativa [...]. Codificar os métodos da pesquisa qualitativa acarretava especificar estratégias explícitas para a condução da pesquisa e, portanto,

---

ais, catálogos e outras formas de materiais escritos e ilustrados. (SILVERMAN, 1993). Isolamos os dados e trabalhamos com fotos, palavras, frases, sentenças, parágrafos e outros segmentos de materiais". Eugénia M. Fernandes e Ângela Maia (2001) agregam ainda os produtos da cultura da mídia como materiais para suportar a construção da teoria.

4   Essas teorias pautam-se em produzir "versões abstratas de fenômenos sociais específicos baseados em dados. Essas teorias de médio alcance contrastavam com as 'grandes' teorias da sociologia de meados do século [XX], as quais vasculharam as sociedades, mas não se baseavam em dados sistematicamente analisados" (CHARMAZ, 2009, p. 20-21).

desmitificar o processo de pesquisa. Glaser defendeu também a elaboração de teorias úteis "de médio alcance". (CHARMAZ, 2009, p. 20).

Já Strauss formou-se pela Universidade de Chicago e, por consequência, seu capital intelectual foi fortemente influenciado pela celebrada Escola de Chicago, reconhecida mundialmente como referência da pesquisa qualitativa orientada pelos vieses interacionistas e pragmáticos, como já abordado no capítulo anterior. Assim, durante sua vida acadêmica, Strauss teve "suas ideias [...] inspiradas por homens como Park (1967), Thomas (1966), Dewey (1922), Mead (1934), Hughes (1971) e Blumer (1969)". (STRAUSS e CORBIN, 2008, p. 22).

A sua contribuição à metodologia em foco, em síntese, pautou-se por "noções da atividade humana, dos processos emergentes, das significações sociais e subjetivas, das práticas da solução de problemas e do estudo irrestrito da ação". (CHARMAZ, 2009, p. 21). Ainda conforme Charmaz (2009), essas ideias refletem os pressupostos do interacionismo simbólico de Mead (1934) e Blumer (1969), que Strauss adotou durante o seu curso de doutoramento. Herbert Blumer foi o seu orientador de pós-graduação e o responsável direto por introduzi-lo nos estudos do interacionismo simbólico (STERN, 2008, p. 24).

Pontua-se que não é intenção deste trabalho científico apresentar um resgate histórico profundo sobre os desdobramentos da *Grounded Theory*, tendo em vista que outros trabalhos já o fizeram competentemente (GLASER, 1978, 1992, 1998, 2001; STRAUSS e CORBIN, 1990 [edição brasileira, 2008]; CHARMAZ, 2006, [edição brasileira, 2009]; STERN, 2008; TAROZZI, 2011 etc.). O que se propõe é situar o leitor, de modo prático, sobre a sua origem, definição e as especificidades ontológicas, epistemológicas e, obviamente, metodológicas direcionando-o para entender como os seus procedimentos e técnicas auxiliaram para consubstanciar os objetivos desta investigação em ciências da comunicação.

Retornando as discussões sobre a origem da *Grounded Theory*, a primeira publicação – considerada clássica – que apresentou as diretrizes desta proposta metodológica foi a obra *The Discovery of Grounded Theory*, de Glaser e Strauss, em 1967.[5] Na sua introdução, os autores apresentaram a seguinte definição:[6] "a *Grounded Theory* é um método geral de análise comparativa [...] e um conjunto de procedimentos capazes de gerar [sistematicamente] uma teoria fundada nos dados" (GLASER e STRAUSS, 1967, *apud* TAROZZI, 2011, p. 17).

A referida publicação compartilhava os resultados de uma pesquisa de aproximadamente quatro anos sobre o fenômeno da morte em pacientes terminais em ambiente hospitalar.[7] De acordo com Kathy Charmaz (2009), nessa produção, à medida que os autores elaboravam as suas análises do processo de morte, eles edificaram estratégias metodológicas sistemáticas que poderiam ser replicadas para investigações de muitos outros objetos. Com a articulação de tais estratégias, eles advoga-

---

5   Anteriormente a essa publicação os autores já tinham esboçado algumas diretrizes metodológicas no artigo conjunto *"Discovery of Substantive Theory: A Basic Strategy for Qualitative Analysis"* (1965) e, especificamente Glaser, no artigo *"The Constant Comparative Method of Qualitative Analysis"* (1965). Bryant e Charmaz (2007, p. 7) elucidam que esses artigos forneceram muito do trabalho fundamental contemplado em *Discovery of Grounded Theory* quando lançado em 1967.

6   Ressalta-se que as reflexões desta investigação acompanham a orientação de Massimiliano Tarozzi que define a *Grounded Theory* "fundamentalmente como uma metodologia que contém várias indicações de procedimentos, as quais, porém, assumem diversas declinações, segundo a escola e os autores interessados" (TAROZZI, 2011, p. 18). A importância de demarcar tal posição busca posicionar este trabalho frente às discussões na literatura de autores que associam a *Grounded Theory* como método e outros como uma metodologia de pesquisa. Ver essa discussão em Tarozzi (2011).

7   Cabe informar, a título de curiosidade, que a proposta da *Grounded Theory* foi elaborada num contexto muito distinto de experiências pessoais dos seus autores. "O projeto inicial de pesquisa do qual o método emergiu tinha sido para entender no viés de Anselm Strauss e Barney Glaser o sofrimento familiar próximo à perda de cada um" (BRYANT e CHARMAZ, 2007, p. 7, tradução nossa). Ambos tinham vivenciado a experiência de perda de seus pais.

ram acerca da possibilidade do desenvolvimento de teorias substanciais baseadas em dados, em vez da lógica dedutiva de hipóteses analisáveis a partir de teorias existentes.

A edificação desta metodologia procurava combater a forte linha positivista predominante nas pesquisas científicas nos idos de 1960. Nesse período, observava-se o enfraquecimento e perda de espaço das pesquisas qualitativas, especialmente na sociologia, frente aos sofisticados métodos quantitativos pautados pelo positivismo, "paradigma dominante de investigação de uso geral nas ciências naturais" (CHARMAZ, 2009, p. 18).

Com a elaboração da *Grounded Theory*, Glaser e Strauss "procuravam enfrentar duas críticas existentes: a primeira é a de que pesquisas qualitativas não eram adequadas à geração de teorias e a segunda de que os métodos utilizados não tinham credibilidade científica" (HOPFER e MACIEL-LIMA, 2008, p. 17). Neste contexto histórico da década de 1960, Kathy Charmaz resgata que as concepções dos investigadores sociais que utilizavam o viés positivista

> tinham como objetivo descobrir explicações casuais e realizar previsões sobre um mundo externo e conhecível. Suas crenças na lógica científica, em um método unitário, na objetividade e na verdade legitimaram a redução das qualidades da experiência humana a variáveis quantificáveis. Dessa forma, os métodos positivistas pressupunham um observador imparcial e passivo, o qual coletava fatos sem ter participação na criação destes, a separação dos fatos dos valores, a existência de um mundo externo separado de observadores científicos e seus métodos, e o acúmulo de conhecimento passível de generalização a respeito desse mundo. Apenas as formas de conhecimento [...] quantitativas asseguravam a validade para os positivistas; eles rejeitaram outras formas possíveis de conhecimento, como a interpretação de significados [...]. (CHARMAZ, 2009, p. 18).

É diante desse conflito teórico e metodológico que Glaser e Strauss propuseram a *Grounded Theory*, suportada nos seus referenciais teórico-filosóficos, para contestar, problematizar e responder às críticas e consensos positivistas da época, que fragilizavam a perspectiva qualitativa situando-a em espaços marginais e secundários da investigação social.

Dessa forma, ofereceram ao campo científico procedimentos e técnicas sistemáticos para a realização de investigações qualitativas que produzissem explicações teóricas abstratas de processos sociais e psicossociais de delimitados enquadramentos de ações de indivíduos na sociedade.

Nas palavras de Giampietro Gobo (2005), destacadas por Massimiliano Tarozzi, a obra *The Discovery of Grounded Theory*, que tem como subtítulo *Strategies for Qualitative Research*, é "comumente reconhecida como a primeira contribuição articulada de metodologia qualitativa" (TAROZZI, 2011, p. 41). Contudo, os seus fundadores, especialmente Glaser, não desconsideravam as diretrizes quantitativas do paradigma positivista, pelo contrário, estimulavam a combinação dos métodos para fortalecer e ampliar a compreensão dos objetos de investigação.

A prática da *Grounded Theory* é estabelecida, *a priori*, segundo os seus autores (GLASER e STRAUSS, 1967; GLASER, 1978; STRAUSS, 1987), por determinados elementos que abarcam as seguintes práticas elencadas por Kathy Charmaz (2009, p. 19), a saber:

✓ O envolvimento simultâneo na coleta e na análise dos dados.

✓ A construção de códigos e categorias analíticas a partir dos dados e não de hipóteses preconcebidas e logicamente deduzidas.

✓ A utilização de método comparativo constante, que compreende a elaboração de comparações durante cada etapa de análise.

✓ O avanço no desenvolvimento da teoria em cada passo da coleta e da análise dos dados.

✓ A redação de memorandos para elaborar categorias, especificar as suas propriedades, determinar relações entre as categorias e identificar lacunas.

✓ A amostragem dirigida à construção da teoria, e não visando a representação populacional.

✓ A realização da revisão bibliográfica após o desenvolvimento de uma análise independente.

Este último tópico é considerado como um dos mais polêmicos na aplicação da metodologia, e será abordado com mais atenção *a posteriori*. Contudo, antecipadamente, cabe ressaltar que na visão inicial dos autores, especialmente na de Glaser, o objetivo da postergação da revisão bibliográfica seria para evitar que os investigadores "percebessem o mundo pela lente das ideias existentes" (CHARMAZ, 2009, p. 19). Após publicação de 1967, Strauss manifestou em seus trabalhos sequentes, que não existia um consenso com Glaser em relação a esta e outras questões.

Posto isto, diante desses esclarecimentos iniciais, neste ponto, é pertinente resgatar o conceito de teoria substantiva implícito à prática e aos desdobramentos da *Grounded Theory*. Na realidade, o produto desta metodologia qualitativa em destaque é a produção de teorias substantivas. No entanto, antes, cabe também esclarecer que existe uma confusão registrada na literatura sobre o uso adequado do termo *Grounded Theory*. Em linhas gerais, esta dissonância residiria principalmente sobre o entendimento se o termo denotaria o caminho metodológico ou o resultado obtido pela aplicação da metodologia proposta por Glaser e Strauss.

Portanto, o termo *Grounded Theory* deve ser reconhecido como metodologia de pesquisa qualitativa, ou seja, metodologia *Grounded Theory* (MGT) e como resultado de sua aplicação espera-se obter a construção de uma *Grounded Theory* (GT) acerca de um determinado processo social ou psicossocial. Por exemplo, nesta investigação utiliza-se a MGT, logo há a expectativa de construir uma *Grounded Theory* (GT) sobre as interações de mulheres brasileiras com o dispositivo publicitário contraintuitivo nos espaços da recepção. Enfim, mas que tipo de teoria é esta proposta pela metodologia *Grounded Theory*?

Glaser e Strauss (1967, p. 32-33) pontuaram a existência de duas principais tipologias de teorias: as formais e as substantivas. As primeiras são compostas pelo que eles denominam de grandes teorias, vistas como formais e abrangentes, enquanto o segundo tipo se refere às explicações para situações cotidianas, "que explicariam melhor as áreas específicas da pesquisa empírica já que essas teorias nasceriam diretamente de dados do mundo real" (HUTCHINSON, 1988 *apud* BIANCHI e IKEDA, 2008, p. 233).

> A teoria substantiva é uma conexão estratégica na formulação e produção da *Grounded Theory*. Acreditamos que embora a teoria formal possa ser produzida diretamente de dados, é mais desejável e geralmente inevitável, que ela inicie-se de uma teoria substantiva. Esta última não só fornece estímulo para uma 'boa ideia', mas também dá uma direção inicial no desenvolvimento de propriedades e categorias relevantes e na escolha de possíveis formas de integração. (GLASER e STRAUSS, 1967, p. 79, tradução nossa).

Nesse sentido, Pinto e Santos também elucidam os propósitos da construção de teorias substantivas pela *Grounded Theory*, indicando que essas são especialmente relevantes, pois tratam de processos sociais escassamente explorados pelas teorias formais existentes. "Esse tipo de teoria se encaixa e funciona bem porque é construída com conceitos e categorias que emergem a partir dos termos que os próprios agentes sociais usam para interpretar e organizar o seu mundo" (PINTO e SANTOS, 2012, p. 420).

Com efeito, apesar da movimentação sociológica que a metodologia de Glaser e Strauss produziu no campo científico, ao enfrentar o paradigma positivista em voga e fornecer direções concretas para a pesquisa qualitativa na construção de modelos interpretativos da realidade. A literatura aponta algumas dificuldades que limitam o seu realizar metodológico, entre as quais se destacam a complexidade de eliminar a subjetividade da investigação e de validar a confiabilidade das teorias substantivas produzidas.

Para eliminar a subjetividade da pesquisa, aponta-se para a obrigatoriedade de realizá-la de forma objetiva e nunca subjetiva. Os resultados da investigação emergem dos discursos dos indivíduos pesquisados, "assegurando que os dados falam por eles mesmos e não surgem de acordo com a subjetividade e assumpções do investigador. A objetividade do investigador é um ponto essencial para que a teoria desenvolvida seja válida" (RODRIGUES *et al.*, 2004, p. 6).

Esta critica indicada na literatura não opera mais sentido direto. Strauss e Corbin (2008) frisam também explicitamente a importância do pesquisador manter uma postura objetiva durante a construção da teoria fundamentada. Entretanto, eles mostram considerável consciência ao reconhecerem que os indivíduos se baseiam diariamente em seus conhecimentos

> e experiência para fornecer os meios para ajudar a entender o mundo no qual vivemos e para achar soluções para os problemas que encontramos. Felizmente, com o correr dos anos, os pesquisadores aprenderam que um estado de objetividade completa é impossível e que, em cada parte da pesquisa, – qualitativa ou quantitativa – há elemento de subjetividade. O importante é reconhecer que a subjetividade é uma questão e que os pesquisadores devem tomar medidas apropriadas para minimizar sua intromissão nas análises. (STRAUSS e CORBIN, 2008, p. 53-54).

Em relação à confiabilidade as críticas condicionam-se na questão de haver um desvio generalizado entre dados e fenômenos. Esta confusão impossibilita o entendimento em relação à natureza da ciência, "porque tipicamente é a partir dos fenômenos e não dos dados que as teorias são construídas por forma a explicar e prever. Os dados tendem a ser homogêneos, enquanto que nos fenômenos surgem comportamentos que se desviam totalmente do padrão (...). (RODRIGUES *et al.*, 2004, p. 7).

Nessa direção, Rodrigues e colegas (2004) ainda acrescentam a consideração de que sendo a *Grounded Theory* edificada sob o pensamento construtivista, supõe-se que ela deva emergir a partir da interação do pesquisado e o objeto investigado. Logo, a hipótese ontológica deste pensamento vincula-se à irreversibilidade da cognição, o que direciona olhares críticos para a validade dessa teoria emergente. Ou seja, ao ser investigado por indivíduos diferentes, um mesmo fato poderá dar origem a teorias plenamente distintas. De acordo com os investigadores idealistas, "os nossos sentidos são enganadores, logo, à partida para eles, esta teoria não teria fiabilidade". (RODRIGUES *et al.*, 2004, p. 7).

Para problematizar tal crítica recorre-se às linhas teóricas organizadas no trabalho de Strauss e Corbin (2008), que primeiramente elucidam o entendimento do conceito de fenômenos na *Grounded Theory*. De acordo com eles, os fenômenos revelam "ideias analíticas importantes que emergem de nossos dados. Eles respondem a pergunta 'O que está acontecendo aqui?'" (STRAUSS e CORBIN, 2008, p. 129). E expressam problemas, questões, preocupações e assuntos que são relevantes para aquilo que está em processo de estudo numa investigação. Desse modo, ao procurar fenômenos, busca-se "padrões repetidos de acontecimentos, fatos ou ações/interações que representem o que as pessoas fazem ou dizem, sozinhas ou juntas, em resposta aos problemas e situações nas quais elas se encontram" (STRAUSS e CORBIN, 2008, p. 130).

Segundo, em consideração à questão da validade, os mesmos autores esclarecem e pontuam que não são todas as investigações que objetivam validar teorias, umas fazem outras não. Logo, respeitando as suas bases ontológicas e epistemológicas, a *Grounded Theory* não tem a proposta de apresentar validação. No entanto, mesmo aqueles que tentam validá-la não o fazem no sentido de testar, como na perspectiva quantitativa. "Ao contrário, promove-se um processo de comparar conceitos e suas relações com os dados durante o ato de pesquisa para determinar o quanto eles são apropriados para tal investigação" (STRAUSS e CORBIN, 2008, p. 37).

Portanto, é a este recorte que a *Grounded Theory*, quando bem executada, vincula-se para promover compreensões substanciais sobre as questões-problema de uma pesquisa científica, buscando forjar um quadro interpretativo e explicativo não generalizável sobre um determinado problema.

Diante de tais juízos, entre outros, expressados acerca das potenciais dificuldades e limites da *Grounded Theory*, pontua-se que críticas direcionadas a quaisquer metodologias são de extrema relevância, pois incentivam ajustes e amadurecimentos teóricos necessários. No entanto, é basilar que os críticos manifestem as suas opiniões com clareza e conhecimento adequado acerca das abordagens. As críticas precisam acontecer em linha com as evoluções e discussões teóricas sobre a metodologia considerada a fim de, dessa forma, contribuir efetivamente para alinhamentos prementes.

Por fim, é necessário reconhecer e ter consciência de que nenhuma metodologia de pesquisa, seja quantitativa ou qualitativa, é autossuficiente e capaz de capturar todas as perspectivas de um problema social. No entanto, os seus procedimentos e técnicas designam percursos relevantes (que devem viabilizar sua replicação por outros pesquisadores) que buscam colaborar, conforme o seu alcance, para a construção de um circuito interpretativo produtor de conhecimento sobre contextos investigados.

O distanciamento de Glaser e Strauss

Após a clássica publicação que apresentou a *Grounded Theory* em 1967, nos anos posteriores Glaser e Strauss direcionaram as suas perspectivas teóricas sobre a metodologia de maneiras concernentemente distintas. Escreveram e publicaram outros artigos e livros sozinhos e em conjunto com outros investigadores. Entre as produções mais conhecidas estão "*Theoretical Sensitivity* (1978) e *Basics of Grounded Theory Analysis* (1992) de Glaser e *Qualitative Analysis for Social Scientist* (1987) de Strauss" (RODRIGUES *et. al.*, 2004, p. 2).

Nessas publicações posteriores, Glaser continuou defendendo os princípios fundantes da metodologia. Dessa maneira, ele a identificava como "um método de descoberta e tratou as categorias como algo cujo surgimento se dava a partir dos dados. Baseou-se para tanto no empirismo objetivo e, muitas vezes, restrito, e analisou um processo social básico. Strauss (1987) deslocou o método para a verificação [...]". (CHARMAZ, 2009, p. 22-21).

No entanto, foi a partir da publicação da obra *Basics of Qualitative Research: Grounded Theory Procedures and Techniques*, em 1990, de Strauss em conjunto com Juliet M. Corbin[8] que as relações entre eles ficaram explicitamente prejudicadas.

Barney Glaser afirmou naquele período que o trabalho coautoral de Strauss e Corbin altera "completamente, se não até mesmo destrói, nossa concepção comum da *Grounded Theory*" (GLASER, 1992, p. 1) e chega até a exigir a retirada do volume. [...] de circulação. Ele a considerava tão distante, que deu à obra outro nome: 'descrição conceitual plena' (*full conceptual description*)" (TAROZZI, 2011, p. 45-46). Para Glaser, entre outros pontos críticos, os procedimentos constantes no livro de Strauss e Corbin forçavam os dados da pesquisa e os resultados de tais esforços eram apenas descrições e não teorias fundamentadas nos dados, que devem ser o principal fruto da metodologia[9].

Em contrapartida, de encontro a essa crítica de Glaser, no livro de Strauss e Corbin, quando esses autores discorrem sobre o ordenamento conceitual, isto é, a prática de organizar (e algumas vezes classificar) dados de acordo com um conjunto seletivo e específico de propriedades e de suas dimensões, eles problematizam e relacionam os conceitos de descrição e teoria, indicando suas relevâncias e complementaridade para a pesquisa social. Segundo eles,

> É importante entender que a descrição é a base para interpretações de dados mais abstratos e para o desenvolvimento de teoria, embora não tenha que ocorrer necessariamente assim. A descrição já incorpora conceitos, pelo menos implicitamente [...]. Contudo, devemos acrescentar que embora a descrição seja im-

---

8 Tradução em língua portuguesa: STRAUSS e CORBIN (2008).

9 Ver a organização dessa discussão em TAROZZI (2011).

portante, há uma diferença entre fazer descrições cuidadosas [...] e fazer teorias. No último caso, não apenas fatos e acontecimentos são descritos, mas também a análise é estendida para envolver interpretações (WOLCOTT, 1994) explicando por que, quando, onde, o que e como os fatos ou acontecimentos ocorrem. [...]. (STRAUSS e CORBIN, 2008, p. 32).

Ainda no viés desses autores, as explicações teóricas são sempre validadas adicionalmente por coletas de dados (variáveis e invariáveis). Dessa forma, eles ainda pontuam que embora a descrição não deva ser vista como teoria, ela é essencial para teorizar.

Na realidade, provavelmente, as razões desse conflito entre as concepções de Glaser e Strauss sobre a metodologia partiu dos distintos vieses filosófico e teóricos da formação de ambos. Como consequência dessas visões díspares, nasciam duas abordagens da *Grounded Theory* a Glaseriana ou clássica[10] e a Straussiana com Corbin[11]. Essas correntes influenciaram e influenciam muitos pesquisadores qualitativos pelo mundo com variados interesses teóricos.

Kathy Charmaz complementa essa contextualização, ao esclarecer que a atualização da metodologia por Strauss e Corbin propiciou novos procedimentos técnicos,

> em vez de enfatizar os métodos comparativos que primeiramente distinguiram as estratégias da teoria fundamentada. Glaser argumenta que os procedimentos de Strauss e Corbin forçam os dados e a análise a categorias preconcebidas e, dessa forma,

---

10 Glaser, em resposta ao livro de Strauss e Corbin, alinhou sua abordagem cujos procedimentos operativos foram elucidados em *Doing Grounded Theory*, de 1998. Ele atualmente continua a promover a sua abordagem em recentes publicações e eventos acadêmicos em diversos países. Para informações sobre o seu percurso atual, recomenda-se a visita ao site do *Grounded Theory Institute*, disponível em: http://www.groundedtheory.com/. Acesso em 20. fev. 2017.

11 Corbin continua a desenvolver tal viés mesmo após a morte de Strauss em 1996.

contradizem os princípios fundamentais da teoria fundamenta-da. Apesar das muitas objeções de Glaser à versão de Strauss e Corbin, o livro serve como enunciado vigoroso do método [...]. (CHARMAZ, 2009, p. 23).

Em outras palavras, o livro de Strauss e Corbin caracteriza-se como um guia expressivo que orienta e disponibiliza muitas ferramentas práticas para apoiar os pesquisadores, principalmente iniciantes, no desenvolvimento de suas pesquisas em *Grounded Theory*. Esse ferramental, de acordo com os autores, deve ser utilizado de modo flexível e adaptado às necessidades distintas de cada investigação. Por tanto, esse livro avança (apesar das críticas de Glaser) com relação aos preceitos iniciais da obra de Glaser e Strauss, pois a publicação de 1967 não apresentava direcionamentos práticos para a aplicação da metodologia, apenas fortes argumentos lógicos para o seu uso.

No entanto, neste ponto, cabe questionar sobre quais as diferenças entre a abordagem alinhada por Glaser e a organizada por Strauss e Corbin? Na sequência, algumas características centrais das duas abordagens serão destacadas como por exemplo a pergunta de pesquisa, os tipos de dados, a *core category* e os tipos de codificação. A intenção é tentar indicar as características de cada viés proposto. Contudo, cabe novamente destacar que devido aos limites e objetivos deste capítulo tais pontos em cada corrente não serão explorados em profundidade.[12]

Dentro de sua perspectiva clássica, Glaser (1978) indica o estabelecimento de uma pergunta de pesquisa, que não necessariamente deve manifestar uma afirmação que identifique a problematização a ser investigada. Para o autor, é impossível definir o problema de investigação antes de ir para o campo e, rigorosamente, essa questão deve ser aberta e obviamente refletir a área de investigação. Segundo Massimiliano Tarozzi,

---

12   Para aprofundamento, ver: Glaser (1978; 1992); Strauss e Corbin (2008) e Allen (2010).

a pergunta de pesquisa no início de um itinerário de *Grounded Theory* é uma pergunta gerativa, aberta, não excessivamente focalizada. Esta se configura, substancialmente, no que a fórmula sugerida por Glaser bem expressa: "what's going on here?" [...]. O problema de pesquisa, em sua formulação precisa, não pode ser definido claramente com antecedência, pois o risco seria de forçar excessivamente os dados (TAROZZI, 2011, p. 65).

Para Glaser, o pesquisador também deve entrar em campo com pouquíssimos, ou, melhor, nenhum pensamento predeterminado. Ele deve ser direcionado pela sua sensibilidade teórica, que "se refere à habilidade de discernir a diferença e as variações nos dados, em termos conceituais, no processo de codificação e interpretação dos significados" (LEITE *et al*, 2012, p. 775). Ele advoga, como já indicado, a não antecipação da revisão da literatura, para que o pesquisador não contamine a análise de seus dados descobertos.

Ainda para Glaser (1998, p. 8), tudo é dado (*"All is data"*), ou seja, os contextos, as expressões, os conteúdos de entrevistas, a análise textual etc. Os dados, para ele, são vistos "como uma entidade separada – do pesquisador e dos participantes" (SANTOS e LUZ, 2011, p. 7). Já a categoria central, ou *core category*, que alinhará a teoria a ser descoberta, conectando as outras categorias reveladas, para Glaser deve emergir quase que misticamente desses dados, formando um núcleo adequado e coerente. Por fim, ele considera a etapa de codificação[13] dos dados como ferramenta analítica basilar, indicando a codificação substantiva teórica para a organização e descoberta das categorias que delinearão a teoria substantiva.

Já Strauss e Corbin pontuam que a pergunta de pesquisa deve ser uma afirmação que viabilize identificar de maneira clara a problematização a ser investigada. Diferente de Glaser, eles aceitam que o pesquisador

---

13 Segundo Charmaz (2009, p. 250), "trata-se do processo de definição acerca do que sejam os dados. [...]. Um pesquisador adepto da teoria fundamentada elabora códigos qualitativos ao definir o que ele ou ela percebe nos dados".

entre em campo com o suporte da revisão da literatura, para promover adequadas reflexões analíticas e estimular a sua sensibilidade teórica. Sobre os tipos de dados, eles são indiferentes e também consideram inclusive as observações como informações relevantes para a edificação da teoria e postulam "métodos complexos, rigorosos e densos de codificação" (SANTOS e LUZ, 2011, p. 7) para a descoberta da Grounded Theory. Os tipos de codificação propostos por eles são: aberta, axial e seletiva.

No que tange à descoberta da categoria central, esta, segundo Strauss e Corbin, é identificada na etapa da codificação seletiva. No viés desses autores, pode não existir apenas uma categoria central e para que outras possam emergir são necessárias "fortes manipulações dos dados" (TAROZZI, 2011, p. 56).

Os autores ainda estimulam os pesquisadores a utilizar desde o início diagramas[14] para concatenar as suas descobertas, organizando desse modo as etapas de codificação, categorização[15] dos dados, para dinamizar a edificação de conceitos teóricos da Grounded Theory. Os conceitos teóricos são formados pelo agrupamento de conceitos menores, configurando-se como fortes estruturas interpretativas sobre a compreensão abstrata das relações apresentadas para o entendimento da teoria.

Com as suas perspectivas e abordagens, Glaser e Strauss influenciaram muitos pesquisadores, além de terem formado uma nova geração de cientistas sociais que buscaram e buscam colaborar com o avanço

---

14   São representações gráficas que podem organizar imagens concretas de nossas ideias edificadas, ou seja, eles ilustram "as propriedades da categoria" (CHARMAZ, 2009, p. 163).

15   É a "etapa analítica da teoria fundamentada para selecionar determinados códigos como tendo uma significação primordial ou para abstrair dos temas e padrões comuns a vários códigos um conceito analítico" (CHARMAZ, 2009, p. 249). É nessa etapa que o pesquisador buscará definir as propriedades das categorias descobertas, as suas condições de operação social e a sua relação com outras categorias. As categorias teóricas mais expressivas devem ser elevadas a conceitos teóricos que possibilitarão a compreensão da teoria substantiva proposta.

do pensamento acerca da *Grounded Theory*. Dentre esses pesquisadores destacam-se Kathy Charmaz (2006, 2009 etc.), Antony Bryant (2002, 2003), Adele Clarke (2003, 2005), Massimiliano Tarozzi (2011), Clive Seale (1999) etc.

Tais estudiosos provavelmente aceitaram o convite que ambos os autores registraram no primeiro capítulo de *Discovery*, para que os seus leitores usassem as estratégias metodológicas da *Grounded Theory* apresentadas e as aplicassem de modo flexível em suas pesquisas, criando assim as suas próprias abordagens e práticas de investigação.

Respeitando as abordagens de seus fundadores, alguns desses novos estudiosos esforçaram-se, efetivamente, para afastar a *Grounded Theory* dos resquícios objetivistas/positivistas, colaborando para reposicionar os seus pressupostos e desafios metodológicos diante do contemporâneo. Entre eles, Kathy Charmaz, especificamente, desenvolveu implicações práticas para aplicar a *Grounded Theory* sob os preceitos construtivistas.

A *Grounded Theory* Construtivista

Kathy Charmaz foi aluna de Glaser e orientanda de mestrado de Strauss. É conhecida mundialmente pelo desenvolvimento de sua proposta de revisão da metodologia de seus mestres, denominada como *Grounded Theory* para o século XXI ou *Grounded Theory* Construtivista (2006 [edição brasileira, 2009], 2008a, 2008b, 2008c etc.).

A abordagem de Charmaz figura, juntamente com as de Glaser e Strauss e Corbin, como a mais celebrada na contemporaneidade, tendo em vista a sua intensa conexão com as potencialidades dialógicas do construtivismo para a edificação de teorias substantivas.[16]

A linha da *Grounded Theory* de Charmaz, entre as suas características, reconhece que as realidades e os fenômenos estudados são construções coletivas, que seus preceitos respondem fortemente à tradição interpretativa e afastam-se plenamente das bases objetivistas da abordagem

---

16 Nas referências finais se relaciona uma série de obras de Charmaz.

de seus fundadores, especialmente as de Glaser. No quadro 2, Charmaz (2008a) demarca e apresenta um comparativo das principais características bem como os contrastes entre as abordagens objetivistas e construtivistas da *Grounded Theory*. A maioria desses indicativos está considerada ao longo das articulações deste capítulo.

Segundo a autora, a metodologia *grounded*, fundamentalmente,

> serve como um modo de aprendizagem sobre os mundos que estudamos e como um método para a elaboração de teorias para compreendê-los. Nos trabalhos clássicos da teoria fundamentada, Glaser e Strauss falam sobre a descoberta da teoria como algo que surge dos dados, isolado do observador científico. Diferentemente da postura deles, compreendo que nem os dados nem as teorias são descobertos. Ao contrário, somos parte do mundo o qual estudamos e dos dados os quais coletamos. *Nós construímos* as nossas teorias fundamentadas por meio de nossos envolvimentos e das nossas interações com as pessoas, as perspectivas e as práticas, tanto passados quanto presentes. Minha abordagem admite, de modo explícito, que qualquer versão teórica oferece um retrato *interpretativo* do mundo estudado, e não um quadro fiel dele (CHARMAZ, 2009, p. 24-25. grifo da autora).

Nesta vertente, obviamente, Charmaz baseia-se nas diretrizes de Glaser e Strauss para propor o seu alinhamento e a atualização das estruturas metodológicas da proposta original. No entanto, busca "enfatiza[r] como dados, análises e estratégias metodológicas podem construir e levar em conta o contexto de pesquisa e as posições dos pesquisadores, perspectivas, propriedades e interações" (BRYANT e CHARMAZ, 2007, p. 10, tradução nossa).

---

17   Tradução nossa.

Quadro 2
Grounded Theory Objetivista x *Grounded Theory* Construtivista

COMPARAÇÕES E CONTRASTES[17]	
GROUNDED THEORY OBJETIVISTA	*GROUNDED THEORY CONSTRUTIVISTA*
Pressupostos Fundamentais	**Pressupostos Fundamentais**
Assume uma realidade externa.	Assume realidades múltiplas.
Assume a descoberta de dados.	Assume a construção mútua de dados através da interação.
Assume que as conceituações emergem dos dados.	Assume que o pesquisador constrói categorias.
Considera a representação dos dados como não problemática.	Considera a representação dos dados como problemática, relativista, situacional e parcial.
Assume a neutralidade, passividade e autoridade do observador.	Assume os valores do observador, prioridades, posições e perspectivas afetadas pelas ações.
Objetivos	**Objetivos**
Alcançar generalizações livres de contexto.	Considerar generalizações como parciais, condicionais e situadas no tempo, espaço, posições, ações e interações.
Atingir conceituações abstratas, parcimoniosas que transcendem demarcações situacionais e históricas.	Compreensão interpretativa dos dados historicamente situada.
Especificidades variáveis.	Especificidades determinadas de variações.
Criar teorias que se ajustem, ocupem, tenham relevância e sejam modificáveis. (Glaser).	Criar teoria que tenha credibilidade, originalidade, ressonância e utilidade.
Implicações para a Análise dos Dados	**Implicações para a Análise dos Dados**
Considera a análise dos dados como um processo objetivo.	Reconhece subjetividades ao longo de toda análise dos dados.
Compreende categorias emergentes como produto da análise.	Identifica a construção dos dados como configuração da análise.
Compreende reflexividade como uma possível fonte de dados.	Envolve-se na reflexividade.
Dá prioridade à voz e às categorias analíticas do pesquisador.	Busca representar os olhares e as vozes integralmente para análises.

Fonte: Extraído de Charmaz (2008a, p. 141, tradução nossa).

Massimiliano Tarozzi (2011) apresenta e confronta as característi-cas principais das abordagens das três principais escolas da metodo-logia no quadro 3: Glaser, Strauss e Corbin e Charmaz. Entretanto, na literatura, segundo Bryant e Charmaz (2007, p. 10), é possível também identificar outras propostas para a metodologia, como as localizadas no levantamento realizado por Norman Denzin (2007), que lista até sete versões diferentes para a *Grounded Theory*, a saber: positivista, pós-positivista, construtivista, objetivista, pós-moderna, situacional e assistida por computador (*softwares* que suportam análises de investi-gações qualitativas). Porém, apesar das variações desses rótulos, Bryant e Charmaz são enfáticos ao esclarecer que "as distinções entre algumas dessas [versões] permanecem inespecificadas e algumas se sobrepõem. Em alguns casos, a maioria das formas articuladas [...] se enquadra dentre as três dadas acima". (2007, p. 11). Isto é, nas três principais es-colas da metodologia.

Quadro 3
Confronto entre as principais escolas de *Grounded Theory*

	GT clássica	GT *full conceptual description*	GT construtivista
	Glaser	Strauss e Corbin	Charmaz
Pergunta de pesquisa	Não é uma afirmação que identifica o problema a ser estudado. É impossível de defini-lo antes de ir para o campo (inicia-se de modo aberto a partir de uma área de investigação).	É uma afirmação que identifica claramente o problema a ser estudado. Consente em restringir e gerenciar a área de investigação.	Não existe. Os conceitos sensibilizantes (BLUMER), interesses pessoais e disciplinares iniciam a pesquisa.
Tipos de dados	*"All is data"*	Indiferente, sobretudo observações.	Entrevistas semiestruturadas e análise textual. Coconstrução de dados.
Core category	Emerge quase magicamente e é intuída improvisadamente no início ou no fim da pesquisa.	Fazê-la emergir requer fortes manipulações de dados. Não existe uma única *core category*.	Existe uma *core category* prevalente.
Tipos de codificação	Substantiva teórica.	Aberta, axial, seletiva.	Inicial, focalizada, axial,[18] teórica.

Fonte: Extraído de Tarozzi (2011, p. 56).

---

18 Apesar de Tarozzi (2011) indicar a codificação axial (proposta por Strauss e Corbin) entre os tipos de codificação da vertente de Kathy Charmaz, esta autora relativiza a sua aplicação na pesquisa, indicando-a como opcional. Segundo ela, os investigadores que "preferem trabalhar com uma estrutura pré-fixada acolherão bem a ideia de ter um esquema de organização. Aqueles que preferem diretrizes simples, e conseguem tolerar bem a ambiguidade, não precisam realizar a codificação axial. Estes podem seguir as indicações que definem com base em seus dados empíricos. [...]. As categorias, as subcategorias e as conexões subsequentes refletem o modo como compreendi os dados". (CHARMAZ, 2009, p. 92).

A linha da *Grounded Theory* de Charmaz, entre as suas características, reconhece que as realidades e os fenômenos estudados são construções coletivas e que seus preceitos respondem, fortemente, à tradição interpretativa e se afastam plenamente das bases objetivistas da abordagem de seus fundadores, especialmente a de Barney Glaser. Eugénia Fernandes e Ângela Maia (2001) esclarecem que a indicação detalhada de todas as estratégias e métodos utilizados na coleta de dados,

> codificação, análise e apresentação da teoria, nomeadamente a explicitação das questões orientadoras da interação entre entrevistador e os sujeitos, dos contextos em que as entrevistas foram realizadas, das regras de transcrição, os sistemas de notação e as interpretações feitas, constitui um garante do cuidado sistemático que foi colocado ao longo de todo o processo, o que permite uma avaliação externa da teoria construída. Em suma, é o rigor dos procedimentos de análise e a sua descrição exaustiva que permite ao outro investigador compreender e avaliar o conhecimento construído. (FERNANDES e MAIA, 2001, p. 72).

Sob o enquadramento da *Grounded Theory*, o proceder de suas investigações propõe um olhar atento ao movimento que parte do raciocínio indutivo ao abdutivo. Isso porque de início a lógica metodológica da *Grounded Theory* era categorizada especificamente como indutiva, o que possibilitava diversas críticas à sua proposta que muitas vezes era rotulada como um "conto de fadas epistemológico" (BRYANT e CHARMAZ, 2007, p. 15).

> Com efeito, a indução move de um significado particular a um mais geral, no contexto da *Grounded Theory* [...] ela implica o mover de detalhes descritivos para o mais abstrato, nível conceitual. Um dos problemas com a indução é que este tipo de raciocínio envolve um salto do particular para o geral e pode depender também

de limitado número de casos individuais ou seleção idiossincrática. (BRYANT e CHARMAZ, 2007, p. 15, tradução nossa).

Como caminho para suprir tais problemáticas, de acordo ainda com Bryant e Charmaz (2007), os postulados da *Grounded Theory* indicam o uso da "amostragem teórica" (a ser discutida com mais atenção posteriormente) e a distinção entre teorias substantivas e formais, como já esclarecido. No entanto, é pelo retorno às orientações de Strauss sobre as bases do "pragmatismo americano e, especialmente, ao trabalho de Charles Sanders Pierce, que a natureza indutiva da *Grounded Theory* [...] é agora vista como somente parte da história: a 'abdução' desempenha um papel-chave" (BRYANT e CHARMAZ, 2007, p. 16, tradução nossa) para a construção de teorias fundamentadas, pois sua lógica articula nas investigações os ângulos racional e imaginativo.

Para elucidar com mais profundidade o entendimento sobre o raciocínio abdutivo, de modo geral, recorre-se às orientações de Lucia Santaella, que baseada nos postulados de Pierce explica:

> a abdução é um instinto racional (ver SANTAELLA, 1991). É o resultado das conjecturas produzidas por nossa razão criativa. [...]. Desse modo, o novo é apreendido por nós através de nada mais nada menos do que a adivinhação. Entretanto, não é a adivinhação em si mesma, nem a hipótese que ela engendra que são instintivas, mas a capacidade humana de adivinhar a hipótese correta, justamente aquela que é capaz de explicar o fato surpreendente. (SANTAELLA, 2001, p. 120).

Plenamente alinhado aos preceitos da *Grounded Theory* e às elucidações de Santaella, Massimiliano Tarozzi também colabora com esta discussão ao pontuar que

> a abdução, teorizada por Pierce (2005), retomando reflexões já presentes em Aristóteles, é um raciocínio rigoroso, mas probabilístico, que parte de uma premissa certa, mas é criativo e não

tautológico, porque sua premissa menor é só provável. Nessa probabilidade, existe o espaço da descoberta do novo, do insondável,
do não conhecido. Para que seja acionado esse pensamento é necessário um evento fortuito, um êxito inesperado, um episódio
iluminador [...]. (TAROZZI, 2011, p. 173).

Nessa dinâmica, os resultados a serem construídos pelo realizar
metodológico da *Grounded Theory* serão orientados, em síntese, por
"um tipo de raciocínio que, sem deixar de ter forma lógica, tem um
caráter instintivo e é, antes de tudo um processo vivo de pensamento"
(SANTAELLA, 2001, p. 121).

Neste contexto, de acordo com o olhar de Roy Suddaby, também
com base nas orientações de Pierce, a

> abdução "é um processo de formar hipóteses explanatórias. Ela
> é apenas uma operação lógica que introduz alguma nova ideia"
> (PIERCE, 1903, p. 216). A noção de abdução tem sido incor-
> porada na *Grounded Theory* como 'indução analítica', o proces-
> so pelo qual um pesquisador movimenta-se entre a indução e a
> dedução enquanto pratica o método de comparação constante.
> [...]. Strauss e Corbin [...] observaram que sempre que os pes-
> quisadores conceitualizam os dados, eles estão engajados na de-
> dução e que a *Grounded Theory* eficaz requer 'uma interação en-
> tre indução e dedução (como em toda a ciência)' (1998, p. 137).
> (SUDDABY, 2006, p. 639, tradução nossa).

Em suma, o movimento abdutivo se desenvolverá pelo raciocínio
que se inicia "com a análise dos dados e após o exame minucioso desses
dados serão consideradas todas as explicações possíveis para os dados
observados [...]." (CHARMAZ, 2009, p. 249) elaborando-se hipóteses
explanatórias. Sob este contexto, como já se esclareceu, Suddaby também
alerta que, pelos seus preceitos ontológicos e epistemológicos, as pesquisas em *Grounded Theory* "não deve[m] ser utilizada[s] para testar hipó-

teses sobre a realidade, mais, produzir declarações, sobre como os atores interpretam a realidade". (SUDDABY, 2006, p. 636, tradução nossa).

A lógica desse processo na *Grounded Theory* Construtivista foi explicada por Kathy Charmaz, durante a sua comunicação pessoal na *International Summer School in Qualitative Research Methods in Education*, que na sua quinta edição, em 2014, na Universidade de Trento (Itália), explorou o tema *Grounded Theory for Social Justice*. O autor deste livro participou da organização deste evento, bem como dos seus cursos, como parte de suas atividades de estágio de doutorado sanduíche no exterior (Capes-PDSE), realizado na Itália na Universidade de Trento e na Universidade de Bologna, durante o período de janeiro a setembro de 2014, sob a supervisão do professor Dr. Massimiliano Tarozzi.

Nessa oportunidade de experiência singular, foi possível registrar a explicação que Charmaz proferiu sobre o seu entendimento acerca do raciocínio de construção de uma pesquisa pautada pela *metodologia Grounded Theory* Construtivista.

Segundo ela,[19] o processo do pensamento indutivo ao abdutivo segue a seguinte orientação, que deve ser observada com flexibilidade e considerar sempre os participantes da pesquisa. Primeiro, inicia-se a investigação com um *raciocínio indutivo*, partindo para um *movimento comparativo* entre os dados fornecidos pelos participantes informantes (p.e. homem x mulher; brancos x negros; solteiros x casados; diferenças etárias etc.); posteriormente, deve ser considerada uma *ação iterativa*,[20] isto é, deve-se produzir um exercício que viabilize o movimento de ir e vir aos dados coletados e às fontes, seguindo assim para um *proceder interativo* que possibilite a análise dos dados construídos em direção às res-

---

19 Tradução nossa.

20 Bryant e Charmaz esclarecem que é este "processo iterativo de voltar e avançar entre os dados empíricos e análises emergentes que fazem a coleta de dados progressivamente mais focada e as análises sucessivamente mais teóricas". (2007, p. 1, tradução nossa).

postas à questão definida para a investigação. Em consequência, busca-se a manifestação do *movimento abdutivo*.

Enfim, diante desse movimento comparativo e iterativo, pode-se, em síntese, considerar que tais raciocínios na *Grounded Theory* são operados de modo dialógico. Isso porque o raciocínio indutivo manifesta-se quando os dados produzidos conseguem movimentar os sentidos do pesquisador. Já o dedutivo realiza-se quando o pesquisador ao ser impactado pela potencialidade dos dados, empreende esforços para conceitualizá-los, formulando hipóteses que direcionem o entendimento de tais dados produzidos na tentativa abdutiva de construir uma formulação geral interpretativa do processo em investigação.

O Processo e a dinâmica da *Grounded Theory* Construtivista

A interpretação (e o processo) de Charmaz para a *Grounded Theory* advoga que o conhecimento é fruto de uma construção compartilhada entre o investigador e os indivíduos participantes da pesquisa. As teorias geradas devem partir de dados relevantes, que fornecerão subsídios sólidos para a construção de uma análise eloquente.

De acordo com ela, "os dados relevantes são detalhados, focados e completos. Eles revelam as opiniões, os sentimentos, as intenções e as ações dos participantes, bem como os contextos e as estruturas de suas vidas" (CHARMAZ, 2009, p. 30). Tais dados podem ser extraídos e construídos por meio dos mesmos materiais indicados no início deste capítulo como fundamentais para a execução de uma *Grounded Theory*, seja ela desenvolvida sob qualquer uma das correntes existentes.

Por exemplo, uma pesquisa na área da comunicação poderá utilizar dados produzidos e extraídos de estudos de caso, de entrevistas individuais em profundidade, semiestruturadas ou de estudos de caso aplicados em indivíduos nos seus mundos midiatizados ou, em outros termos, nos espaços de recepção de uma mensagem comunicacional (novela, publicidade etc.).

Desse modo, tal estudo pode pretender, por exemplo, buscar compreender o que acontece com determinados indivíduos, em demarcados contextos e situações, quando da recepção dessas mensagens midiáticas, considerando obviamente uma problematização inicial específica definida.

Com base nas possibilidades acima, recomenda-se que, mediante autorização dos informantes pesquisados, entrevistas sejam registradas, por exemplo, em áudio e depois transcritas para a identificação de dados relevantes que possam suportar os direcionamentos para a construção de um quadro interpretativo sobre o problema de pesquisa elaborado.

Retornando à discussão sobre a proposta de Charmaz, percebe-se claramente na sua vertente da metodologia que os dados não são coletados e descobertos, mas produzidos, gerados. De acordo com Tarozzi, os dados mais ricos que são usados "não são 'fatos', mas são sobretudo os significados que sujeitos especiais atribuem àqueles fatos. Em particular, são pesquisados os significados tácitos (*tacit meanings*) atribuídos aos fatos, eventos, relações, dos quais os mesmos sujeitos não têm consciência, mas que os guiam em suas ações." (TAROZZI, 2011, p. 52).

Contudo, cabe indagar: como iniciar a construção desses dados, já que a *Grounded Theory* não parte de hipóteses pré-estabelecidas nem de objetivos especificamente demarcados, mas sim de uma área de investigação complexa ou de uma problematização aberta e gerativa? Sabe-se que um problema de investigação orienta a utilização das técnicas e dos métodos necessários e condizentes para a extração e produção dos dados. No entanto, com qual bagagem e direcionamento o pesquisador precisa ter para entrar no campo?

Essas questões são pertinentes, pois buscam principalmente esclarecer indicações na literatura sobre essa metodologia que sugerem, por exemplo, que o pesquisador entre no campo desprovido de todo e qualquer conhecimento acerca do seu objeto de pesquisa, assumindo assim uma postura preventiva para não forçar e contaminar os dados.

Esse ponto, como já introduzido anteriormente, é considerado como um dos mais polêmicos e para muitos até ingênuo entre os preceitos fundantes da *Grounded Theory*. A sua recomendação basilar é para o pesquisador não entrar no campo alicerçado em "teorias já existentes e, sim, se fundamenta[r] a partir dos dados da própria cena social sem a pretensão de refutar ou provar o produto de seus achados, mas, sim, acrescentar outras/novas perspectivas para elucidar o objeto investigado" (DANTAS *et. al.*, 2009, p. 2). Atualmente essa orientação é vista como um equívoco de interpretação das discussões iniciais contidas na obra *The Discovery of Grounded Theory* (GLASER e STRAUSS, 1967).

Nesse sentido, Suddaby (2006, p. 634-635) discute essa questão – e suas variantes –, vista por ele como um mito baseado em falsas premissas. Ele defende que a *Grounded Theory* não deve ser desculpa para ignorar a literatura e o conhecimento prévio que um pesquisador tem sobre o tema de sua investigação. Strauss e Corbin também tentam corrigir esse mal entendido, esclarecendo que ele se localiza especificamente no primeiro e no segundo capítulos da obra de Glaser e Strauss (1967), onde os autores

> enfatizaram a indução devido a seu ataque às teorias especulativas não-fundamentadas. O desejo era focar a atenção dos leitores no valor inestimável das teorias fundamentadas para a análise sistemática dos dados. Porém, o livro também enfatizava a interação entre dados e pesquisador, ou seja, os dados em si e a interpretação de significado do pesquisador. Como nenhum pesquisador entra no processo de pesquisa com a mente completamente limpa e vazia, as interpretações são abstrações do pesquisador sobre o que há nos dados. Essas interpretações, que assumem a forma de conceitos e de relações, são continuamente validadas por meio de comparações com novos dados. Os resultados são então validados por meio de comparações com novos dados (STRAUSS; CORBIN, 2008, p. 274).

Esse ponto nevrálgico, esclarecido acima, torna-se ultrapassado na perspectiva da metodologia proposta por Kathy Charmaz, a qual se retoma neste ponto, para à sua luz buscar responder as questões lançadas em relação às coordenações sobre como iniciar a construção dos dados na investigação dessa vertente.

Primeiramente, Charmaz reconhece que antes de iniciar um projeto de pesquisa, tanto os investigadores profissionais quanto muitos estudantes de pós-graduação já possuem um repertório consolidado das suas respectivas áreas. Além de muitos desses indivíduos, provavelmente, também possuírem certa intimidade com o tema da investigação e com o seu respectivo referencial teórico. Desse modo, com equilíbrio e ética, "podemos iniciar nossos estudos a partir dessas perspectivas privilegiadas, mas precisamos permanecer o mais aberto possível a tudo o que vemos e sentimos nas etapas iniciais da pesquisa" (CHARMAZ, 2009, p. 34).

Segundo, em reforço à resposta da indagação sobre o início do trabalho empírico, ela dá relevo a outro ponto-chave, denominado "conceitos sensibilizantes". Este conceito é extraído do arcabouço teórico do interacionismo simbólico, especialmente, das teorias de Herbert Blumer (1954; 1969).

Blumer esclarece os conceitos sensibilizantes em contraste com os conceitos definitivos pontuando que

> um conceito definitivo se refere precisamente ao que é comum a uma categoria de objetos, com o auxílio de uma definição clara em termos de atributos ou pontos de referências fixos [...]. Um conceito sensibilizante necessita de tais especificações de atributos ou pontos de referências e, consequentemente, ele não permite ao pesquisador deslocar-se diretamente à circunstância e a seu conteúdo relevante. Em vez disso, fornece ao pesquisador uma noção geral de senso de referência e orientação para abordar casos empíricos. Ao passo que os conceitos definitivos fornecem prescrições sobre o que ver, os conceitos sensibilizantes apenas

sugerem caminhos ao longo do que olhar (BLUMER, 1954, p. 7, tradução nossa).

Nessa linha, verticalizando para a *Grounded Theory*, Charmaz também discute a respeito, reforçando que os pesquisadores quando entram em campo carregam um considerável repertório conceitual para orientar a busca de respostas aos seus problemas de investigação.

> Esses conceitos fornecem ideias a serem investigadas e sensibilizam o pesquisador no sentido de realizar determinados tipos de perguntas sobre o tópico em questão. [...]. Em resumo, os conceitos sensibilizadores e as perspectivas disciplinares fornecem um ponto para começar, não para concluir. Os pesquisadores [...] utilizam os conceitos sensibilizadores como ferramentas provisórias para desenvolverem as suas ideias sobre os processos definidos em seus dados. Se os conceitos sensibilizadores demonstrarem-se comprovadamente irrelevantes, então podemos dispensá-los (CHARMAZ, 2009, p. 34).

Em complemento, Tarozzi (2011, p. 64) também explana a respeito, orientando que esse conceito de Blumer deve ser considerado como a base de ideias sobre a qual se polarizam os problemas da investigação. Bowen (2006) também ratifica que tais conceitos são abertos e devem guiar os pesquisadores sem forçar os dados dentro de caixas sociológicas fechadas. Logo, o pesquisador não precisa necessariamente iniciar a sua pesquisa em *grounded* com uma pergunta, mas deve buscar basear-se em conceitos sensibilizantes e nos seus "interesses pessoais e disciplinares" (TAROZZI, 2011, p. 56).

Nas discussões sobre os procedimentos da *Grounded Theory* Construtivista, com o início do exercício da coleta de dados ou, como Charmaz prefere denominar, "etapa de construção de dados", destaca-se que paralelamente a esse proceder inicial também devem ser realizadas análises e codificações dos dados produzidos.

A codificação nessa metodologia precisa ser entendida para além de

> um começo; ela define a estrutura analítica a partir da qual você constrói a análise. [...]. A codificação é o elo fundamental entre a coleta de dados e o desenvolvimento de uma teoria emergente para explicar esses dados. Pela codificação, você define o que ocorre nos dados e começa a debater-se com o que isso significa (CHARMAZ, 2009, p. 70).

Charmaz (2009) delineia e expressa de modo didático o percurso de construção da *Grounded Theory* Construtivista. Desse modo, é com base nas suas orientações que se buscará neste ponto discorrer, de modo instrumental, sobre as principais etapas da metodologia, principalmente, no que se refere às suas codificações e às três principais características, que segundo Jane Hood (2007), a diferenciam de outras metodologias de pesquisa, a saber: a amostra teórica; a constante comparação dos dados às categorias teóricas; e a focalização no desenvolvimento de teoria via saturação teórica de categorias substantivas ao invés de resultados objetivistas.

Segundo Bryant e Charmaz (2007), Hood denomina essas três últimas características como *Troublesome Trinity* (Tríade Problemática) da metodologia, pois de acordo com Hood, se de um lado tais características são consideradas como as "propriedades essenciais da *Grounded Theory*", por outro, elas também centralizam as maiores dificuldades de entendimento e aplicação da metodologia pelos investigadores[21].

Enfim, seguindo as orientações de Charmaz o processo de construção da *Grounded Theory* inicia-se pela questão norteadora (e ou pelos conceitos sensibilizantes), que deve apoiar e orientar o acesso ao campo, bem como a construção de dados da investigação. A questão norteadora pode ser revelada pela resposta à clássica questão formulada por Glaser

---

21 Outros detalhamentos específicos acerca da metodologia serão explicitados quando da apresentação do desenho da presente investigação nos capítulos seguintes.

(1978): "What's going on here?" (O que está acontecendo aqui?), como já apresentada. Charmaz valida que essa indagação realizada pelo pesquisador como orientação nas reflexões iniciais é fundamental, para todas as vertentes da Grounded Theory, a fim de gerar "a observação daquilo que esteja acontecendo em quaisquer dos dois níveis: – Quais são os processos sociais básicos? – Quais são os processos psicossociais básicos?" (CHARMAZ, 2009, p. 38).

Resumidamente, com a definição da questão gerativa da pesquisa e suas indagações iniciais, parte-se para o campo para a construção conjunta dos dados relevantes, mediante o uso de técnicas individuais ou conjuntas como entrevistas em profundidade, observação, análise documental etc. É a partir da produção do primeiro conjunto de dados que se inicia o processo de análise e codificação na Grounded Theory. Por exemplo, quando se realiza a primeira entrevista em profundidade e a transcrição *verbatim* desta, o processo analítico dos dados já deve estar estabelecido.

É cabível também frisar que a literatura indica que não é pertinente coletar todos os dados e, somente depois, iniciar as etapas de codificação e análises. Esses processos devem ocorrer simultaneamente, privilegiando sempre o retorno e a comparação entre os dados na busca de edificar informações relevantes. Esse proceder é basilar para que uma investigação seja caracterizada como Grounded.

Com os esclarecimentos supracitados parte-se agora para o detalhamento dos procedimentos de produção de dados e da dinâmica da codificação destes para se revelar os processos[22] que transversalizam uma investigação em Grounded Theory. No entanto, antes é apropriado esclarecer que a amostra substancial em pesquisa Grounded é teórica, ou seja, é aquela que

---

22 "Um processo é constituído por sequências temporais reveladas que podem apresentar limites identificáveis com inícios e finais claros e marcas de referência entre eles" (CHARMAZ, 2009, p. 24).

visa a buscar dados pertinentes para *desenvolver* a sua *teoria* emergente. O principal objetivo da amostragem teórica é elaborar categorias que constituem a sua teoria. Você conduz a amostragem teórica ao utilizar a amostra para desenvolver as propriedades da(s) sua(s) categoria(s) até que não surjam mais propriedades novas. Assim, você satura as suas categorias com dados e, consequentemente, as classifica e representa graficamente para que integrem a sua teoria emergente (CHARMAZ, 2009, p. 135. grifo da autora).

Isso porque o foco não está no indivíduo, mas em suas ações, experiências, eventos e questões, ou seja, nos dados a serem fornecidos para a construção da teoria substantiva. Logo, nessa metodologia observam-se dois vieses de amostragem que se complementam: a *amostra inicial*, que delibera sobre a participação e o perfil de indivíduos e locais, os quais subsidiarão o início da pesquisa; e a *amostra teórica*, que orienta os caminhos conceituais a serem explorados até a conquista suficiente de dados que apoiem a explicação de suas categorias, resultando assim na "saturação teórica" das categorias produzidas (logo, da pesquisa) ou, como prefere Ian Dey (1999), a conquista da "suficiência teórica" (CHARMAZ, 2009 p. 158).

Ao considerarem os procedimentos da amostragem teórica, Pinto e Santos destacam que a sua prática "deve começar apenas quando o pesquisador já definiu e conceituou algumas categorias preliminares relevantes que se mostrem dignas de serem desenvolvidas e colocadas à prova com novos dados." (PINTO e SANTOS, 2012, p. 422).

Na proposta de Charmaz para a *Grounded Theory*, como se apresentou anteriormente no esquema de Tarozzi (2011), são indicadas três principais codificações: a inicial, a focalizada e a teórica. A codificação inicial fixa-se com rigor aos dados, considerando as ações em cada segmento desses em vez de aplicar categorias preexistentes. De acordo com a autora, durante essa codificação o pesquisador deve-se questionar: "Esses dados representam o estudo de quê? (GLASER, 1978, p.

57). O que os dados sugerem ou afirmam? Do ponto de vista de quem? Qual categoria teórica esse dado específico indica? (GLASER, 1978)". (CHARMAZ, 2009, p. 74).

As principais estratégias práticas de codificação inicial são a "palavra por palavra", "linha a linha" ou "incidente por incidente". Ao longo desse processo, intensas expressões, manifestadas pelos informantes entrevistados, podem ser agregadas potencialmente à teoria de modo literal. Tais expressões são denominadas como códigos *in vivo*.

A segunda fase do processo é a codificação focalizada. Nessa etapa os códigos são mais direcionados e seletivos que os da etapa inicial. Para o seu realizar são utilizados os códigos iniciais mais significativos e/ou frequentes para analisar minuciosamente grandes quantidades de dados. Essa codificação exige tomada de decisão sobre quais dados permitem uma compreensão analítica melhor para categorizar os outros dados de modo pleno. De outra forma, nessa etapa definem-se quais dados têm a potencialidade de se coadunar com outros formando assim uma categoria.

Por fim, a terceira etapa é a da codificação teórica. Trata-se de um nível sofisticado de codificação que segue os códigos selecionados na codificação focalizada. Charmaz esclarece que os códigos teóricos produzidos nesse ponto do processo

> são integrativos; eles dão um contorno aos códigos focais [...]. Esses códigos podem ajudá-lo a contar uma história analítica de forma coerente. Por isso, esses códigos não apenas conceituam o modo como os seus códigos essenciais estão relacionados, mas também alteram a sua história analítica para uma orientação teórica. (CHARMAZ, 2009, p. 94).

É nesta etapa que, segundo Tarozzi (2011, p. 154), a construção das categorias alcança plenitude e "a teorização procede para a identificação das categorias centrais, os conceitos-chave em torno dos quais se organizará a teoria". Ainda nesta dinâmica parte-se posteriormente, enfim, para a etapa de classificação teórica dessas categorias, com o objetivo de encontrar a *core category*, ou seja, a categoria principal que tenha a potencialidade de "integrar a teoria e desenvolvê-la em torno de seus eixos conceituais, emersos empiricamente". Ainda, de acordo com Tarozzi, a *core category*

> é densa, saturada, integra a teoria, é completa, relevante e funciona. Para encontrá-la são úteis dispositivos como diagramas e narrações da história da pesquisa, que possam oferecer uma leitura integrada dos conceitos expressos pelas várias categorias até então muito fragmentadas. (TAROZZI, 2011, p. 81).

Neste ponto, com a identificação desta categoria central, é viável a produção da representação gráfica (com diagramas ou mapas situacionais[23]) da teoria *grounded* que ilustre a sua integração. Neste momento, indiscutivelmente, os memorandos que devem ser redigidos ao longo do processo de construção de dados serão fundamentais para apoiar a integração e o relato dos esquemas conceituais a serem construídos, bem como direcionar a redação final da teoria emersa. O retorno à literatura que suporte conexões, estimule interpretações e desdobramentos conceituais acerca das perspectivas construídas pela *Grounded Theory* pode também ocorrer com mais densidade neste período.

O processo de transformação dos dados em códigos, por exemplo, pode, como já se indicou, utilizar como base as transcrições de gravações de entrevistas com os informantes da pesquisa, bem como notas de campos etc. Como suporte e para colaborar com o gerenciamento e a manipulação dos dados coletados, recomenda-se, se possível, o uso de *softwares* que suportem a organização dos dados, a construção de diagramas e mapas conceituais. No entanto, o uso de *softwares* não deve neutralizar o capital intelectual do pesquisador na produção de suas

---

23 Segundo Charmaz, eles "revelam situações e processos (Clarke, 2003; 2005). Os mapas conceituais conseguem representar a força relativa ou a fragilidade das relações" (CHARMAZ, 2009, p. 163) construídas na *Grounded theory*.

análises e interpretações em linha com o quadro teórico de referência de sua investigação.

A literatura recomenda principalmente dois *softwares* para suportar pesquisas em Grounded *Theory*, a saber: Atlas.ti, indicado por Strauss e Corbin (2008). Este programa teve o seu desenvolvimento inicial acompanhado por Strauss no início dos anos 1990. O segundo é o Nvivo, indicado por Tarozzi (2011) como o *software* mais avançado para suportar as pesquisas em Grounded *Theory* na atualidade.

As etapas da Grounded *Theory* não são lineares, mas foram organizadas dessa forma para melhor compreensão de sua dinâmica e estrutura. Ressalta-se que ao longo da construção dos dados é imprescindível a elaboração de memorandos iniciais de expressão mais livre e, posteriormente, teóricos e mais densos. Os memorandos (ou *memos*) têm a função de registrar as observações e as percepções do pesquisador ao longo da produção de dados; organizar discussões prévias de potencialidades de códigos relevantes, que possam ser elevados à condição de categorias conceituais da pesquisa, entre outras proposições.

De início, na etapa de codificação inicial, esses documentos descritivos devem ser mais abstratos e, à medida da evolução dos níveis de codificação, mais teóricos. Os memorandos possibilitam ao pesquisador "questionar os dados, mapear a teoria emergente, clarificar e relacionar conceitos, em suma, eles são o suporte dinâmico da teoria em construção" (SANTOS e LUZ, 2011, p. 14). Os memos, geralmente, são escritos para apoiar o investigador nas suas reflexões sobre a teoria em construção e não para serem divulgados, portanto, eles devem ser produções livres.

Em síntese, as principais etapas do processo de investigação em Grounded *Theory* Construtivista são:[24] a elaboração do problema e questões iniciais de pesquisa (considerar neste ponto os conceitos sensibilizantes e vieses disciplinares do pesquisador de modo equilibrado e ético); coleta dos dados (via entrevistas, observação, estudos de caso, análi-

---

24 Para aprofundamento, ver um guia prático em Charmaz (2009) e Tarozzi (2011).

se de discurso, análise documental etc.); e codificação inicial, redigindo, neste ínterim, memorandos iniciais com a intenção de elevar os códigos iniciais a categorias provisórias.

No segundo momento segue-se com a coleta de dados, porém direcionada para a codificação focalizada. Produzem-se memorandos com o objetivo de aprimorar as categorias conceituais. Prossegue-se com a produção dos dados específicos para fortalecer a densidade das categorias construídas e adotam-se determinadas categorias como conceitos teóricos. Neste ponto também devem ser redigidos memorandos teóricos avançados, objetivando refinar os conceitos edificados.

Por fim, tem-se a codificação teórica, que deve organizar as categorias principais emersas e entre essas identificar a *core category* que alinhará a teoria substantiva construída. Será mediante a identificação dessa categoria-chave (muitas vezes ela é também mais frequente que as demais) que a construção da teoria substantiva se viabilizará, pois esta categoria apresenta o potencial de relacionar e integrar todas as outras. Tarozzi (2011) pontua que há a probabilidade de uma teoria substantiva ter mais de uma categoria central, tal possibilidade será viabilizada visando a mais adequada projeção interpretativa do processo edificado.

No transcorrer desse proceder, elaboram-se diagramas e/ou mapas dos conceitos construídos, classificam-se e integram-se os memorandos com o objetivo de subsidiar a redação do primeiro rascunho da teoria substantiva. Neste momento, caso seja necessário, deve-se iniciar uma nova amostragem teórica para produzir dados de modo focalizado que preencham lacunas identificadas na teoria.

Entre as metodologias qualitativas (etnografia, fenomenologia, pesquisa narrativa etc.), a *Grounded Theory* destaca-se pela sua proposta de gerar teorias substantivas de processos psicossociais e sociais determinados mediante o proceder sistemático de análises comparativas. Desse modo, acredita-se que o seu conjunto de procedimentos e técnicas possam contribuir de forma profícua com os estudos no campo das ciências da comunicação, que geralmente buscam explorar uma agenda sobre as repercussões que as configurações comunicativas podem operar nos indivíduos nas mediações dos seus mundos midiatizados.

Enfim, buscou-se neste capítulo demonstrar as potencialidades que esse caminho investigativo pode oferecer para este trabalho, principalmente mediante a sua abordagem construtivista, tendo em vista os seus preceitos que, com base no interacionismo simbólico, valorizam fortemente o processo de interações e trocas entre o pesquisador e o pesquisado para as construções interpretativas pautadas nas experiências sociais. Com o entendimento metodológico apresentado, parte-se a seguir para apresentar o desenho e o processo de pesquisa aplicado nesta investigação.

CAPÍTULO IV

O DESENHO E O PROCESSO DA PESQUISA

"A construção do conhecimento é um esforço humano.
Nunca será definitivo. [...]".
(GRAUE e WALSH, 1998, p. XVI)

Como se esclareceu nos capítulos anteriores, a metodologia *Grounded Theory* Construtivista tem como base para sua edificação alcançar as experiências concretas dos indivíduos em interação social, com o objetivo de produzir teorias e ou estudos substantivos. O seu caminho metodológico qualitativo permite elaborar quadros interpretativos que apoiam a construção de interpretações acerca de processos psicossociais e sociais de fenômenos que atravessam as dinâmicas da sociedade.

Tais proposições se fortalecem neste trabalho pela associação estratégica de um referencial teórico que concatena as diretrizes do interacionismo simbólico aos estudos da midiatização, mediações e interação com as "materialidades midiáticas"[1] (SODRÉ, 2014) na sociedade. Este enquadramento teórico busca, enfim, dar suporte para a realização desta investigação, apoiando as análises dos seus resultados numa perspectiva micro e macrossocial dos significados produzidos quando da interação de indivíduos com as narrativas midiáticas, como a publicidade.

Desse modo, apresenta-se neste capítulo o delineamento do presente trabalho de pesquisa, com a proposta de compartilhar com os leitores o

---

1   Conceito fornecido por Muniz Sodré no 5º Seminário Teorias da Comunicação: Quinta Essencial – Pensadores da Comunicação, em 2014, na Faculdade Cásper Líbero, São Paulo, Brasil. Este termo busca refletir o entendimento sobre os produtos elaborados pelas lógicas midiáticas: anúncios, notícias, telenovelas etc.

seu desenho processual de execução operacional. Isto é, descrevem-se as etapas do seu trabalho de campo e a operacionalização desenvolvida.

Identificação da área de investigação

Com as bases apresentadas no referencial teórico, – especialmente acerca dos estudos mediáticos da comunicação no que se refere à midiatização, mediações e interação dos indivíduos nos espaços e práticas da recepção – esta investigação vincula-se ao aporte das teorias da comunicação, configurando-se como uma pesquisa de midiatização de característica socioconstrutivista direcionada a contribuir com os "estudos mediáticos da publicidade" (TRINDADE, 2007).

Neste enquadramento é pertinente pontuar as reflexões de Nick Couldry (2014, p. 34) sobre as características de investigações que se associam a este prisma de produção científica, que segundo ele apresentam três principais atributos distintivos. O primeiro é o interesse de tais pesquisas em conteúdos mediáticos (ex. representações), ou no mínimo os efeitos de tais conteúdos quando circulados, ao invés de priorizar o não representacional. O segundo é que, primariamente, tais investigações estão interessadas no social (ambos, tanto os *input* para a mídia quanto o domínio afetado por ela). O terceiro reflete que tais estudos focam a possibilidade de interpretar a relação midiática para o social.

> Entretanto, nós iríamos além. A pesquisa de midiatização, mediante a sua preocupação com a maneira como o social, se desdobra – e como seus desdobramentos podem ser afetados por profundas tessituras, dentre essas as tecnologias da mídia, seus conteúdos e seus usos, implicitamente tem uma visão de desenvolvimento e educação humana (*Bildung*) que é baseada num continuo (materialmente fundamentado) de práticas humanas de interpretar o mundo, ao invés de apenas "programá-lo" (cf. Parikka, 2012, p. 71). Assim, "Midiatização" é um tipo

distintivo de abordagem para transformações contemporâneas. (COULDRY, 2014, p. 34, tradução nossa).

Partindo desse ponto de vista, o caminho desta investigação é entender como as mulheres brasileiras são afetadas, quais significados e nexos de sentidos são produzidos mediante a interação delas com os conteúdos da publicidade contraintuitiva e como essas narrativas podem movimentar, ou não, os significados de estereótipos tradicionais associados à mulher negra brasileira.

Nesse prisma, a definição de construir um estudo substantivo sobre a recepção da publicidade contraintuitiva pelo olhar e sensibilidades interpretativas de mulheres brasileiras estabeleceu-se por considerá-las alvo histórico de contextos de opressão e estigmatização, pois geralmente ser mulher, e especificamente negra, no Brasil (representação a ser considerada nos anúncios contraintuitivos desta pesquisa), significa estar inserida num complexo "ciclo de marginalização e discriminação social" (SANTOS, 2009, p. 1).

Nesse sentido, em complemento considerando a perspectiva social e dos espaços profissionais para as mulheres negras, Soares (2000) alerta que no Brasil, por exemplo, observa-se que elas "arcam com todo o peso da discriminação de cor e de gênero, e ainda mais, sofrendo a discriminação setorial-regional-ocupacional que os homens da mesma cor e a discriminação salarial das brancas do mesmo gênero" (SOARES, 2000, p. 51 *apud* LIMA *et. al.*, 2013, p. 57).

Assim, para conjugar e expressar as significações acerca dessa articulação de gênero e raça (mulher e mulher negra), esta investigação faz uso do conceito de interseccionalidade, que segundo Crenshaw (2002) deve ser compreendido como

> uma conceituação do problema que busca capturar as consequências estruturais e dinâmicas da interação entre dois ou mais eixos da subordinação. Ela trata especificamente da forma pela qual o racismo, o patriarcalismo, a opressão de classe e outros

sistemas discriminatórios criam desigualdades básicas que estruturam as posições relativas de mulheres, raças, etnias, classes e outras (CRENSHAW, 2002, p. 177).

Cabe esclarecer também que nesta pesquisa, quando se utiliza os termos "negras ou negros", segue-se a orientação do Instituto Brasileiro de Geografia e Estatística (IBGE),[2] que agrega nesses termos genéricos os indivíduos que se autodeclaram de cor preta ou parda, ou seja, com a coadunação desses dois grupos forma-se a população negra do Brasil. Esta orientação também é seguida por diversos outros centros de estudos e organizações como o Instituto de Pesquisa Econômica Aplicada (Ipea).

A soma dessas categorias distintas, conforme o Ipea, a ONU Mulheres, a Secretaria de Políticas para as Mulheres (SPM) e a Secretaria de Políticas de Promoção da Igualdade Racial (SEPPIR)

> não é casuística e tem origem na análise comparada dos indicadores sociais para cada um dos grupos individualmente. Estes se comportam sempre de maneira muito semelhante quando se observam os dados para pretos e pardos e radicalmente distintos quando se consideram estes dois grupos em comparação ao de brancos. Foi a partir destas análises que [...] [optou-se] por trabalhar na contraposição das realidades socioeconômicas de negros e de brancos. (MARCONDES *et al.*, 2013, p. 19).

---

2   Segundo Rafael Guerreiro Osório, "a classificação racial atualmente empregada pelo IBGE distingue as variedades pela característica 'cor da pele', que pode ser branca, preta, amarela e parda, a única exceção sendo a categoria indígena, introduzida no Censo Demográfico 1991. Ela deriva da classificação usada no primeiro Recenseamento do Brasil, realizado em 1872, quando a forma mais comum para classificar pessoas segundo as raças era pela cor da pele, sendo preta, parda e branca as cores mais frequentes, razão de terem sido usadas assim naquele censo, que possuía, ainda, a categoria caboclo para identificar os indígenas" (OSÓRIO, 2013, p. 87).

Nesta linha, para uma contextualização e entendimento sobre expressividade estatística da população negra no país, se faz necessário apresentar os recentes dados divulgados sobre o cenário racial brasileiro. O Censo 2010 foi o último divulgado pelo IBGE (em meados de 2011) e apresentou uma mudança significativa no quadro racial do Brasil, pois pela primeira vez, desde 1890, a população negra (pretos e pardos) era revelada como a maioria do país, correspondendo a 50,7%, isto é, 97 milhões de indivíduos.

Em síntese, os dados do Censo 2010 expressaram a seguinte composição racial no Brasil: dos 191 milhões de brasileiros, 47,7% (91 milhões) se autodeclararam brancos, 15 milhões disseram ser pretos, 82 milhões pardos, 2 milhões amarelos e 817 mil indígenas.

Já em 2015, a publicação da Pesquisa Nacional por Amostra de Domicílios 2014 (PNAD), também do IBGE, reforçou os dados revelados pelo Censo 2010 de que os negros são a maioria da população brasileira, representando, 53,6% da população de 203,2 milhões de habitantes[3].

Retornando as questões para se pensar os cenários da mulher negra e relações de trabalho, mesmo considerando os avanços educacionais, Márcia Lima, Flavio Rios e Danilo França lembram que as heranças de piores condições socioeconômicas são reforçadas por

> padrões culturais e valorativos que designam determinados papéis aos indivíduos continuam a operar nos processos de estratificação nos quais negros e mulheres são alocados em posições subalternas. [...]. O grupo mais desfavorecido nestes processos é o das mulheres negras, as quais, de modo geral, não conseguem reconverter suas aquisições educacionais em melhores rendimentos e posicio-

---

3   Segundo Tatiana Dias Silva, "de fato, esta mudança já havia sido demonstrada pela Pesquisa Nacional por Amostra de Domicílios (PNAD), do Instituto Brasileiro de Geografia e Estatística (IBGE) em 2006, quando a população negra havia ultrapassado a branca e depois, em 2008, quando passou a representar a maioria da população" (SILVA, 2013, p. 15).

namentos no mercado de trabalho, e estão sobrerrepresentadas nas ocupações de menor prestígio. (LIMA *et. al.* 2013, p. 77).

Desse modo, é considerando esse ciclo multidimensional de opressão que esta investigação definiu para o seu recorte alcançar as vozes de mulheres brasileiras, tanto brancas quanto negras, para compreender as suas perspectivas acerca das formas de contribuição que as narrativas publicitárias contraintuitivas podem, ou não, operar no social para apoiar o enfrentamento deste contexto nefasto no qual a mulher negra está inscrita.

Cabe frisar que essa profícua e desafiante opção pelas mulheres brasileiras como informantes desta pesquisa também atende o objetivo metodológico de potencializar a efetividade da sua construção teórica, tendo em vista que as teorias substantivas buscam produzir "uma interpretação ou explicação teórica de um problema delimitado em uma área específica" (CHARMAZ, 2009, p. 252).

Assim, esta investigação teve o seu processo de construção guiado a partir de conceitos sensibilizantes, como "publicidade contraintuitiva", "efeitos de sentidos da comunicação publicitária", "recepção publicitária"; "interação"; "estereótipos"; "racismo". Essas ideias amplas, de caráter geral, refletiram o caminho de interesse da presente investigação bem como expressavam a experiência de investigações antecedentes do pesquisador. Como Tarozzi esclarece, tais conceitos "representam o pano de fundo de ideias sobre o qual se distribuem os problemas de pesquisa. [...] são pontos de partida e não de chegada" (TAROZZI, 2011, p. 64).

Portanto, esses conceitos sensibilizantes apoiaram a elaboração das perguntas gerativas e abertas desta pesquisa para buscar compreender a seguinte problemática: Como a publicidade contraintuitiva, com a presença de mulheres negras, repercute nas estruturas de conhecimento e experiências de mulheres brasileiras? Quais significados são produzidos pelas lógicas de interação das mulheres com o dispositivo publicitário contraintuitivo nos espaços e práticas da recepção?

Contexto do estudo

O trabalho de campo desta investigação foi realizado, no período de agosto de 2013 a outubro de 2014, junto a mulheres brasileiras negras e brancas, acima de 18 anos, na região da Grande São Paulo, Brasil. Elas colaboraram fornecendo dados relevantes à pesquisa, que indicassem "opiniões, sentimentos, intenções [...], bem como os contextos e as estruturas de suas vidas" (CHARMAZ, 2009, p. 30).

De início, para a organização do *corpus* da pesquisa, ou seja, para começar a construção da amostra teórica, foram localizadas duas primeiras informantes, uma branca e uma negra, por indicação de mediadores, indivíduos terceiros, conhecidos e próximos do pesquisador. Posteriormente, a ampliação do *corpus* da investigação foi realizada mediante a aplicação da técnica "bola de neve" ou *snowball*. Esta técnica permite ao pesquisador solicitar às suas entrevistadas indicações de próximas participantes potenciais para a pesquisa e "assim, sucessivamente, até que [seja] alcançado o objetivo proposto (o "ponto de saturação")" (BALDIN e MUNHOZ, 2011, p. 332) da pesquisa.

Aspectos éticos

Com a indicação das participantes, contatos telefônicos foram realizados para formalizar o convite para a participação na pesquisa. Nisso, de modo objetivo, eram explicadas às potenciais mulheres informantes as proposições do estudo, a dinâmica da participação, a garantia da preservação do anonimato e da privacidade, bem como o caráter voluntário da colaboração.

Com o aceite em participar da pesquisa, as entrevistas foram agendadas em locais definidos pelas participantes, conforme a conveniência e preferência de cada uma, visando o conforto, bem-estar, confidencialidade, bem como condições para a realização tranquila da entrevista.

Os encontros em sua maioria ocorreram nas casas das entrevistadas ou na casa do pesquisador. Quando da escolha da realização das entrevistas na casa do entrevistador, este buscava as entrevistadas com seu carro, em algum ponto da região da Grande São Paulo e as levava até a sua casa, devolvendo-as após as entrevistas ao ponto de origem ou a outro lugar de interesse definido pela entrevistada. Cabe enfatizar que as participantes não tiveram nenhum tipo de despesa financeira decorrente de transporte e alimentação.

Na ocasião dos encontros, o pesquisador fornecia novamente os detalhes acerca da pesquisa, porém tais informações eram transmitidas minuciosamente mediante a leitura conjunta do Termo de Consentimento Livre e Esclarecido, que contemplava todas as informações sobre a pesquisa e aquelas relativas aos direitos das participantes. As mulheres também foram solicitadas a responder um breve questionário sociodemográfico.

Todas as convidadas aceitaram prontamente participar da pesquisa e, após leitura atenciosa, assinaram as duas vias do Termo de Consentimento Livre e Esclarecido, das quais uma ficou em poder do entrevistador e outra com a entrevistada.

Com a assinatura do termo, a entrevistada também autorizava o registro das entrevistas em áudio. Todas as gravações foram disponibilizadas para acesso das participantes, porém após as entrevistas nenhuma delas manifestou interesse em obter uma cópia. Também foi assegurado às participantes o acesso às etapas do desenvolvimento e aos resultados da pesquisa.

Perfil das participantes

Tendo em vista a natureza qualitativa desta pesquisa orientada pela *Grounded Theory*, o número de entrevistadas não foi estabelecido *a priori*, pois como explicitamente informado a amostragem desta investigação conduzida pelo pesquisador atendeu a perspectiva da amostragem teórica, que teve a explicação de sua dinâmica de construção apresentada no capítulo acerca da metodologia deste trabalho

Assim, foram entrevistadas 24 (vinte e quatro) mulheres, sendo que 3 (três) delas foram convidadas para novas entrevistas com o objetivo de aprofundamento de temas emergidos. Dessa maneira, a pesquisa agregou 27 (vinte e sete) entrevistas sendo as informantes 15 (quinze) mulheres que se autodeclararam negras e 12 (doze) mulheres que se autodeclaram brancas.

As entrevistas foram realizadas individualmente. A descrição do perfil das entrevistadas está organizada no quadro 4, conforme dados fornecidos pelas participantes ao responderem o formulário de dados sociodemográficos da pesquisa.

Os nomes das informantes foram preservados, garantindo assim a confidencialidade. Elas estão identificadas no quadro 4 e ao longo de toda a redação deste texto pelas iniciais de seus nomes e sobrenomes.

Quadro 4. Perfil das informantes da pesquisa

	Nome	Cor ou Raça	Localização	Estado Civil	Idade	Grau de Instrução/ Profissão	Profissão
1	LNL	Negra	Carapicuíba	Solteira	47	Ensino Superior Completo	Autônoma
2	FRA	Negra	Capital	Solteira	26	Ensino Superior Incompleto	Estágiária de Economia
3	GLSS	Negra	Capital	Solteira	19	Ensino Médio Completo	Auxiliar Administrativo
4	RBS	Negra	Capital	Soleira	37	Ensino Superior Completo	Executiva de Contas
5	S.A	Negra	Capital	Solteira	36	Ensino Superior Completo	Analista de Empréstimos
6	TRA	Negra	Capital	Solteira	30	Ensino Superior Completo	Analista de Marketing
7	AAS	Negra	Capital	Solteira	20	Ensino Superior Completo	Auxiliar Técnico I
8	MVS	Negra	Capital	Solteira	23	Ensino Médio Completo	Gestora de Home Care
9	TPVS	Negra	Capital	Casada	29	Ensino Superior Incompleto	Professora Fundamental II
10	GL	Negra	Capital	Solteira	20	Ensino Superior Incompleto	Estudante
11	VS	Negra	Capital	Solteira	32	Ensino Superior Completo	Educadora Social
12	JTS	Negra	Capital	Casada	32	Pós-Graduação - Mestrado Completo	Assessora Pedagógica
13	JSCN	Negra	Capital	Solteira	34	Ensino Médio Completo	Auxiliar Clínica Médica
14	CEL	Branca	Capital	Solteira	32	Ensino Superior Completo	Autônoma
15	LS	Branca	Capital	Amigada	38	Ensino Médio Incompleto	Ajudante Geral
16	MALA	Branca	Capital	Separada	60	Ensino Fundamental Completo	Cozinheira Chefe
17	NMA	Branca	Capital	Solteira	55	Pós-Graduação Mestrado Completo	Jornalista e Professora
18	JCMSSS	Branca	Cotia	Casada	42	Pós-Graduação Especialização Completo	Supervisora Adm. Financeira
19	HMA	Branca	Capital	Solteira	58	Ensino Superior Completo	Bibliotecária Aposentada
20	LCSO	Branca	Carapicuíba	Solteira	39	Ensino Médio Completo	Instrumentadora Cirúrgica
21	SRAL	Branca	Carapicuíba	Separada	40	Ensino Superior Completo	Assessora de Diretoria
22	VLFSG	Branca	Mauá	Casada	25	Ensino Médio Completo	Correspondente Bancária
23	IAM	Branca	Capital	Separada	Ñ informou	Pos-Graduação - Especialização Completo	Advogada
24	TCSS	Branca	Capital	Solteira	20	Ensino Médio Completo	Recepcionista

Entrevistas replicadas

Processo da Coleta dos dados

Para a "produção dos dados" (RICHARDS e MORSE, 2007) foi utilizada principalmente a técnica de entrevista em profundidade apoiada pela técnica de observação.[4] As observações foram registradas no caderno/diário de campo do pesquisador e foram materiais ricos para a produção dos memorandos.

Segundo Tarozzi, as entrevistas em profundidade "continuam sendo o instrumento principal na *Grounded Theory*, mesmo não sendo o único, [...]. E isto em virtude da ênfase sobre a questão da atribuição de significados típica do interacionismo simbólico, mas também porque os instrumentos verbais consentem focalizar a coleta de dados de acordo com o trabalho de codificação" (TAROZZI, 2011, p. 67), basilar na operação desta metodologia.

A entrevista em profundidade ou entrevista intensiva, como prefere denominar Kathy Charmaz (2009), com base nas orientações de Lofland e Lofland (1984, 1995), deve ser entendida como um diálogo direcionado que viabilize um exame atencioso de um tópico em particular, com indivíduos que possuam experiências relevantes a serem compartilhadas. Na entrevista, o entrevistado é quem mais precisa falar. O entrevistador deve "escutar, ouvir com sensibilidade e estimular a pessoa a responder". (CHARMAZ, 2009, p. 46).

As perguntas neste estilo de entrevista são geralmente organizadas em um roteiro[5] e devem ser amplas e abertas. Ainda de acordo com

---

4   De acordo com Tarozzi, a peculiaridade da observação dentro da *Grounded Theory* "é que esta é focalizada imediatamente na observação dos fenômenos e, sobretudo, dos elementos de processo definidos na pergunta da pesquisa, dando menor peso à descrição do contexto". (TAROZZI, 2013, p. 111). Logo, a proposta da observação não se pauta por realizar descrições detalhadas, mas é focada na produção de conceituações do processo em investigação.

5   O roteiro original, e seus desdobramentos, bem como o áudio e as transcrições das entrevistas estão em poder do autor.

Charmaz (2009), as entrevistas em profundidade permitem ao pesquisador: (I) ir além das aparências da(s) experiência(s) descrita(s); (II) interromper para explorar um determinado enunciado ou tópico; (III) questionar o participante sobre as suas ideias, sentimentos e ações; (IV) voltar
ao ponto anterior; (V) reformular uma ideia emitida pelo participante
para checar a sua precisão; (VI) reduzir ou acelerar o ritmo do diálogo;
(VII) alterar o tópico seguinte; (VIII) validar o participante conforme
seu caráter de benevolência, perspectiva ou ação; (IX) utilizar as habili-
dades sociais e de observação para promover a discussão; e (X) respeitar
o participante e manifestar estima pela sua participação.

Já com relação ao participante, Charmaz (2009) ressalta que ele
também tem prerrogativas na estrutura da entrevista e pode: (I) interromper silêncios e manifestar as suas opiniões; (II) contar a sua história e conferir-lhe uma estrutura coerente; (III) refletir sobre os eventos
anteriores; (IV) ser um especialista; (V) selecionar o que e como dizer;
(VI) compartilhar experiências significativas e instruir o entrevistador
sobre como interpretá-las; (VII) manifestar ideias e sentimentos não per-
mitidos em outros tipos de relações e ambientes; (VIII) receber apoio e
compreensão do entrevistador.

A entrevista individual em profundidade, como instrumento
para a produção de dados, ao invés de recolher fatos "(como acontece
em uma leitura objetivista da *Grounded Theory*), [...] explora o processo psicossocial de base e os modos através dos quais as experiências dos participantes se inserem conscientemente em tais processos"
(TAROZZI, 2011, p. 113-114).

Ainda conforme Tarozzi, enquanto se realizam as entrevistas, a
teoria substantiva vai emergindo ao se definir as suas categorias. Neste
proceder, as entrevistas vão sendo ajustadas, tornando-se sempre mais
estruturadas. Isto é, "se inicialmente as entrevistas são muito pouco estruturadas (nunca completamente abertas), progressivamente, chega-se
a uma definição mais pontual das perguntas" (TAROZZI, 2011, p. 67)
organizadas no seu roteiro.

Na operacionalização desta investigação, esse alerta de Tarozzi foi percebido, logo após a realização das primeiras entrevistas, uma vez que os diálogos e as reflexões edificadas tornaram nítida a necessidade de constante adaptação dos seus procedimentos.

Em suma, o pesquisador, responsável pela realização de todas as entrevistas, buscou caracterizá-las como uma conversa informal, tendo como apoio um roteiro inicial, elaborado com os pontos e questões centrais a serem explorados juntos às entrevistadas, que servia apenas de referência. Obviamente, tais questões tinham o horizonte inicial da questão gerativa da investigação. No entanto, tais questões foram sendo redefinidas ao longo da realização das entrevistas subsequentes, tendo em vista as análises dos dados produzidos e o procedimento de construção da amostragem teórica.

Ao longo das entrevistas, alguns recursos como o uso de interjeições, expressões de estímulo e incitamento também foram utilizados para apoiar e encorajar as mulheres a compartilhar as suas práticas e experiências e, por vezes, clarificar o sentido das suas afirmações manifestadas quando da interação com o dispositivo publicitário contraintuitivo.

Operacionalização das entrevistas: materiais e métodos

Após a leitura do Termo de Consentimento Livre e Esclarecido, a entrevista era iniciada, com questões gerais sobre o entendimento das informantes com relação à publicidade brasileira. Na sequência, para suportar a produção de dados junto à informante, eram apresentados os 9 (nove) anúncios considerados contraintuitivos. Essas peças foram escolhidas pelo pesquisador e seu orientador de doutorado mediante uma pesquisa documental realizada na base de dados de anúncios contraintuitivos organizada pelo pesquisador desde 2004.[6]

---

6   Os anúncios apresentam as características indicadas em Leite (2009 e 2014).

O critério para a escolha dos anúncios foi a visibilidade que suas narrativas davam à mulher negra em contextos de protagonismo qualificados de representação de trabalho, educação, finanças, realização/ conquistas e sucesso profissional. Esse critério contextual, definido para as narrativas dos anúncios escolhidos, pautou-se fortemente pelos dados da Pesquisa das Características Étnico-raciais da População (PCERP/ IBGE)[7], realizada em 2008, que revelou ser a vida dos indivíduos influenciada por sua cor ou raça, sendo que tal influência era observada principalmente nas dimensões do trabalho, convívio social, espaço escolar etc.

Segundo o IBGE, com base nos dados da PCERP, entre os participantes desta pesquisa "71% percebem a influência da cor ou raça na vida das pessoas na dimensão do trabalho; 68,3%, na dimensão da justiça e da polícia; 65%, na do convívio social; e 59,3%, na da escola" (IBGE, 2011, tabela 2. 25).[8]

Considerando essa direção, os anúncios foram extraídos da mídia impressa (especificamente de revistas nacionais) e não estavam necessariamente sendo veiculados nos "fluxos midiáticos" (PIEDRAS, 2009) no período em que as entrevistas foram realizadas. Dessa forma, tais anúncios foram selecionados especialmente para se compreender os significados que podem ser produzidos quando do momento inicial de interação das mulheres com as suas narrativas.

Portanto, considerando essa lógica, o conceito de "ponto de contato" (TRINDADE, 2008, p. 5; DI NALLO, 1999) se apresenta mais pertinente para se entender o contexto de interação produzido quando das entrevistas, visto que o entendimento desse termo aponta para uma situação específica de interação com uma mensagem midiática, ou seja, uma situação

---

7   Disponível em: http://biblioteca.ibge.gov.br/visualizacao/livros/liv49891.pdf. Acesso em 26. jul. 2015.

8   Pesquisa das Características Étnico-raciais da População (PCERP) – 2008. Rio de Janeiro, 2011. Disponível em: <http://www.ibge.gov.br/home/estatistica/populacao/caracteristicas_raciais/default_raciais.shtm>. Acesso em: 25. out. 2014.

distinta de uso e consumo mediático do discurso de mídia publicitária. Os anúncios utilizados nas entrevistas estão apresentados na figura 9.

Figura 9: Conjunto de nove anúncios utilizados nas entrevistas
Fontes: (respectivamente) *Revistas Istoé* (2013), *Exame* (2011), *Istoé* (2012), *Exame* (2010), *Exame* (2011), *Veja* (2013), *Veja* (2013), *Época Negócios* (2012) e *Rolling Stones Brasil.* (2008).

Cabe ressaltar que o objetivo desta pesquisa não foi explorar as mediações institucionais dos meios de comunicação, mas sim considerar o potencial de suas narrativas. Desse modo, a escolha de anúncios impressos estabeleceu-se pela sua facilidade de manuseio, recuperação e a proximidade direta de contato que tais narrativas viabilizavam no momento da realização das entrevistas. No entanto, é pertinente também informar que um pré-teste fazendo uso de um anúncio audiovisual contraintuitivo foi realizado e que os resultados obtidos pelas leituras das entrevistadas revelaram-se semelhantes aos produzidos pelos anúncios impressos.

Portanto, considerando e comparando a interação de cada mulher com os anúncios audiovisual e impresso não se observou discrepâncias frente às suas produções de sentido.

O referido audiovisual foi um dos anúncios da campanha para a escola *You Move*, escola de inglês do Ometz Group, detentora também da bandeira *Wise Up*. O anúncio escolhido foi veiculado em 2010 e protagonizado pela atriz brasileira, Taís Araújo.[9]

Figura 10 – Anúncio Audiovisual You Move com atriz Taís Araújo.
Fonte: Site Portal da Propaganda (2010).

---

9   Disponível em: https://www.youtube.com/watch?v=nKoyrTTeuW0. Acesso em: 22. jun. 2017.

Retornando à dinâmica da entrevista, com a apresentação dos anúncios, o entrevistador solicitava à entrevistada que escolhesse de início apenas um deles, conforme seus critérios. Com a escolha feita, o diálogo sobre as motivações da escolha e a sua compreensão sobre a peça publicitária desdobrava-se. Após os comentários da mulher sobre o primeiro anúncio, era solicitado a ela que, também conforme seus critérios, ordenasse os anúncios, inclusive o inicialmente escolhido, considerando a escala numérica de um a nove.

As mulheres eram também questionadas sobre as razões que as motivaram a fazer suas organizações e, posteriormente, considerando distintamente cada anúncio, a entrevista seguia fluidamente. Ressalta-se que, apesar da consideração distinta sobre a narrativa de cada anúncio, não foram estabelecidas regras que neutralizassem os comentários das entrevistadas sobre eles quando elas queriam fazer correlações concomitantes entre as narrativas dos anúncios.

Análise dos dados

A análise dos dados teve como base tecnológica de suporte o NVivo (versão 10). O NVivo é um *software* para suportar análises qualitativas de dados, especialmente, mas não exclusivamente, aqueles resultantes de pesquisas de *Grounded Theory*. Este *software*, produzido pela empresa australiana QSR International, é indicado por Tarozzi (2001) como um dos mais avançados programas de apoio à análise de pesquisa qualitativa no mundo.

É primordial que se esclareça que o *software* não produz qualquer tipo de análises qualitativas, estas são produto exclusivo da construção do pesquisador diante do seu contexto de pesquisa.

Ainda segundo Tarozzi (2011, p. 133), as principais funções viabilizadas pelo NVivo são:

- Arquivar de maneira ordenada, separando os vários tipos de dados, as codificações e os memorando;
- Escrever e interligar memorandos;

- Criar relações entre documentos, codificações e memorandos, gerenciar imagens e vídeos;
- Fazer a codificação aberta e focalizada e gerenciar as categorias, organizando-as em uma estrutura em forma de árvore, sempre modificável;
- Interrogar o texto e as codificações com indicadores booleanos [...];
- Criar e gerenciar diagramas referentes aos textos e às categorias.

Para a operacionalização deste *software* e o aproveitamento de suas funções neste trabalho, o autor desta investigação realizou capacitação e treinamento na Universidade de Aveiro, em Portugal, em abril de 2014, e na *Università degli Studi di Trento*, em junho 2014.

Enfim, o NVivo auxilia na gestão e organização dos dados produzidos em uma pesquisa de *Grounded Theory*, facilitando-a, devido a sua capacidade de gestão de grandes volumes de dados. O processo interpretativo obviamente é realizado pelo pesquisador para configurar o seu esquema teórico final.

O NVivo apenas otimiza a integração e relação de códigos, conceitos, categorias, apoia com as suas ferramentas a possibilidade de questionamentos aos dados; o resgate desses conforme buscas direcionadas; a criação de diagramas de categorias emergentes produzidas; o arquivamento e a integração em um único projeto de todos os materiais utilizados em uma pesquisa qualitativa, entre outras funções

Procedimentos para organização e análises dos dados

As entrevistas, como já informado, foram todas gravadas e logo após a finalização de cada uma delas, o pesquisador anotava no seu caderno/diário de campo, muitas vezes *in loco*[10] todas as reflexões e obser-

---

10   Considerando que algumas entrevistas eram realizadas nas residências das entrevistadas tais registros nestes casos foram produzidos oportunamente em outros locais.

vações sobre as suas impressões e percepções a respeito do comportamento das entrevistadas e sobre os diálogos edificados.

Este cuidado pós-diálogo permitiu ao entrevistador construir uma matriz sobre as suas autorreflexões a respeito dos comportamentos, emoções, pensamentos e valores pertinentes às entrevistadas. Além de apoiar também com esses conteúdos a produção dos memorandos da pesquisa.

Foram ainda compartilhados, nesta fase, os registros (notas de campo e gravações do áudio) dos dados construídos com o orientador desta investigação, professor Dr. Leandro Leonardo Batista, da ECA/USP, visando assim uma reflexão conjunta sobre os dados encontrados. Este percurso estratégico de atenção à produção dos dados (notas de campo e as reflexões conjuntas com o orientador da investigação) pretendeu corresponder ao que Charmaz indica como "reflexividade". Em suas palavras este conceito deve ser entendido como

> a análise minuciosa do pesquisador da sua própria experiência de pesquisa, das suas decisões e interpretações de modo a levar o pesquisador para dentro do processo e permitir que o leitor avalie como e até que ponto os interesses, posturas e suposições do pesquisador influenciaram a investigação. Uma postura reflexiva informa como o pesquisador conduz a sua pesquisa, como se relaciona com os participantes da pesquisa e como os representa nos relatórios escritos (CHARMAZ, 2009, p. 252).

Com esta postura de reflexividade, após alguns dias fazia-se a transcrição da entrevista e durante este processo aproveitava-se para reanalisar os discursos das entrevistadas questionando, principalmente, os impactos que tais vozes operavam no repertório de conhecimento e nos valores do pesquisador, em vista dos seus interesses de pesquisa e sua formação como profissional de comunicação publicitária. Com esta consciência e atenção minuciosa, buscou-se validar a influência do pesquisador "no estudo e repercussões nos achados" (SANTOS e LUZ, 2011, p. 13).

As análises dos dados foram realizadas conforme os procedimentos sistematizados de comparação constante da *Grounded Theory*, considerando os códigos, as categorias e os fenômenos construídos. Esse proceder comparativo iniciou-se, especialmente, com a transcrição *verbatim* de cada entrevista. Posteriormente, a leitura e releitura das transcrições eram simultaneamente realizadas com a audição de seus respectivos registros de áudio. Essa dinâmica possibilitou identificar elementos latentes na experiência geral do processo de pesquisa.

Foram produzidas, conforme o quadro 5,34h29m14s (trinta e quatro horas, vinte e nove minutos e quatorze segundos) de registro do áudio das 27 (vinte e sete) entrevistas em profundidade realizadas.

Assim, o trabalho laborioso da *Grounded Theory* desta investigação se realizou pela produção e transcrição das entrevistas, registros de observações e análise sistemática. Frisa-se que os processos de transcrição e análise devem ocorrer paralelamente em pesquisas de teoria fundamentada, pois caso isso não ocorra a investigação não pode ser considerada uma *Grounded Theory*.

Quadro 5
Tempo de gravação áudio das entrevistas

	Nome	Cor ou Raça	Tempo de Gravação Áudio
1	LNL	Negra	1:43:03
2	FRA	Negra	1:37:25
3	GLSS	Negra	1:58:42
4	RBS	Negra	1:52:58
5	SA	Negra	1:45:55
6	TRA	Negra	2:17:16
7	AAS	Negra	1:06:24
8	MVS	Negra	0:54:47
9	TPVS	Negra	2:01:24
10	GL	Negra	0:51:17
11	VS	Negra	0:54:16
12	JTS	Negra	1:09:28
13	JSCN	Negra	0:51:55
14	CEL	Branca	1:08:57
15	LS	Branca	1:11:46
16	MALA	Branca	1:15:49
17	NMA	Branca	3:19:00
18	JCMSSS	Branca	1:40:00
19	HMA	Branca	1:15:05
20	LCSO	Branca	1:32:43
21	SRAL	Branca	1:02:52
22	VLFSG	Branca	0:47:35
23	IAM	Branca	0:58:12
24	TCSS	Branca	1:12:25
	TOTAL DE HORAS GRAVADAS		34:29:14
	Entrevistas replicadas		

Enfim, com a atividade de transcrição iniciaram-se os procedimentos de codificação (inicial, focalizada e teórica). Como já explicado no capítulo sobre a metodologia, a primeira codificação é a inicial, que visa explorar analiticamente os dados, "abrindo-os em todas as direções de sentidos possíveis, indagando pontualmente e meticulosamente cada porção do texto que são constituídos e designando as primeiras etiquetas conceituais" (TAROZZI, 2011, p. 122).

Esta etapa de codificação inicial é basilar, tendo em vista o seu apoio na estruturação dos temas a serem explorados e aprofundados nas entrevistas sequentes, como também é especialmente nesta atividade que a amostra teórica vai sendo conduzida e ampliada gradativamente pelo pesquisador.

Na operacionalização da codificação inicial entre os caminhos ofertados pelas diretrizes da metodologia, foi escolhida para esta investigação a estratégia de codificação linha por linha. Esta permite selecionar unidades de sentidos relevantes para a investigação. Tais unidades, segundo Tarozzi (2011), podem estar integradas em parágrafos inteiros, locuções, frases.

Portanto, quando da codificação, é primordial o pesquisador destacar com atenção onde inicia e onde termina a unidade de sentido contemplada no texto transcrito "que se quer codificar e que pode se sobrepor" a outras unidades de sentido. Ressalta-se também que esse preceder entre produção de dados, análises e codificação é a conexão promotora para a construção da teoria substantiva. Nesta etapa aberta de codificação os vários códigos emersos "devem ser, a seguir, constantemente comparados entre si, para fazer emergir ulteriores sugestões teóricas, que serão retomadas nas fases sucessivas de codificação" (TAROZZI, 2011, p. 128), ou seja, nas fases de codificação focalizada e teórica.

Neste ínterim, os silêncios e lacunas também devem ser considerados na codificação, pois podem indicar expressões que sugerem significados dignos de serem interpretados e aprofundados. Tais expressões também devem ser registradas no diário de campo.

As fases desta pesquisa (incluindo a condução da amostragem teórica) organizaram-se em três momentos que se desdobraram de modo integrado. A primeira fase, ilustrada pela figura 11, contextualizada pelo início do trabalho de campo, foi realizada com 10 mulheres, sendo cinco negras e cinco brancas e teve objetivo de produzir as primeiras propriedades de sentido para conduzir o percurso analítico da investigação.

Foram aplicadas nesta fase: análise documental (escolha dos anúncios publicitários contraintuitivos), entrevistas em profundidade, observações e registros no diário de campo, transcrições *verbatim*, codificações das entrevistas e produções de memorandos iniciais.

Neste primeiro estágio de perspectiva aberta, foram produzidos 2.009 (dois mil e nove) códigos iniciais no itinerário de coleta de dados, transcrições, codificações e análises realizadas. A produção desses códigos iniciais buscou respeitar e privilegiar fortemente as expressões das informantes, utilizando a possibilidade da codificação *in vivo*.

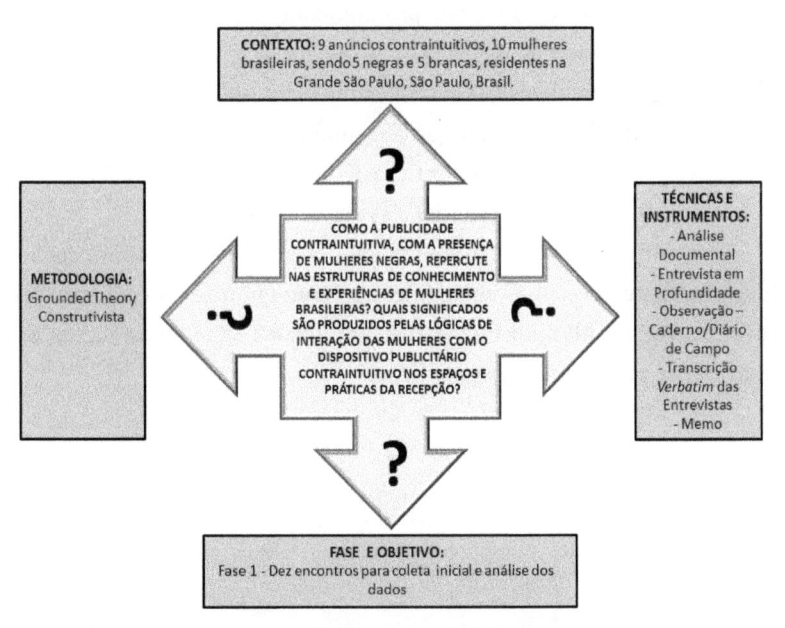

Figura 11: Desenho da primeira fase das entrevistas.

Uma análise mais profunda desses códigos foi aplicada com o suporte tecnológico da função *merge* (de integração de códigos) do NVivo. Desse modo – ao longo desta fase de produção de dados, sessões de análises e comparação constante – conseguiu-se organizar um quadro com 1.022 (um mil e vinte e dois) códigos iniciais. Esses códigos foram organizados dentro de 45 (quarenta e cinco) categorias iniciais provisórias.

A partir das análises desses códigos e categorias, foi possível localizar que alguns fenômenos emergiram dos diálogos sobre as experiências das mulheres entrevistadas tanto negras quanto brancas e, consequentemente, direcionaram o olhar do pesquisador para os processos psicossociais e sociais produzidos pela interação de mulheres brasileiras com o dispositivo publicitário contraintuitivo.

Neste proceder de imersão empírica e comparação constante dos dados, se fez pertinente a redefinição, ou seja, o realinhamento da pergunta gerativa de pesquisa, visando deixá-la mais específica para compreender a matriz dos fenômenos emergidos.

Como se verá com mais profundidade nos próximos capítulos, foram encontradas e articuladas duas categorias que podem ser consideradas como principais, no entanto, uma delas reflete uma perspectiva genérica do processo de interação das mulheres negras e brancas com a narrativa publicitária contraintuitiva e a outra expressa um recorte mais específico direcionado às experiências das mulheres negras.

Assim, no segundo momento da pesquisa, partiu-se para entender a seguinte questão: Como a interação com publicidades contraintuitivas protagonizadas por mulheres negras afeta a experiência da dor do racismo de mulheres negras brasileiras?

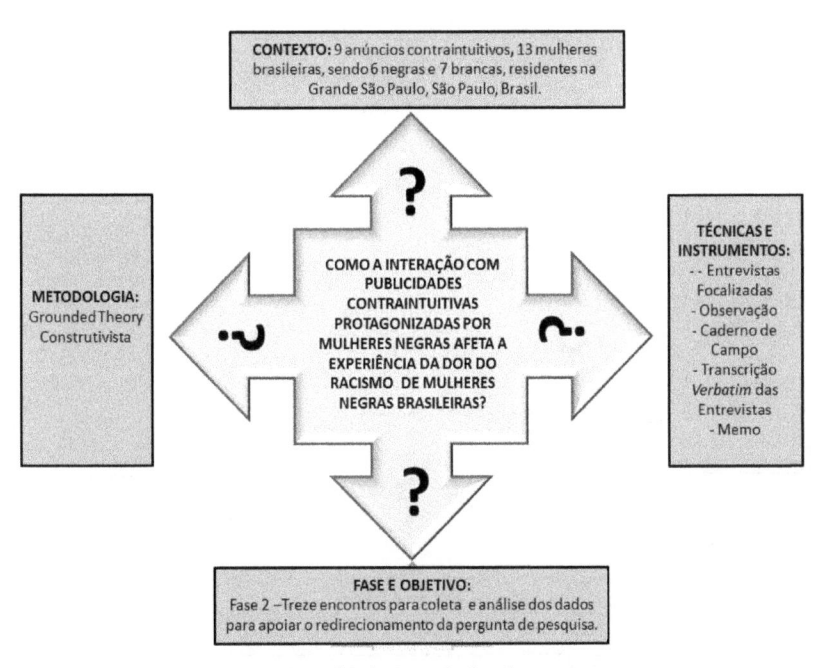

Figura 12: Desenho da segunda fase das entrevistas.

Com esse redirecionamento, foram entrevistadas mais 13 (treze) mulheres, sendo dessas 7 (sete) brancas e 6 (seis) negras. O objetivo foi construir uma compreensão mais adequada da nova problematização organizada e o aprofundamento das categorias elaboradas, tanto no viés geral quanto específico.

Nesta etapa, exposta na figura 12, as entrevistas e as codificações foram mais direcionadas, isto é, aplicou-se a codificação focalizada. Desse modo, com um trabalho analítico sistemático de integração e relacionamento com os códigos produzidos na primeira fase, foram organizados neste segundo estágio um conjunto de 604 (seissentos e quatro) códigos focalizados organizados em 8 (oito) categorias.

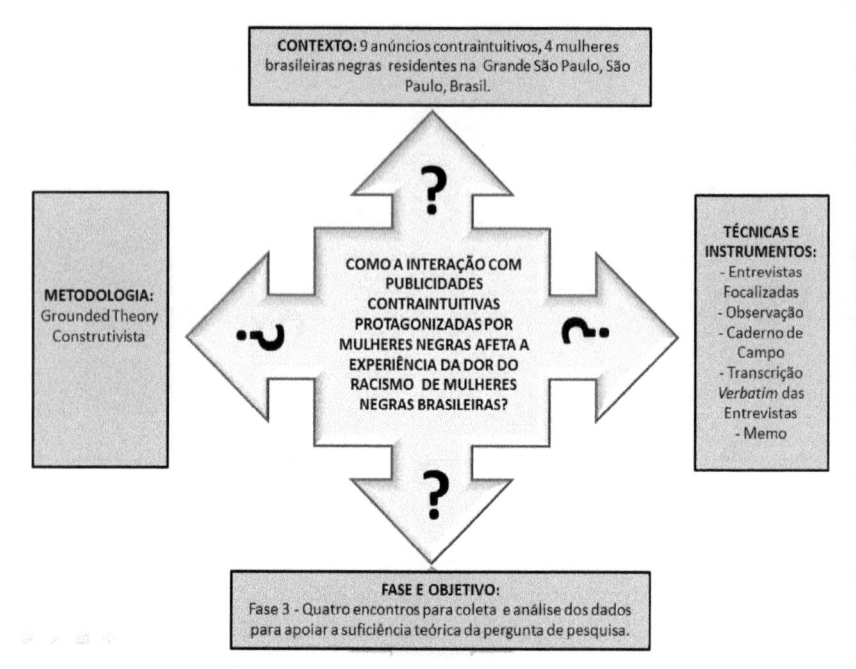

Figura 13: Desenho da terceira fase das entrevistas.

Com a matriz estruturada na figura 12, e diante da especificidade das categorias relacionadas às experiências de mulheres negras, fez-se necessário retornar ao campo para entrevistar focalmente mais 4 (quatro) mulheres desse grupo, conforme figura 13 acima, visando alinhamentos interpretativos e a busca de suficiência teórica dos dados encontrados.

Assim, no último estágio de codificação de viés teórico a dinâmica da construção da teoria proposta nesta pesquisa ganhava forma e potencialidade, pois foi possível, nas análises aplicadas nesse estágio e nos anteriores, localizar duas categorias que promoviam o entendimento analítico de dois processos inter-relacionados, um segundo incluído no primeiro. Isto é, conseguiu-se localizar duas categorias principais que sintetizam a história analítica de dois processos acerca da interação de mulheres brasileiras com o dispositivo publicitário contraintuitivo, um mais amplo e geral, e o outro focado e específico.

O destrinchar e as reflexões construídas acerca dos significados que articulam tais processos são apresentados nos próximos capítulos que apresentam os resultados e as discussões desta investigação.

Avaliação da Grounded Theory

O princípio de modificabilidade é indicado por Glaser (1978), como sendo um dos fatores característicos da Grounded Theory. Sob essa diretriz viabiliza-se a possibilidade de uma Grounded Theory se autocorrigir. Isto significa que, caso seja identificado ao longo do seu processo de realização alguma incorreção, imprecisão ou incompletude, por exemplo, a saturação inadequada de categorias ou amostragem teórica limitada entre outras, o pesquisador pode, simplesmente, continuar com o processo da pesquisa para corrigir tais implicações.

Tarozzi (2011, p. 86) indica que, em comparação com outras metodologias de pesquisas qualitativas, uma Grounded Theory não exige uma validação externa. No entanto, como todas as pesquisas qualitativas a Grounded Theory

> pode ser reforçada na significatividade dos próprios êxitos através de alguma modalidade de validação externa, como o *audit trail* (LINCOLN, 1985), que consente a um(a) pesquisador(a) externo competente "repercorrer" o processo descritivo e conceitual empreendido (com a condição de que os procedimentos tenham sido todos, desde o início pensados para serem transparentes) e verificar a pertinência da escolha dos instrumentos e se a aplicação dos procedimentos foi correta, assim como confirmar ou não se chegou aos mesmos resultados. (TAROZZI, 2011, p. 88).

Apesar deste trabalho científico não ter realizado propriamente uma auditoria como indicado no excerto acima, outros caminhos foram organizados visando obter avaliações externas, como a opinião de experientes pesquisadores que possuíssem conhecimento teórico e prático pleno sobre os procedimentos e técnicas da Grounded Theory. Nesta expectativa, os dados coletados, as codificações e análises efetuadas, o modelo teórico organizado, enfim, todo o processo analítico construído nesta investigação foi apresentado e disponibilizado para análise dos investigadores profa. Dra. Margareth Angelo, da Escola de Enfermagem da Universidade de São Paulo (Brasil) e do prof. Dr. Massimiliano Tarozzi, do *Dipartimento di Scienze per la Qualità della Vita dell'Università di Bologna* (Itália).

Com a análise desses renomados e experientes pesquisadores acerca do processo realizado, a pesquisa obteve uma avaliação positiva e orientações para ajustes e aprofundamento das análises interpretativas. Portanto, apesar de não ter representado um fidedigno *audit trail*, os exames críticos desses especialistas expressaram e agregaram relevante crédito de confiabilidade às condutas da investigação e à credibilidade dos resultados produzidos.

Neste mesmo intento, outro cuidado com este foco avaliativo foi a preocupação de assegurar a "consistência da teoria esboçada [...] para aumentar a transferibilidade dos [seus] resultados" (TAROZZI, 2011, p. 88). Neste sentido, o modelo teórico produzido nesta investigação foi apresentado, de modo individual a seis mulheres, duas brancas e duas negras, que participaram das entrevistas realizadas anteriormente, e mais duas novas informantes sendo uma negra e a outra branca. A proposta, enfim, foi expor o modelo teórico elaborado, visando identificar se o processo produzido, articulado e representado nele reflete e enquadra-se nas suas experiências de interação com a publicidade contraintuitiva, que apresentem a mulher negra como protagonista de suas narrativas.

Esses dois caminhos de avaliação externas foram relevantes, tendo em vista que fortaleceram a *Grounded Theory* edificada nesta investigação, associando às suas bases confiabilidade e credibilidade.

Dessa forma, após seguir e utilizar todos esses procedimentos e técnicas, foi possível avançar com mais segurança na construção do presente estudo, isto é, na redação final sobre a *Grounded Theory* das experiências de interação de mulheres brasileiras com o dispositivo publicitário contraintuitivo.

Nos próximos dois capítulos, que devem ser lidos de modo integrado, são apresentados os resultados da investigação. Os resultados da pesquisa estão divididos apenas por uma questão de possibilitar ao leitor uma adequada e fluida leitura sobre as dimensões de sentido articuladas no modelo teórico explicativo construído. Estes capítulos coadunam a apresentação das duas principais categorias que alinhavam o modelo teórico desenvolvido sobre a compreensão de alguns nexos de sentidos acerca das experiências de interação de mulheres brasileiras com a publicidade contraintuitiva.

CAPÍTULO V

RESULTADOS
As experiências de interação de mulheres brasileiras com anúncios contraintuitivos
Categoria Central Geral

Em definitivo, é fundamental que a Grounded Theory diga algo.
(TAROZZI, 2011, p. 163)

O direcionamento analítico dos dados produzidos neste livro, sustentado pelas diretrizes metodológicas da Grounded Theory Construtivista e guiado pelas perspectivas teóricas do interacionismo simbólico e dos estudos da midiatização, propiciou edificar pela ação intersubjetiva entre pesquisador e as informantes da pesquisa a apreensão e compreensão de significados que atravessam a realidade das experiências de interação de mulheres brasileiras (brancas e negras) com anúncios contraintuitivos, que em suas narrativas dão visibilidade a mulheres negras em papéis de protagonistas.

Nesta perspectiva, com base nas vozes e vivências das mulheres informantes desta investigação, viabilizou-se mediante os resultados elaborados a construção do modelo teórico representativo Experiências de interação de mulheres brasileiras com anúncios contraintuitivos.

Este modelo busca retratar um quadro interpretativo sintético sobre o processo das experiências de interação com anúncios contraintuitivos, isto é, ele oferece um caminho para se compreender os significados e os nexos de sentidos que podem ser ativados quando da relação simbólica de mulheres brasileiras com a comunicação publicitária contraintuitiva, bem como as implicações dessa dinâmica interacional no que tange à produção de "novas/ outras" percepções e o enfrentamento de estereótipos negativos associados à mulher negra brasileira.

Os significados produzidos que edificam a ossatura do modelo teórico desta investigação devem ser considerados em correspondência ao particular contexto e momento sociocultural brasileiro, no qual eles foram produzidos. Isto é, o quadro interpretativo elaborado deve ser lido como reflexo do cenário brasileiro contemporâneo.

O modelo Experiências de interação de mulheres brasileiras com anúncios contraintuitivos tem as suas estruturas sustentadas pela articulação basilar de duas *core categories* (categorias principais) distintas, porém integradas, uma de aspecto mais geral e outra de viés específico. Elas no entanto se inter-relacionam e se influenciam para tentar expressar os nexos de sentidos e significados produzidos ao longo das atividades de interação das mulheres com a publicidade contraintuitiva.

A categoria geral é identificada no modelo como Dimensão sócio-emocional catártica no imaginário e delibera sobre o contexto amplo do processo de interação das mulheres, tanto brancas quanto negras, com os dispositivos publicitários contraintuitivos. Esta categoria modula uma matriz de correlações não lineares das experiências de leituras das mulheres na situação de recepção dos anúncios.

Já a segunda *core category*, de caráter específico, denominada Experiência da dor do racismo e os efeitos de anúncios contraintuitivos para sua redução, visa representar as peculiaridades e as dimensões da experiência de interação simbólica de mulheres negras brasileiras com os anúncios contraintuitivos e os impactos que tais narrativas podem produzir em suas biografias.

Com essa contextualização introdutória, cabe ressaltar que, embora seja possível observar na estrutura do modelo teórico edificado, especialmente nas dimensões componentes da categorial geral, uma pluralidade de caminhos interpretativos que poderiam ser desdobrados, decidiu-se para esta pesquisa dar relevo à categoria Experiência da dor do racismo e os efeitos de anúncios contraintuitivos para sua redução, fundamentada pelas vozes das mulheres negras.

A decisão de salientar essa categoria pauta-se pela observação verificada ao longo das atividades de produção, análise e comparação constante dos dados, que possibilitou observar que quando da dinâmica interacional das mulheres brancas e negras com os anúncios contraintuitivos, as radiações de sentidos das narrativas movimentam fortemente as sensibilidades das mulheres negras. Como se busca expor na apresentação dos resultados desta investigação, tais sensibilidades afloram nas mulheres negras sentimentos atravessados pelas experiências de dor do racismo, que segundo elas são articuladas e reforçadas no cotidiano de suas vidas.

Diferentemente, nas vozes das mulheres brancas não se verifica semelhante expressão, provavelmente, por elas não vivenciarem tais contextos no seu dia a dia. Obviamente, compreende-se o ciclo de preconceito de gênero em que a mulher ainda está inserida na sociedade, mas o que a interação com os anúncios contraintuitivos com a presença de mulheres negras como protagonistas provoca nas mulheres brancas aproxima-se mais de uma leitura que expressa solidariedade às mulheres negras frente aos seus desafios diários, que as expressões do racismo lhes impõem. Foi expressivo notar no comparativo dos discursos das mulheres brancas e negras a lacuna acerca desta experiência de dor compartilhada pelas mulheres negras frente aos dispositivos publicitários contraintuitivos.

Enfim, esta categoria central específica se configura extremamente significativa e original, tendo em vista que a sua direção teórica e correlações de sentidos definitivamente a posicionam como a categoria mais promissora para contribuir com o debate científico para os avanços dos estudos acerca das dimensões de sentido da publicidade contraintuitiva e suas implicações no ato social dos indivíduos, em suas modulações sobre os níveis de comportamentos externo (observável) e interno (encoberto não observável) provocados por este circuito de interação simbólica.

Em síntese, deve-se compreender que emergiram durante a operação analítica desta investigação dois processos que se inter-relacionam e estão mutuamente implicados, o segundo incluído no primeiro, bem como tais processos refletem as duas categorias principais da presente *Grounded Theory*, uma mais ampla e geral, que reverbera as vozes tanto de mulheres brancas quanto negras, e a outra focada e específica, que explicita as experiências de mulheres negras na situação de interação com anúncios contraintuitivos.

Portanto, é sob esta lógica que neste capítulo o modelo teórico é apresentado sob um viés interpretativo, direcionando a análise em pormenor a segundo processo e usando o primeiro como pano de fundo conceitual.

Dessa forma, para um direcionamento da leitura e compreensão da exposição interpretativa do presente modelo, é necessário considerar a sequência de apresentação do seu conjunto de categorias articuladas, especialmente nas dimensões da categoria central geral, esta que tem o caráter arbitrário, pois as suas manifestações buscam expressar a flexibilidade de tentativas de sentidos produzidas nos espaços da recepção dos anúncios. Em outros termos, tais categorias podem ser lidas como interdependentes, pois pelo que se observou não se organizam de modo linear e estático.

Assim, para facilitar a compreensão desta investigação, os resultados construídos estão organizados de modo a serem apresentados em dois capítulos. No entanto, isso não significa que eles devam ser lidos de modo distinto. A opção por essa separação reflete apenas a preocupação para que o leitor possa realizar uma leitura fluida e atenciosa das dimensões de sentido reveladas nesta investigação. Portanto, a leitura dos resultados deve convergir para levar o leitor a compreender de modo pleno as articulações do modelo explicativo edificado neste estudo de *Grounded Theory*.

Os resultados estão apresentados de modo descritivo, respeitando assim as vozes das mulheres brasileiras. Essas vozes que terão algumas de suas passagens citadas para ilustrar os conceitos emersos. No entanto, esse recurso não deve ser entendido como extratos das entrevistas que buscam "provar" os enunciados produzidos. Na *Grounded Theory*,

> se são citadas passagens de entrevistas é somente porque têm uma alta força emblemática e ilustram adequadamente um conceito expresso no texto, não para confirmar cada afirmação, pois estas são provadas por serem enraizadas no processo de pesquisa (TAROZZI, 2011, p. 163).

Com este direcionamento, ressalta-se que além das citações as categorias que integram o modelo teórico sobre as experiências das mulheres brasileiras com a publicidade contraintuitiva serão também ilustradas com diagramas que buscam facilitar o entendimento das relações de sentido operadas.

Portanto, neste capítulo são apresentados os resultados que articulam a categoria central geral Dimensão socioemocional catártica no imaginário e suas correlações simbólicas. Já no capítulo VI, o foco é discorrer sobre os achados acerca da categoria central específica Experiência da dor do racismo e os efeitos de anúncios contraintuitivos para sua redução.

Desse modo, para a leitura destes capítulos, o leitor deve considerar que as categorias do modelo teórico estão redigidas em letras maiúsculas, as subcategorias com letras minúsculas e grifadas com negrito enquanto os componentes das subcategorias, quando necessário, estão destacados em itálico e sublinhados. Já as propriedades dos componentes são indicadas apenas em itálico.

A Categoria Central Geral
Dimensão socioemocional catártica no imaginário

Esta categoria ampla é perspectivada como ponto de partida de e para qualquer outro ponto nas redes de significados que se articulam às categorias que compõem o presente modelo teórico. Dimensão socioemocional catártica no imaginário elucida o processo geral de interação de mulheres brasileiras com os anúncios contraintuitivos e os significados produzidos nas suas estruturas cognitivas quando da situação de recepção dessas mensagens.

Nessa situação de interação das mulheres com os anúncios observa-se, especialmente, que quando elas identificam a presença da mulher negra como protagonista, um circuito de sentido plurissígnico é ativado e articulado para apoiar as suas interpretações sobre os anúncios.

Esses circuitos pré-ativados pela imagem da mulher negra impõem às mulheres uma atividade cognitiva organizativa que direciona as suas construções de significados das narrativas das publicidades.

As perspectivas articuladas apoiam desde posicionamentos sobre a abordagem criativa do anúncio e críticas ao campo publicitário e à mídia em geral pela sua provável nutrição de posturas preconceituosas até aspectos de densidades sociais, históricas, culturais, políticas e mercadológicas.

Nesse ato, é sensível também observar como as histórias dos anúncios mediam e promovem resgates de memórias socioemocionais das mulheres acerca de suas experiências frente aos estímulos dos contextos da narrativa publicitária no que concerne a presença da mulher negra. Para as mulheres negras, tais experiências são carregadas pela sua vivência de enfrentamento do racismo, ao passo que os discursos das mulheres brancas são atravessados pelo testemunho e consciência de tais contextos, bem como manifestações de solidariedade às mulheres negras brasileiras.

Este processo geral estabelece o pano de fundo e os contornos da *Grounded Theory* construída nesta investigação e compreende a interligação de oito categorias que fundamentam o seu entendimento teórico. Dessas categorias, as sete primeiras expressam as experiências de interação tanto de mulheres brancas quanto de mulheres negras com os anúncios contraintuitivos e a oitava e última direciona especificamente para a outra categoria central específica, que sintetiza, como já se explicitou, as expressões de experiências de mulheres negras com anúncios. Desse modo, o presente modelo teórico, baseado no depoimento de mulheres brancas e negras, está composto pelas seguintes categorias:

1. DIMENSÃO SOCIOEMOCIONAL CATÁRTICA NO IMAGINÁRIO;

2. PERCEPÇÕES E ALERTAS SOBRE INTERPRETAÇÕES DIVERSAS E ADVERSAS DOS ANÚNCIOS;

3. USO DA IMAGEM DOS NEGROS NA PUBLICIDADE COMO ESTRATÉGIA MERCADOLÓGICA;

4. PERSISTÊNCIA DO RACISMO NAS IMAGENS PUBLICITÁRIAS REFLETINDO O SOCIAL;
5. RECOMENDAÇÕES PARA USOS DA IMAGEM DO NEGRO NA PUBLICIDADE;
6. A IMAGEM DA MULHER NEGRA EM CRIAÇÕES COMPLEXAS E DE REPRESENTAÇÕES EXTREMAS;
7. PERCEPÇÃO DE MUDANÇAS NO CAMPO PUBLICITÁRIO E SOCIAL;
8. A EXPERIÊNCIA DA DOR DO RACISMO E OS EFEITOS DE ANÚNCIOS CONTRAINTUITIVOS PARA SUA REDUÇÃO.

Essas categorias são exploradas, neste e no próximo capítulo, em suas propriedades de sentido, visando destrinchar os seus fundamentos teóricos pela ótica das mulheres brasileiras. A conjunção dos sentidos dessas categorias permite observar plenamente as competências de recepção ativa das mulheres e alguns efeitos que podem ser promovidos pelos anúncios contraintuitivos no social, para além dos seus aspectos mercadológicos basilares.

Frisa-se, com apoio do quadro teórico desta investigação, que o discurso publicitário está sendo entendido aqui como um relevante e potencial "outro significante" capacitado a movimentar as estruturas do *self* das mulheres que interagem com sua visada simbólica, ao estimular sua inteligência reflexiva (mente) durante a relação com a situação de recepção publicitária no seu espaço social.

Portanto, neste proceder, está se considerando o ângulo da ação social dessa configuração comunicativa, no que se refere às suas manifestações no *self*, mente e sociedade, isto é, no ato social das mulheres brasileiras relacionado aos seus comportamentos externos (observáveis) e internos (encobertos, não observáveis).

Assim, a próxima categoria do modelo a ser apresentada corresponde à representação da postura compreensiva das mulheres sobre a autonomia dos receptores na produção de significados frente aos anúncios contraintuitivos apresentados, isto é, ela corresponde à consciência delas sobre a pluralidade de sentidos que as narrativas contraintuitivas podem produzir na situação de interação, tendo em vista o contexto de recepção da mensagem e, expressivamente, o repertório cognitivo dos indivíduos receptores.

Percepções e Alertas sobre Interpretações Diversas e Adversas dos Anúncios

A categoria PERCEPÇÕES E ALERTAS SOBRE INTERPRETAÇÕES DIVERSAS E ADVERSAS DOS ANÚNCIOS busca refletir primeiramente o posicionamento sobre a diversidade de interpretações que podem ser produzidas quando da interação com o discurso publicitário contraintuitivo no social. E a partir dessas interpretações, especialmente ao considerarem a imagem da mulher negra como protagonista, direcionam-se olhares que problematizam os significados do uso e consumo da presença qualificada de mulheres negras nos anúncios. Tais olhares consideram tanto às intenções dos anunciantes bem como os seus reflexos de consumo e produção de significados junto aos indivíduos nas mediações sociais.

Para elucidar o conjunto teórico dessa categoria, ela articula-se com base em duas subcategorias denominadas **Interpretações dos anúncios dependem do ponto de vista de cada indivíduo e Identificação e alerta de mensagens ocultas e adversas no uso positivo da imagem do negro.**

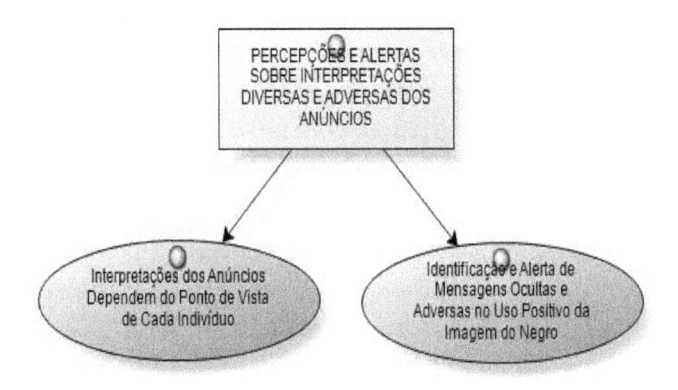

Diagrama 1 – Categoria Percepções e Alertas sobre
Interpretações Diversas e Adversas dos Anúncios

**Interpretações dos anúncios dependem do ponto de vista de
cada indivíduo** traz a consciência das mulheres sobre a diversidade de
interpretações que uma narrativa, sendo publicitária ou não, pode ter.
Isto porque cada indivíduo quando interage com um estímulo narrativo
o interpreta de acordo com os seus repertórios de conhecimentos e crenças edificados ao longo de suas experiências sociais.

Desse modo, é muito consciente nos discursos das mulheres o entendimento sobre a singularidade e a capacidade que cada indivíduo tem
ao produzir os seus contextos interpretativos.

> *Cada um tem uma leitura diferente. Eu não sei falar, pois o que
> eu falar será a minha leitura e não a de nenhuma outra pessoa.
> Eu acho que todas elas [publicidades] podem ser interpretadas de
> maneiras diferentes. Isso vai de pessoa. (SA, Mulher Negra).*

> *Depende do olhar de cada um. (RBS, Mulher Negra).*

> *Cada um tem uma leitura. Todas elas [publicidades] cada pessoa
> enxerga de uma forma própria. (CEL, Mulher Branca).*

É difícil abrir a boca e falar qualquer coisa, pois cada um vai en-
tender diferente. Cada um tem um ponto de vista. Eu entendi desse
jeito e outra pessoa já vai entender diferente. Eu entendo de varias
formas. Outras pessoas vão ter várias leituras, cada uma pensando
do seu jeito. (MALA, Mulher Branca).

[...] você recebe e interpreta de maneiras diferentes [as publicida-
des]. E é aí que está o perigo da publicidade, porque da mesma for-
ma que eu recebo algo, que eu projeto e interpreto uma publicidade
é diferente da sua. [...]. E olha que nós temos praticamente o mes-
mo grau de instrução. Você [o pesquisador] é um pós-graduado e
eu uma pós-graduada, mas a leitura que você faz disso é uma apro-
ximação. Está certo? Mas, você pode simplesmente discordar do
meu entendimento. Cada cabeça é uma. (NMA, Mulher Branca).

Portanto, pode-se compreender que é consenso para as mulheres
que nem todos os indivíduos entendem um anúncio da mesma forma,
pois a compreensão, a defesa das mensagens e seus significados se estabelecem diversamente, em conformidade, por exemplo, com as crenças, o
esclarecimento educacional e cultural dos seus receptores. Portanto, não
existe uma unanimidade interpretativa.

Nesta linha, é na arena dessas múltiplas interpretações possíveis
que a subcategoria **Identificação e alerta de mensagens ocultas e adver-**
sas no uso positivo da imagem do negro se projeta. Esta subcategoria é
articulada por quatro componentes que fortalecem o seu entendimento
e indicam um avanço na compreensão dos usos e consumos da presença da mulher negra como protagonista em anúncios contraintuitivos, a
saber: *Observando mensagens obscuras – parece e não parece; Exploração*
de mensagens intrínsecas à história do negro; Imagem do negro desperta
atenção de pessoas comuns; Comunicação da mensagem – todos podem –
pela imagem do negro.

Para uma compreensão mais adequada dos componentes dessa subcategoria, no diagrama 2 eles estão apresentados de modo a ilustrar as suas correlações teóricas de sentido.

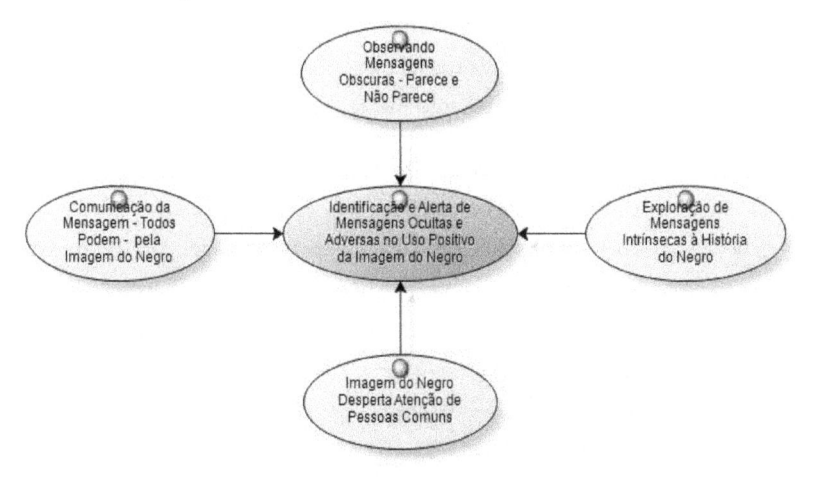

Diagrama 2 – Subcategoria Identificação e Alerta de Mensagens
Ocultas e Adversas no Uso Positivo da Imagem do Negro

Observando mensagens obscuras – parece e não parece revela os olhares das mulheres sobre a identificação de alguns traços confusos nas narrativas publicitárias em relação ao uso da imagem da mulher negra. Apesar de apresentarem a mulher negra em posições positivas, os anúncios em certas perspectivas, possibilitam uma elasticidade interpretativa dúbia, isto é, positiva e ao mesmo tempo negativa.

A abertura para essas interpretações ambíguas se estabelece devido às mensagens não apresentarem contextos muito claros associados à imagem da mulher negra, o que ocasiona certos desconfortos cognitivos, ou seja, a abertura para dúvidas sobre as posições e papéis sociais propostos na utilização da imagem da mulher negra nas representações das narrativas publicitárias utilizadas.

Dessa forma, devido a esta obscuridade, os anúncios estimulam as mulheres receptoras a questioná-los sobre a possível existência de preconceitos associados às mulheres negras, pois ao interagirem com os anúncios muitas receptoras numa primeira leitura não percebem expressões de preconceito, mas num segundo momento sim, porém de modo incerto, duvidoso. É uma controvérsia que não deve existir e precisa ser observada com mais atenção pelos produtores da publicidade, tendo em vista a expressiva sensibilidade que demanda o uso da imagem da mulher negra em tais enquadramentos midiáticos.

> *Não sei o que pensar não. Parece preconceito, mas também não parece. Ela está de social, mas por que ela está na grama? Não sei parece que é tipo um preconceito, mas não um preconceito [expressando dúvida]. Por que na grama? Eu não entendi isso. Acho que ela no mato ficou meio estranho. Parece que ela é da floresta, como se ela fosse um índio, selvagem. Eu a colocaria num escritório, sentada na cadeira diante de uma mesa bonita. (GLSS, Mulher Negra, sobre o anúncio da MBA FGV).*

> *Ela [publicidade] é muito bonita. Mas, eu não sei. O recado dela é meio dúbio. [pensando sobre o anúncio]. Do mesmo modo que eu vi essa negra linda e maravilhosa aqui com essa bacia de chocolate, que dá até água na boca, com esses docinhos mostrando que ela é uma empresária. Tá certo!? Deixando transparecer que é alguém que está lutando, que ela pensou e o Itaú foi junto com ela dando oportunidade... A publicidade também me fez pensar numa negra na cozinha. Tenho essa impressão, pois isso está tão impregnado nas narrativas da mídia, nas narrativas da sociedade que quando elas são quebradas a gente fica admirada. (NMA, Mulher Branca, sobre o anúncio Itaú Franquias).*

> *"Qualquer que seja seu perfil", para mim pareceu mais um preconceito. Ele [o anúncio] fala aqui que todo mundo pode investir na vida e ela decidiu investir nos estudos dela. Tem os dois aqui e o senhor está colocando [entrevistada para para ler novamente a*

redação do anúncio] o chapeuzinho das pessoas quando se formam com a beca. E tem esse slogan aqui, "Todo mundo é investidor. Olha ai a Célia investindo na vida". E por que colocaram aqui "qualquer que seja seu perfil"? Então quer dizer que o negro não investiria nos seus estudos? Não investiria? "Qualquer pessoa pode investir, com qualquer perfil" tem dois negros lá, então quer dizer que o negro nunca investiria nele. (GLSS, Mulher Negra, sobre o anúncio Caixa Investidor).

As interpretações acima auxiliam a compreensão acerca dos questionamentos sobre as controvérsias dos anúncios, pois quando as mulheres interagem com as narrativas, diversas tentativas para compreendê-las são pré-ativadas pela imagem da mulher negra.

Como se observa, para algumas mulheres a associação controvérsia se estabelece pela desconexão do contexto no qual a mulher negra está inserida nos anúncios, pois de acordo com as suas leituras, a lógica discursiva de alguns anúncios se expressa de modo confuso. Por exemplo, no anúncio do MBA da FGV a mulher negra representa uma provável executiva estudante de MBA, mas a colocaram num cenário que diretamente não tem associação com um ambiente executivo de escritório, o que é mais adequado para a oferta do anúncio e pela sua linha criativa. Outra ambiguidade observada se estabelece no anúncio do Itaú Franquia, onde a mulher negra é identificada na redação como empresária, porém todos os elementos criativos do contexto da imagem direcionam para associá-la a uma cozinheira não a uma empresária que é a proposta do anúncio. O anúncio Caixa Investidor também produz pela leitura de sua redação certo desconforto, pois mostra uma mulher e um homem negros associados à expressão "qualquer que seja seu perfil".

São nestes pontos de exemplificação que se estabeleceriam as dúvidas do que parece preconceito e não parece, expressadas pelas leituras dos anúncios que tentam utilizar as imagens de mulheres negras como protagonistas. Enfim, percebe-se um direcionamento para novos usos da imagem dos negros nos discursos publicitários, porém tais usos continuam atravessados por polêmicas. Assim, diversas questões são pertinentes, como por que tais espaços dúbios de interpretação não foram evitados e identificados num pré-teste de aceitação desses anúncios nas mediações sociais?

No entanto, apesar desses desvios interpretativos, as mulheres enfatizam que só o fato de mulheres negras protagonizarem anúncios deve ser visto como algo positivo, pois essas inserções estimulam uma percepção social diferenciada dos negros e das negras na sociedade, mesmo diante dos riscos dessas interpretações dúbias promovidas. Esta dimensão tem muita relação com o item anterior, no sentido de que, se as alternativas de interpretação são diversas, isto faz com que exista um aumento da incerteza. O positivo no entanto parece ser preferido – ganhar com certeza é preferido!

> *Eu faço uma leitura positiva e boa, apesar da ambiguidade, pois [o anúncio] mostra, além disso, se você fizer uma leitura maior. O primeiro impacto é olhar para ela e ver que é uma negra muito linda e o chocolate que deu água na boca. Mas, se você parar para observar vai perceber que não é uma cozinha. Para você ver a coisa dúbia, [...] se você fizer uma análise completa verificará que têm docinhos espalhados. Então mostra que ela é uma microempresária, que pensou investir em algo e o Itaú comprou a ideia dela e ela se transformou em uma doceira. Uma empresária de doce. Então, acho positivo [...]. Este tipo de propaganda não aparece na televisão, talvez até tenha, mas não vi. [...]. As outras publicidades que você apresentou não trazem a ambiguidade que esta tem. A do Itaú Iphone é otimista, como a do MBA da FGV, mas nesta se você parar para olhar os detalhes. Se você fizer uma leitura dinâmica, [...], você tem a ambiguidade da negra na cozinha. (NMA, Mulher Branca).*

> *Dá para ver que o negro está se destacando, mesmo [a publicidade] não dando muito certo. (GLSS, Mulher Negra).*

O componente *Exploração de mensagens intrínsecas à história do negro* corresponde à atenção das mulheres sobre um possível jogo utilizado pela publicidade para inserir o negro nas suas narrativas como protagonistas e destaques. Esse caminho para a inserção se estabelece pelos significados das marcas que os negros carregam de sua história acerca da superação da escravidão.

Desse modo, estrategicamente e de forma sutil, quando as narrativas dos anúncios utilizam negros como protagonistas, tentam transmitir a expressão simbólica de luta dos negros para a superação da escravidão e suas conquistas de oportunidades sociais. Obviamente, essa mensagem é transmitida de modo estético e eticamente sutil, buscando alcançar a memória coletiva social sobre tais conquistas da história dos negros, sob uma contextualização contemporânea alinhada à abordagem do anúncio.

Grosso modo, pela leitura destes anúncios, busca-se conduzir ao seguinte entendimento: os negros antigamente tinham uma realidade sofrida (devido à escravidão), porém eles lutaram e hoje conquistaram (a liberdade) e estão conquistando os seus objetivos de realização social. Esta leitura procura promover a mensagem: Você também pode! Isto é, se até o negro conseguiu com todo esse histórico de luta, você (a sociedade em geral, que não enfrentou os desafios vividos pelos negros) também pode conquistar o que está sendo ofertado no anúncio com apoio da imagem da mulher negra.

Esta interpretação alerta para o entendimento de um provável uso estratégico de viés cognitivo da imagem dos negros na publicidade. Pois, em tais discursos eles têm a sua imagem, indissociavelmente marcada pelo histórico da escravidão, explorada nos anúncios para atingir e estimular outros indivíduos, inspirando-os e motivando-os a também buscarem aquele produto e seus benefícios, como o negro fez no espaço simbólico da publicidade. Ou seja, para tais indivíduos não negros a conquista dos contextos ofertados nos anúncios é, diga-se pela alusão publicitária, mais fácil do que para os negros.

A história do negro e toda a sua dificuldade são utilizadas nesses anúncios. (SA, Mulher Negra).

Eu achei sei lá, como se estivesse falando de uma forma subliminar dando referência à escravidão. (GLSS, Mulher Negra).

O negro pelo histórico dele de escravidão e tudo não era uma raça valorizada. O negro tem o marcante histórico de escravidão, tem a grande história da escravidão. Esta história marca todos os negros para o resto da vida, eternamente. É um histórico de vida marcante. A história dos escravos. A história de superação. Por tudo o que eles já passaram hoje eles [anunciantes] evidenciam o negro passando a imagem de que antes eles eram fracos e hoje eles também estão no poder. Eu penso nesta mensagem que eles têm e que fica intrínseca nisso [nos anúncios]. Entendeu? (CEL, Mulher Branca).

De um lado, a percepção dessa estratégia utilizada pela publicidade incomoda as mulheres, tendo em vista que os anúncios exploram a imagem do negro pelo seu ponto fraco de histórico triste. Por outro lado, há também o reconhecimento que o uso da imagem da mulher negra, por exemplo, carrega para os anúncios uma mensagem mais convincente, de otimismo e força.

Diante desta disparidade, cabe amadurecer essa interpretação, tendo em vista que mesmo diante desse uso velado da imagem dos negros como protagonistas, essa é uma forma de estimular novas aberturas para a circulação adequada da imagem deles em discursos midiáticos como o publicitário, para além do lugar comum das representações subalternas que lhes é geralmente reservado. Assim, apesar da possibilidade do "efeito subliminar disfarçado"[1], talvez, seja mais desafiador enfrentar tais

---

1   O nome desse efeito na verdade é *priming*, ou seja, a presença destes elementos faz com que as pessoas tragam à cabeça coisas associadas a eles, ao contrário do efeito subliminar que não é visto e poderia em hipótese fazer a mesma coisa.

possibilidades para compartilhar e aprimorar "novas/outras" perspectivas de circulação da imagem dos negros nos espaços da mídia. Portanto, a atividade é enfrentar tais ocorrências simbólicas para as ressignificar.

Como desdobramento dessa percepção, tem-se a representação interpretativa *Imagem do negro desperta atenção de pessoas comuns,* que marca o entendimento sobre o alvo aos quais anúncios com a imagem de negros são direcionados. Para as mulheres, a imagem do negro nos anúncios comunica diretamente com indivíduos comuns do dia a dia, com o povo ou mais precisamente os indivíduos que formam a classe econômica C no Brasil, aos quais a imagem do negro pode transmitir a mensagem de incentivo "se lutar, consegue".

> *Com a imagem do negro não fica mais aquela coisa que só pessoas ricas e brancas conseguem alcançar seus objetivos na vida. Todos agora se lutar conseguem. Então eu acho que seja uma forma de incentivo também. Colocaram [o negro] propositalmente, sim, justamente para chamar atenção da raça negra, como de pessoas da comunidade de baixa renda, indicando que todos podem ser capazes de alcançar esses objetivos sim e resultados bons na vida também. Não foi ingenuamente, pois esta população é a maioria da população brasileira. (VL, Mulher Negra).*

> *Eles estão colocando negra para mostrar para um público mais classe C, não só negro, mas [aqueles] que não têm tanta condição financeira. (TRA, Mulher Negra).*

> *Esses anúncios falam com o povão que tem que aprender e estudar para crescer na vida. (LCSO, Mulher Branca).*

> *Foi feita uma pesquisa [referindo-se ao Censo 2010] e se identificou que 51% da população brasileira considera-se negra. Então a publicidade usa isso a favor para falar com a massa, por a maioria*

ser negra e olhar para essa imagem e se identificar com isso. (AAS, Mulher Negra).

Ser uma pessoa comum não expressa nenhuma conotação negativa, apenas reflete o sentido de povo, de massa. É nesse gancho que a imagem do negro é geralmente usada para alcançar e estimular as pessoas comuns, que formam "o povão". Logo, os anúncios com indivíduos negros estimulam esse conjunto de indivíduos a lutar pelos seus objetivos para desse modo ganharem destaque socialmente, via consumo das ofertas publicitárias.

Fortalecido por essas interpretações, é que se revela o componente *Comunicação da mensagem – todos podem – pela imagem do negro.*

> *[...] Se eles [os negros] conseguiram,. você também consegue. Por que o negro não era desprezado? Não tem o racismo? [...] Mas, aqui o que fica é que todos podem conseguir, tendo um negro nesta posição todos podem conseguir. Todas as raças. O branco não, não passaria uma mensagem tão forte. É que o negro tem essa mensagem mais forte que ele passa devido ao histórico dele. Agora o branco não causaria tanto impacto. (CEL, Mulher Branca).*

> *Primeiro, a FGV já fala. Ela é uma instituição e faculdade que também tem lá as suas [silêncio]. Às vezes, a gente tem a impressão que é para pessoas que têm um poder aquisitivo melhor, não é? Então, dá a impressão de [silêncio] e hoje o que você fala de poder aquisitivo melhor, eu volto lá para as questões [silêncio] você vê as pessoas brancas e ainda esta faculdade fica ali na [Avenida] Paulista. Então?! O que me chamou atenção foi isso é que eles estão mostrando que é para você. É para outras pessoas também. Entendeu? (RBS, Mulher Negra).*

Eles estão tentando alcançar todas as pessoas, fazendo com que as pessoas se vejam e se enxerguem ali naquela situação. (LCSO, Mulher Branca).

Pelas interações das mulheres negras e brancas com os anúncios contraintuitivos com a presença de mulheres negras em papéis de protagonistas, algumas questões salientam-se nos seus discursos, como a questão do uso da mulher negra (e do negro) para expressar para a sociedade a possibilidade de que quaisquer e/ou todas as pessoas podem alcançar os seus objetivos de consumo indicados nas narrativas da publicidade. Porém, o que isso significaria?

De um lado, isso talvez signifique que provavelmente o uso "mais qualificado" da imagem do negro esteja sendo demarcado estrategicamente na publicidade, ou seja, a imagem do negro e da negra está servindo à publicidade como um facilitador na comunicação com à sociedade, especialmente junto às classes econômicas mais populares.

Já de outro lado, este motivador positivo pode provavelmente esconder uma estratégia preconceituosa e velada, que utiliza o histórico de superação dos negros, marcado pela profunda opressão da escravidão no Brasil. Em outras palavras, a publicidade explora a memória coletiva acerca da história de opressão social do negro. Isso, para demonstrar que, se até esses indivíduos com todas as dificuldades enfrentadas cotidianamente conseguiram e estão conseguindo atingir os objetivos ilustrados nos anúncios, também você (qualquer outra pessoa que não seja negra), até com certo nível de facilidade, pode alcançar.

Desse modo, a imagem do negro carrega essa mensagem intrínseca (*priming*) de superação que é explorada pelo campo publicitário para estimular um provável jogo cognitivo no processamento informativo dos indivíduos frente aos contextos dos anúncios, associando a imagem do negro a estímulos de conquistas sociais e econômicas.

Portanto, se o negro é protagonista de anúncios direcionados à massa, significa que aquele produto ou serviço é para todo mundo, para qualquer um, pois como uma informante define "se os negros conseguiram essas posições superiores qualquer um consegue" (CEL, Mulher Branca), ou se os negros consomem tais produtos todos podem consumir também. Porém, essas lógicas apontadas revelam alguns pontos de interesse que precisam ser problematizados. O primeiro é a potencial existência de ressignificação do preconceito direcionados aos negros pela publicidade, que ao fazer uso de suas imagens em papéis de protagonistas os direcionam sempre para mensagens de conquistas, especificamente, localizando-os no início de situações de conquistas. Dificilmente os negros aparecem nos contextos publicitários em representações mais avançadas e usufruindo dos benefícios das conquistas celebradas nos anúncios.

Outro ponto é o apelo que explora as questões históricas de opressão associadas aos negros para explicitar superação. Esse uso sinaliza um disfarce do discurso publicitário para atender uma demanda de mercado, porém a imagem do negro frente a essas abordagens continua fortemente associada a contextos negativos, pois para mostrar um avanço social do negro a publicidade (in)voluntariamente explora elementos associados à superação, estimulando para o seu entendimento um resgate cognitivo nas bases da memória coletiva acerca das condições da escravidão.

Logo, isso pode ser considerado como a promoção direta de um preconceito disfarçado, que delibera um contexto obscuro que (in)diretamente reforça conteúdos negativos ressignificados mediante um discurso esteticamente positivo acerca do negro na sociedade.

Diante dessa contextualização, a próxima categoria vem corroborar e elucidar com as suas estruturas interpretativas a discussão sobre o uso da imagem dos negros pela publicidade como estratégia mercadológica.

Uso da Imagem dos Negros na Publicidade como Estratégia Mercadológica

A categoria USO DA IMAGEM DOS NEGROS NA PUBLICIDADE COMO ESTRATÉGIA MERCADOLÓGICA marca o avanço compreensivo das mulheres sobre os prováveis motivadores que estão direcionando a utilização da imagem dos negros nas produções publicitárias. Esta categoria é composta pelas subcategorias: **Negro como**

fator econômico e Imagem dos negros como estratégia para anunciantes, que expressam o entendimento de que a inserção qualificada dos negros e das negras na publicidade não tem as suas bases associadas às questões de conscientização social, mas sim a fortes motivações mercadológicas voltadas ao poder de consumo desse grupo social.

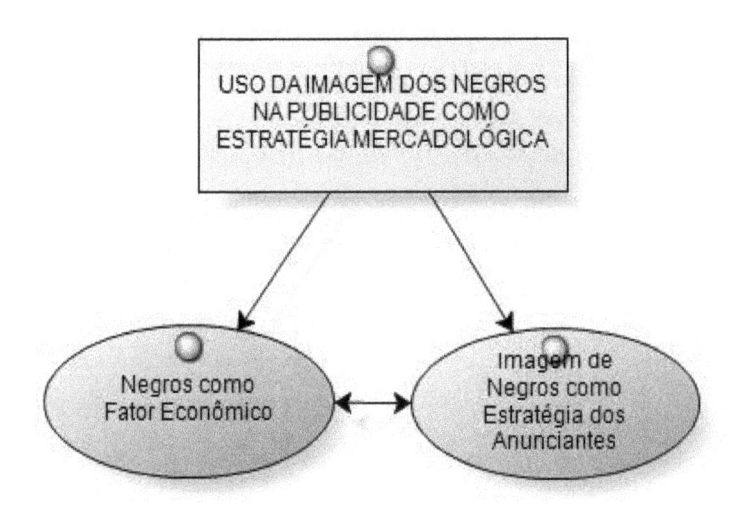

Diagrama 3 – Categoria Uso da Imagem dos Negros na
Publicidade como Estratégia Mercadológica

Neste prisma, a subcategoria **Negros como fator econômico** corresponde à tal interpretação que alerta sobre o fato de que os movimentos da publicidade para inserir qualitativamente indivíduos dessa categoria social nos seus discursos no contemporâneo não se estabelecem por interesses sociais, mas sim especialmente por interesses econômicos perspectivados pelo potencial de compra.

Como refletem os últimos levantamentos sociais e econômicos, como o Censo 2010, os negros são agora estatisticamente identificados como a maioria da população brasileira, bem como a principal categoria social que integra a celebrada nova classe média do país, a classe econômica C. Dessa forma, gradativamente, a publicidade se movimenta estrategicamente para atingir esse público, mediante expressões em suas narrativas que os façam se identificar com os seus apelos para a ação de consumo.

> *Eles [anunciantes] estão mostrando que a gente também é igual a todo mundo, pois temos os mesmos direitos que qualquer um tem. Então, eles estão meio que abrindo os olhos de muita gente que o negro é uma pessoa normal como qualquer outra. Eles além de mostrar que somos iguais a qualquer outra pessoa, eles também querem ganhar os negros. Ganhar como clientes. Porque é como eu te falei. A gente é como qualquer outra pessoa. A gente também tem dinheiro, a gente também quer estudar, somos como qualquer pessoa da sociedade. Então eles querem ganhar essa parte. Não, não é por eles serem bonzinhos jamais. É que eles viram que estamos correndo atrás de nossos direitos e que a gente está conseguindo nivelar essa questão do preconceito. Então, eles querem ganhar essa parte. Então, eles acabam colocando o negro ali numa propaganda de grande porte como essas daqui (Itaú, Banco do Brasil, Santander) para mostrar. Eles querem colocar isso para falar: – Vocês também podem fazer parte. Vocês também são importantes. Entendeu? [...]. Eles estão buscando de uma forma ou de outra colocar o negro para mostrar olha, [...] a gente também conta com vocês e queremos vocês como nossos clientes. Eu acredito nisso. Agora eles estão colocando os negros sim, nos anúncios, pois eles querem que a gente seja também clientes deles. (GS, Mulher Negra).*

> *Bom, eles estão tentando atrair o público negro. Foi uma das coisas que eu entendi. Eu achei que foi de uma forma boa. [...]. Neste anúncio eles estão falando de algo considerado de nível alto, ou seja, eu entendo que eles estão querendo atrair o público negro que ainda estuda e que tem alguma condição, pois para fazer esses cursos da FGV, [silêncio], tem que ter dinheiro. Eles são caríssimos! Não sei se as pessoas sabem disso, mas por curiosidade uma vez fui*

olhar e quase cai dura! Mas, o que acho é que eles estão querendo atrair o público negro. (IAM, Mulher Branca).

Lógico que, repetindo, eu não vou ser ingênua de achar que só porque eles são legais eles viram que a diversidade é boa. Não é. É que eles sabem que se eles [os negros] se observarem aqui, a possibilidade deles virem para o meu lado é grande. (LCSO, Mulher Branca).

É que agora (né) eles descobriram a importância mesmo do negro pelas pesquisas. De quando é essa revista? [folheia a revista]. É atual. De julho de 2013. Então é como eu falei se fosse algum tempo atrás ela [a mulher negra] não estaria tão focada, estampada. Eles descobriram a importância de saber que o negro está ali [na sociedade], que o negro gasta. O negro está ali. Ele existe. Ele existe! Junto com essa importância econômica têm várias outras coisas, mas assim não se pode fazer uma propaganda e desconsiderar o negro. Ele está ali. É uma classe social em ascensão, que gasta, que participa. Então não dá para fechar os olhos e falar: "olha isso não acontece". O negro sempre existiu, porém alguém deu importância? Alguém viu esse mercado? Alguém viu a participação do negro? Ele sempre existiu, só que viram a necessidade de explorar esse mercado agora. (SA, Mulher Negra).

Neste contexto, o uso da imagem da mulher negra, ou dos negros em geral, na publicidade pode ser observado como um caminho estratégico dos anunciantes para alcançar esses consumidores pela inserção simbólica de suas imagens nos anúncios, de modo a espelhar identificação e estimular junto a este potencial *target* econômico a promoção de vendas de produtos e serviços. Como desdobramento, esse olhar articula a subcategoria a **Imagem de negros como estratégia dos anunciantes.**

Esta subcategoria expressa a percepção de que existe um esforço dos anunciantes para expressar, mediante os usos da imagem dos negros, mensagens de superação e conquistas. Porém, o uso da imagem do negro, considerando esses sentidos, também promove uma estratégia discursiva de transferência mútua de atributos das marcas para os negros e negras brasileiros e desses para as marcas. As marcas transferem as suas expressões de valor aos negros e esses os seus valores intrínsecos associados.

De modo mais elucidativo, as imagens de indivíduos negros em contextos qualificados operam uma troca significativa de atributos de positividade. Isto é, de um lado, para as narrativas dos anunciantes publicitários tais imagens agregam valores como superação, luta e força e, por outro lado, os contextos positivos articulados nos anúncios e os atributos das marcas podem transferir e agregar valores à imagem dos negros na sociedade pela força de suas marcas e pelos contextos construídos nas suas narrativas.

Neste proceder, a inclusão de negros em anúncios significa também para as empresas expressar um posicionamento de que não são preconceituosas, bem como o atendimento às diretrizes do politicamente correto, demarcando assim as suas responsabilidades socioempresariais e neutralizando críticas sociais sobre a não inclusão da representatividade da imagem dos negros em seus anúncios.

No entanto, muitos desses anunciantes que buscam posicionar-se e promover a inclusão e a valorização dos negros em seus anúncios, na realidade, acabam errando e nessa tentativa expressam preconceitos. Esses equívocos acontecem, provavelmente, devido à falta de conhecimento e aos poucos esforços dos produtores de tais narrativas para compreender as melhores formas de utilizar adequadamente as dimensões representativas da imagem do negro em tais produtos midiáticos.

> *Na realidade, uma das coisas que me chamou atenção não foi nem a pessoa em si, foi a propaganda da instituição e num segundo plano eu percebi, comecei a perceber que na maioria das propagandas tem mulheres e na maioria negras. Mas, eu percebo que alguns anos atrás a gente não tinha e não percebia muito isso. A propaganda em si com mulheres, eu até vejo de um modo geral [...]. Acho que antes tinhas mais com homens. E, hoje, você vê que*

as mulheres estão mais atuantes. Agora na propaganda essa coisa de você usar também outras etnias e não apenas a etnia clara, mas também a negra. Eu acho que isso agrega valor à raça. Valor humano! Não é que não tinha antes, mas não era tão assim da forma que você vê hoje. Então aqui tem um banco que tem lá os seus valores e ele está misturando esses valores junto com a pessoa negra, que está fazendo a propaganda. Porque na verdade o banco Itaú é um grande banco e você vê também que é uma grande mulher [negra] que teve essa interatividade dela com o banco Itaú. O banco usa também esse valor humano de reconhecer e perceber isso para chamar a atenção das pessoas. Porque a propaganda, na verdade, não é só para vender os seus produtos e serviços, mas ela quer despertar um pouquinho e mostrar também que a instituição tem lá a sua preocupação e seus valores, assim, de respeito. Então, têm todos os seus interesses econômicos também, mas tem essa forma de mostrar para as pessoas que o Itaú aqui não está só para vender um serviço [...]. Hoje também tem os valores das empresas. Então eles misturam muito esta questão de empresas e esta parte de responsabilidade social, tudo o que tenha cunho social com a publicidade, para eles mostrarem que também têm uma preocupação (né). Quer dizer, pelo menos na propaganda porque na realidade se tem já é outra coisa. (RBS, Mulher Negra).

É que assim, tudo eles [anunciantes] usam é a favor deles. Não é? Eles usam a favor deles a propaganda para poder chamar atenção de alguma forma. Ninguém faz nada do nada. Tudo tem um motivo para investir, com certeza eles fizeram um estudo e viram que dessa forma atrairiam mais pessoas [...]. Para eles chegarem nessas imagens [dos anúncios] eles viram uma forma que poderia chamar mais atenção, pelo menos da massa e da maioria das pessoas para adquirir seus serviços e produtos. Eu acho legal essa parte de continuar com essa diversidade cultural de mostrar que o país é um país que as pessoas podem conquistar as coisas independentemente da posição que elas estão. (AAS, Mulher Negra).

Algumas empresas passam para a gente que não são preconcei-tuosas e outras tentam passar, mas passam de uma forma bem apelativa e de uma forma totalmente errada. Principalmente esse anúncio do Itaú que está com uma negra com Iphone. Ela está su-ada, nunca que iriam colocar uma pessoa branca com um Iphone suada. Nunca! Primeiro que ela não está nem com roupa de aca-demia para ela estar suada, ela está com suéter não tem o porquê ela está suada. Por que ela está suada? Porque ela é negra. Ela é negra. Não está nem maquiada, coitada. Têm alguns [anúncios] que eu vi que não têm uma maldade, digamos assim, eles coloca-ram o negro ali para mostrar que eles não têm preconceito; e ou-tros eu senti que têm, eles tentaram passar isso, mas não passaram. Eles me passaram um sentimento de frustração. Eu sabia que tinha ainda preconceito, mas não sabia que o negro era tão visado como uma coisa ruim ainda (né). Por exemplo, a do Itaú da negra com o Iphone, a da Caixa que fala sobre o "qualquer perfil". Então quer dizer [anúncio da Caixa Investidor] que o negro nunca investiria na formação dele? A outra negra com o cabelo liso da Caixa [bolsa de valores] também; e esta da negra do Itaú que tem uma franquia. Esta da Caixa [bolsa de valores] por causa do cabelo. Ela está com um cabelo liso, um padrão deles [sociedade]. Ela está de roupa so-cial fazendo referência ao investimento que ela está fazendo. Parece que ela é uma pessoa que trabalha numa empresa ou algo assim. Mas, ela está de social e está de cabelo liso e este cabelo dá para ver que não é dela. Ela não nasceu com o cabelo assim, mas para ela entrar neste padrão para ela representar a empresa ela teve que alisar o cabelo. (GLSS, Mulher Negra).

Esse último comentário direciona a situação de interação das mulheres brasileiras e suas leituras dos anúncios contraintuitivos para as questões acerca da persistência do racismo nas imagens publicitárias, pois ainda são muito visíveis às demarcações negativas que insistem em alocar as imagens dos negros em representações arcaicas e nefastas nas expressões midiáticas. Esse cenário persiste mesmo diante das vozes dos movimentos sociais exigindo respeito à diversidade, do conhecimento dos efeitos negativos que tais expressões podem produzir na saúde psicológica e sociocultural de indivíduos alvo de seus espelhamentos e das orientações estatísticas que demonstram a expressividade sociocultural, política, econômica etc. dos negros na sociedade brasileira no contemporâneo. Assim, cabe problematizar quais seriam ainda as lógicas dessa persistência representativa de viés negativo. Algumas pistas para essa resposta são ofertadas na articulação da próxima categoria construída.

Persistência do Racismo nas Imagens Publicitárias Refletindo o Social

Considerando as potencialidades e contribuições que os anúncios contraintuitivos oferecem para atualizar e movimentar as estruturas de conteúdos estereotípicos associados aos indivíduos da categoria social negro, a categoria PERSISTÊNCIA DO RACISMO NAS IMAGENS PUBLICITÁRIAS REFLETINDO O SOCIAL expressa as perspectivas sobre um conjunto maior de configurações simbólicas que ainda imperam nos espaços da mídia e persistem em promover e desvalorizar as imagens do negro e da negra, inscrevendo-os em contextos de subalternidades e até mesmo impondo silenciamentos e invisibilidade da expressão de suas imagens nas produções midiáticas. Essas configurações simbólicas, no olhar das mulheres, refletem ainda os diversos gradientes de racismo que continuam sendo nutridos nos espaços sociais brasileiros.

Esta categoria está articulada pelas subcategorias: **Consciência das expressões do racismo no Brasil; Espaços insuficientes para os negros na publicidade; Lugares tradicionais dos negros na publicidade** e **Publicidade reforça olhares racistas pela ausência do negro.**

O reconhecimento do Brasil como um país racista e preconceituoso é algo explicitamente claro para as mulheres brasileiras. Há no Brasil um discurso velado onde ninguém se reconhece como racista, mas reconhecem e indicam no outro tal comportamento opressivo. É a maneira peculiar dos brasileiros lidarem com o seu racismo, sempre o projetando para o outro.

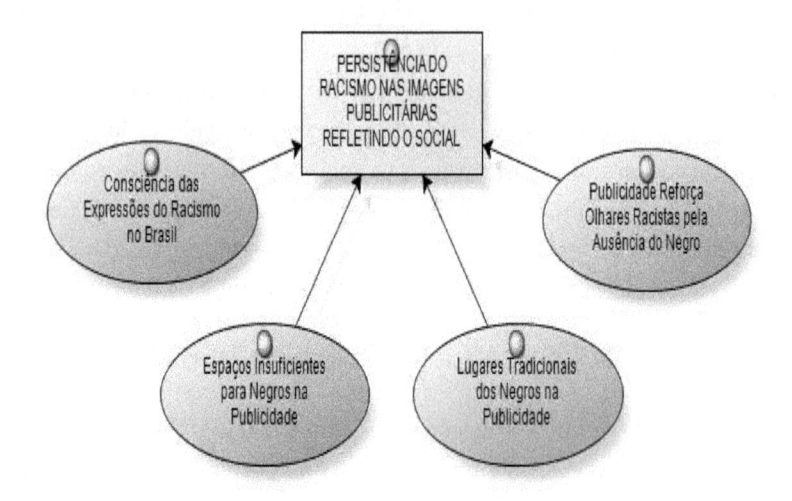

Diagrama 4 – Categoria Persistência do Racismo nas
Imagens Publicitárias Refletindo o Social

É considerando esse prisma que a subcategoria **Consciência das expressões do racismo no Brasil** é edificada, para abarcar tais aspectos expressivos frente à provocação dos anúncios contraintuitivos. Essa subcategoria é composta por: *Consciência do racismo explícito* e *Consciência do racismo implícito – violento*. Estes componentes buscam expressar as percepções sobre as especificidades de manifestação do racismo na sociedade brasileira.

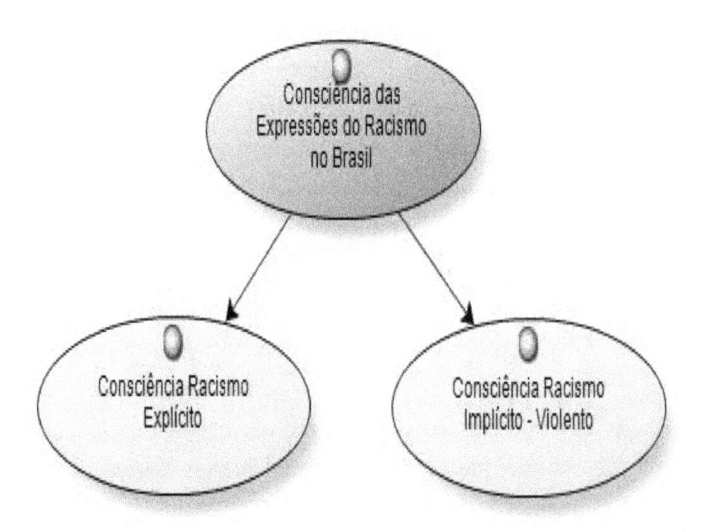

Diagrama 5 – Subcategoria Consciência das Expressões do Racismo no Brasil

A *Consciência do Racismo Explícito* reflete a percepção das ações claras de opressão cometidas pelos brasileiros contra os negros e as negras no dia a dia. Tal consciência se fundamenta neste modelo teórico pelo testemunho de situações preconceituosas que as mulheres presenciam (no caso das mulheres brancas) e sofrem (no caso das mulheres negras) na sociedade.

Para as mulheres brasileiras, os negros ainda são vistos pela sociedade com desconfiança e como coitadinhos, apesar das tentativas de inclusão social que estão acontecendo no país mediante políticas públicas de reparação. Há ainda muita limitação para os negros no mercado de trabalho, por exemplo.

> *Você pode ver que hoje poucas pessoas que estão lá na alta sociedade e que têm um cargo melhor e dentro das próprias empresas não são de cor negra. (JSS, Mulher Branca).*

Eu acho que nas empresas existe preconceito até hoje. (SRAL, Mulher Branca).

Tendo em vista os reflexos históricos e as práticas constantes da imersão da imagem dos negros em contextos de estigmatização, a manifestação do racismo e preconceito na sociedade é vista como natural e ocorre de modo automático, como relatado no último depoimento a ser apresentado a seguir da entrevistada JSS, Mulher Branca.

Dessa forma, pelo condicionamento desses discursos, muitas vezes os indivíduos não percebem que estão sendo preconceituosos e estão colaborando para o sistema opressivo do racismo. Portanto, é pela lógica e conjunção desses carimbos estigmatizadores que se fortalece uma ordem cultural que diz que pobre não é branco, mas negro. Esta mesma ordem que também não permite que a sociedade desloque de modo mais rápido os seus olhares para considerar "outros/novos" horizontes sobre a presença social dos negros, como exemplo, que eles também podem conquistar posições sociais melhores, como qualquer outro indivíduo, basta apenas oportunidades.

[Exemplo] no campo profissional, tipo de me confundirem com uma pessoa que..., não, desmerecendo, mas me confundirem com uma faxineira. Eu não tenho um nível de profissão ainda alta, mas assim, uma pessoa me confundir com uma pessoa de nível secundário. Entendeu? Só porque... eu acredito que essa pessoa me confundiu por eu ser negra e estar num ambiente onde eu estava lá lavando uma louça. A pessoa olhou para mim e falou "Eu posso deixar aqui tal coisa para você limpar e o restante para você e suas colegas comerem?" Então, quer dizer só porque eu sou negra e estou lavando louça quer dizer que eu sou a empregada do local. Entendeu? (TRA, Mulher Negra).

Por exemplo, você está dirigindo e vem um carro e te fecha. Você vai olhar é um negro. Você fala: olha a cor do cara. (JSS, Mulher Branca).

Apesar dessa consciência acerca das manifestações explícitas do racismo no Brasil, as mulheres, reforçando seus discursos, observam na mídia e na sociedade tentativas de desestabilizar a automaticidade dessas práticas que direcionam o sistema opressivo do racismo. Percebe-se um movimento para a inclusão do negro de modo mais positivo, porém, tais esforços pautam-se provavelmente, pelo fator do potencial econômico desse grupo social como já apontado.

Porque na nossa cultura a realidade é que a pessoa pobre, ela nunca é a loira dos olhos azuis. Geralmente ela é mulata, negra. (HM, Mulher Branca).

Porque sempre foi pautado [pela sociedade] que era apenas brancos os ricos. Sempre teve essa divisão, essa separação. Hoje essa divisão é bem pequena. Não vou falar que acabou, mas tem bem menos. (VL, Mulher Negra).

Antigamente você só via comercial de família de margarina e ultimamente eles têm inserido todos os tons [de pele]. A família de margarina era o cara branquinho e a moça branquinha bonitinha, todos com os filhinhos de capa de revista. E hoje eles estão inserindo, como eu posso dizer [...] hoje está ficando mais democrático. Eles estão tentando alcançar todas as pessoas, fazendo com que as pessoas se vejam e se enxerguem ali naquela situação. Todas as pessoas que não se encontravam antes nos comerciais. Por exemplo, a minha família nunca foi de propaganda de margarina. Nem na perfeição estética e nem no comportamento. Antes era sempre uma utopia e hoje qualquer pessoa [...] pode não se identificar neste [anúncio], mas no próximo ela se veja. [...]. Eu acredito que isso é para torná-la [a publicidade] mais eficaz e trazer o público para si, porque se eu ver uma mulher alta na revista com um vestido eu nem vou atrás para ver, agora se eu ver uma baixinha gordinha eu vou. Quando você se vê naquele conceito que vão passar fica mais fácil de você dizer comigo isso vai funcionar. Como eu te disse, antes eu só via muita gente branquinha bonita. Hoje não, eles colocam negros, colocam idosos, eles colocam gordinhas, gente feia. Quando eu destaquei essa questão de tons [de pele] não é só tons é idade também. Não é só gente branca e jovem. Hoje eles estão mais democráticos. Hoje eu acho mais real, mas não sou ingênua de [pensar] que eles querem quebrar as barreiras, é que eles querem atingir os públicos, os lucros. O maior interesse, talvez não o único, é o econômico. (LCSO, Mulher Branca).

Enquanto não se manifesta de modo efetivo uma consciência sobre a relevância da diversidade, a cultura opressiva do racismo permanece reproduzindo e fortalecendo as suas lógicas nos espaços sociais como o midiático, o escolar, o mercadológico, enfim, na memória coletiva da sociedade, desdobrando-se inclusive em contornos estratégicos disfarçados, como bem alertam as mulheres na estrutura de sentido do próximo componente *Consciência do racismo implícito – violento*.

Esse componente denota os caminhos pelos quais a manifestação do racismo vem se rearticulando sob uma perspectiva velada. As suas expressões são invisíveis mas extremamente sentidas e violentas para os seus alvos. Nesse sentido, as expressões do racismo implícito são até mais fortes que as do racismo explícito, pois as manifestações deste último podem ser possíveis de se combater de frente, o que muitas vezes não é viável com o implícito que é transmitido pela cordialidade e por sistemas sofisticados de atitudes e comportamentos.

Você sabe que no Brasil é tudo velado, tudo escondidinho. Mais é. (LNL, Mulher Negra).

Velado assim de uma sociedade como um todo, mas não diretamente. Se você vai numa loja, só pelo fato de você ser negra o pessoal já te olha meio assim. Não. Isso não é coisa de novela. Infelizmente alguns lugares isso funciona assim. Não chegam a falar para mim, mas você sente. [...]. (SA, Mulher Negra).

É muito bem escondido o racismo no Brasil. (NMA, Mulher Branca).

Tudo o que o negro faz as pessoas ficam olhando. Por quê? Por que ela com aquela cor? É assim sempre. É no posto de saúde, na escola, no ônibus, no trem, no metrô. Qualquer lugar que o negro vai tem essa pergunta. (MALA, Mulher Branca).

Nessa perspectiva, ser negro no Brasil é ser alvo de constante vigilância e carregar o peso da desconfiança o tempo todo. O preconceito e o racismo transmitidos sob essas sutilezas da indiferença não são falados e não possuem expressões visíveis, porém são sentidos profundamente pelos seus alvos nas estruturas simbólicas intangíveis de suas manifestações. Neste cenário, geralmente os negros ficam à sombra dessas práticas de violência simbólica, em todos os seus momentos de interações sociais.

Já senti o preconceito e a indiferença em vários locais. Indiferença é quando você vai a um local e a pessoa não querer te atender pela sua forma de vestir e sua aparência, pela sua cor. Isso não quer dizer que você tem ou não dinheiro para gastar. Eu já passei por isso, não uma vez, mas várias vezes. Por exemplo, de comprar uma coisa e a mulher falar para mim... [silêncio]. Ah! Uma vez eu pedi para a mulher: – Eu quero o melhor shampoo. E a mulher falou: – Olha o mais barato que eu tenho é esse. Mas, na verdade eu não pedi o mais barato eu pedi determinado tipo de shampoo para o meu cabelo. Eu não perguntei sobre o mais barato. [...]. Neste momento eu me senti muito ofendida. Por quê? Só por que eu não estou bem

> arrumada. Ela era branca. Eu me senti muito inferior com o modo que ela disse. [Outra situação], eu já cheguei à loja e ninguém veio me atender, dai entrou uma mulher branca e arrumada e eles [vendedores] foram atender. Então todo mundo foi dar atenção. Então, eu vejo muito essa diferença. Então, eu acho que o marketing, nem só o marketing, a publicidade e as pessoas estão preocupadas com essa inclusão na sociedade para mostrar que é um país sem preconceito que aceita todos os tipos de cores. Mas, infelizmente não é assim. Para conseguir um emprego, infelizmente, não é assim. Eu conheço muitas pessoas que pensam que o negro não pode ser bem conceituado, que o negro não pode ter uma pós-graduação, um mestrado. Se o negro tem algum desses títulos ele tem algum problema ou ele pagou ou alguma coisa desse tipo, nunca pela sua capacidade. (AAS, Mulher Negra).

A consciência sobre as dimensões acerca das expressões do racismo identificadas pelas mulheres reforça com sensibilidade o entendimento dos impactos desse sistema opressivo nas identidades, especialmente das mulheres negras. Bem como demonstra que tais manifestações estão agora alcançando seus alvos de modo estratégico, perpetuando-se pelos seus mecanismos de cordialidade e silenciamento. Neste prisma, outro ponto que se destaca, no testemunho apresentado acima é o questionamento de quão efetivas estão sendo as iniciativas sociais para tentar desestabilizar a manifestação das expressões do racismo. Especificamente, direcionando para o papel das narrativas publicitárias. Até onde essas narrativas conseguem contribuir para desestabilizar esse cenário de opressão sofrida pelos negros e negras no Brasil? No discorrer das correlações teóricas deste modelo representativo, espera-se apresentar alguns indicativos para apoiar respostas para tais questionamentos à luz das vozes das mulheres brasileiras.

Enfim, o racismo no Brasil se manifesta com diversas faces. Há o modo explícito, porém fundamentalmente a sociedade brasileira vem fazendo uso do racismo sutil, velado e moderno (ver LEITE, 2014). Aquele que não se vê porque não é manifestado abertamente, mas é profundamente sentido. Inclusive, para as mulheres, a expressão "sutil" utilizada geralmente pela literatura para caracterizar esse tipo de racismo contemporâneo não deve ser usada para explicar tal conceito, pois suas expressões não possuem nenhum traço de sutileza, mas sim se refletem como uma violência devastadora nas biografias de seus alvos. É um racismo que no silenciamento de sua manifestação viola a dignidade e a autoestima dos negros brasileiros que o enfrentam cotidianamente.

Há um ciclo opressor invisível, porém perceptível, que ainda atravessa as dinâmicas sociais nutrindo, inclusive, o reflexo de expressões racistas nas dimensões de sentido da midiatização, como se verifica nos comentários abaixo.

> *Existe o preconceito, mas eu não sou preconceituosa com os negros. Muito pelo contrário, eu tenho amigos maravilhosos! Primos inclusive. Não tenho nenhum problema. (JSS, Mulher Branca).*

> *As pessoas aqui no Brasil dizem que não tem preconceito, mas têm. Não é o meu caso. Eu olhei [a mulher negra anúncio do Santander]. Mas, possa ser que, sim, que ela seja médica. Mas, tem gente que poderia pensar que ela não poderia ser uma médica. Pela cor que eu falei. Por ela ser negra. Então ai tem esse problema [do preconceito e do racismo], mas eu não tenho problema com isso. (LS, Mulher Branca, sobre o anúncio do Santander).*

> *É visível todo mundo vê. É visível e se é visível a gente percebe. (RBS, Mulher Negra).*

> *Preconceito com negro é fato. (SA, Mulher Negra).*

> *Querendo ou não ainda hoje é, pois é tudo velado. (LNL, Mulher Negra).*

Vamos colocar os pés no chão. A gente hoje tem uma diminuição, mas o preconceito existe. (NMA, Mulher Branca).

No Brasil, infelizmente, existe o preconceito e as pessoas dão preferência para pessoas bonitas de olhos claros. (SRAL, Mulher Branca).

Dizem que o Brasil não é um país preconceituoso, mas com certeza é. Entendeu? (AAS, Mulher Negra).

Brasil ainda tem muito isso. Eu percebo isso e já vi muitas situações. Eu já trabalhei num lugar que a filha de um senhor que foi barrado na entrada de um banco por ser negro. E a gente vê piadinhas quando o preto está no volante de um carrão, que ele é motorista. (LCSO, Mulher Branca).

A subcategoria **Espaços insuficientes para negros na publicidade** demanda a expressão de alguns questionamentos realizados pelas mulheres sobre por qual razão a mídia, especialmente a publicidade, efetivamente ainda não reproduz em suas narrativas a realidade diversa da sociedade brasileira? Por que o negro não pode aparecer com mais frequência nas produções midiáticas e, inclusive, em posições sociais melhores nos anúncios?

Enfim, percebe-se uma limitação no trânsito de indivíduos negros em determinados espaços de representação simbólica de poder social em tais narrativas, bem como o uso estratégico de sua ausência. Tais limitações podem contribuir para a produção de efeitos negativos nas identidades e performances sociais desses indivíduos que, a todo o momento são praticamente forçados a se confrontarem e interagirem com expressões de opressão e desvalorização de suas imagens direta e indiretamente.

Só tem branco na propaganda. Tem preconceito racial também. Eu me identifiquei como parda [no questionário sociodemográfico da entrevista], mas sou negra. Então, quando você vem de uma família de negros, você já vê várias histórias de preconceito. Aí quando você vê na propaganda só pessoas brancas, você já vai deduzindo como preconceito. Por que você já tem uma vivência no preconceito e então quando passa uma propaganda só com brancos, automaticamente, vem o preconceito. Por que não pode ser ou ter um negrinho lá [nas representações dos anúncios]? (MVS, Mulher Negra).

As pessoas aqui no Brasil dizem que não tem preconceito, mas elas têm. De uma médica negra, de um advogado bem conceituado, porque é negro não pode ter dinheiro? Não pode ser estudado? (LS, Mulher Branca).

[...] Eu não queria que os negros estivessem só ligados à publicidade destinada a pessoas de pouca renda. Eu também gostaria que colocassem uma família de negro [...]. De alguma forma isso me machuca. Por quê? Eu não sei. Isso mostra que o negro não é capaz. É isso que me passa. Então, para mim mostra que o negro não é capaz. Tipo um negro não pode estar naquele patamar. (FRA, Mulher Negra).

[...]. Têm famílias de negros bem-sucedidos. E por que não mostrar? Por que deixar o negro só na parte da cozinha? Não é verdade? Agora eles mostram. Mas, antes não mostravam. Tá. Não enfatizam tanto, mas agora o negro já começou a sair da cozinha. Já começou a tomar o espaço da residência toda. Tomando espaço, porque tem casos que mostram o negro estudando, o negro indo para a faculdade. O negro quer dinheiro também! É a família de negros bem-sucedida. Não necessariamente só aquela senhorinha na cozinha. [...]. Não o fato de estar na cozinha, não precisa focar o negro só na cozinha. É preciso mostrar que além da cozinha

existem outros ambientes da casa que o negro pode circular. (SA, Mulher Negra).

As mulheres enfatizam também que o negro e a negra, apesar de aos poucos estarem ganhando mais espaços nas representações midiáticas, embora ainda insuficientes e desiguais. Tais espaços precisam ser ampliados para que a publicidade, por exemplo, reproduza a representação imagética que atravessa o cotidiano da sociedade brasileira, composta em sua maioria por homens e mulheres negros, que precisam ver suas identidades presentes nessas narrativas.

A analogia da cozinha *versus* outros espaços da residência, apresentada no comentário da entrevistada "SA, Mulher Negra" sugere que os negros estão transitando e usufruindo atualmente na sociedade gradualmente de outros espaços. Porém, mesmo com esses diferenciados trânsitos, geralmente tais cenários continuam, em sua maioria, sendo desconsiderados pelas lógicas de produção midiática que ainda insistem em posicionar os negros e as negras em espaços de silenciamento e de subalternidade.

É com base neste viés que se eleva a subcategoria **Lugares tradicionais dos negros na publicidade**. A presente subcategoria visa discorrer sobre os limites tradicionalmente impostos às representações da imagem de negros na publicidade.

> *Eu já percebi quando tem alguma coisa, principalmente, com criança [...] geralmente sempre a criança branca é dona de alguma coisa e a negra pobrezinha é a que tem menos. Até em novela é assim. A gente vê isso sempre. É racismo. Eles falam que não, que não é. Mais é sim. Sempre o branco tem mais e o negro tem menos ou é inferiorizado de alguma forma. Sempre é assim. Por que é sempre assim? Sempre o rico branco tem mais que o negro. Ou o rico é filho de um médico ou advogado. E o negro sempre é o filho do faxineiro, da faxineira. Mas é bem normal a gente ver. Sempre o negro é o pobre, o menos arrumado ou ele está lá no final [do anúncio] es-*

condido. Tem um monte de criança dançando [em um anúncio] e ele está lá no finalzinho. Só aparece quando a câmera focaliza todo mundo, mas geralmente quem está focalizado são os brancos, mais arrumadinhos. (GLSS, Mulher Negra).

Ele [o negro] é tratado como mau-elemento, mau-caráter. O negro é tido como uma pessoa que sempre faz a coisa maldosa, com a intensão de maldade. (JSS, Mulher Branca).

Porque antigamente, há pouco tempo, as profissões de baixo, as profissões que não precisam de tanto estudo, você repara que a maioria delas era para negros. (CEL, Mulher Branca).

Não tinha isso antigamente [negros como protagonistas]. Eu te garanto que não tinha. Antes era muito mais difícil ver um negro numa propaganda [...], até pelo aspecto do racismo. Não tinha. Muita gente era racista. A sociedade mesmo pode ter mudado em relação a isso. Ainda mais na propaganda que era vista por todo mundo. Então para amenizar isso [a ausência], o negro era sempre escondido [disfarçado, quando ele aparecia] e nunca era o principal da história. O negro não era muito bem visto. Era como se fosse, praticamente, ser uma doença ser um negro. (GS, Mulher Negra).

Os lugares de tradição dos negros e das negras na publicidade estão localizados nas representações de margens, de declínio e de subalternidade sociais. Aos negros sempre foram/são negadas posições de referência e protagonismo nos anúncios devido os atributos negativos (incapacidade intelectual, pobreza etc.) historicamente impostos e inscritos à sua imagem. Dessa forma, esse conjunto de associações negativas construídas socialmente implica a persistência das atitudes dos anunciantes de associarem as imagens dos negros a contextos de negatividade e ofensa, caso sejam conectadas aos seus produtos.

Exatamente por pessoas negras estarem ligadas [...] ao declínio social. Então eles [anunciantes] encarariam isso como uma ofensa. [...]. O negro está ligado ao declínio social. A parte social mais baixa, a parte social de periferia, de pobre. (FRA, Mulher Negra).

A positividade permitida às imagens dos negros quando utilizada era/é costumeiramente expressada ao lado de indivíduos brancos ou pelos vieses relacionados ao corpo, à música e ao esporte. São nesses enquadramentos, que as lógicas da mídia autorizam a circulação das representações dos negros com mais frequência em suas narrativas.

[...] é incrível, pode ter lógica ou não, mas o negro para aparecer numa [publicidade], você tem que ter o estereótipo de sorriso feliz e não pode ser qualquer negro aqui. Não pode ser o negro da Praça da Sé, uma negra desdentada [...]. (TPVS, Mulher Negra).

As características físicas, ela é negra, bonita, muito bonita, aliás. Aparenta estar muito bem fisicamente, pele boa, sorriso bonito, dentes bons, cabelo bem cuidado e original. (LCSO, Mulher Branca).

Fico pensando por que não ligam a mulher negra a algum tipo de realização. Ligam geralmente ao corpo ou algo vulgar. (FRA, Mulher Negra).

Eu acho que é por causa do perfil. Perfil físico da pessoa, porque a gente recebe muita influência de fora [exterior] e quando vem influência de negros de fora são negros bem-sucedidos ou pela música ou pelo esporte. (TRA, Mulher Negra).

É poderia até inverter colocar ela [a branca] como executiva e a negra como esportista também. Porque o negro tem mais aptidão ao esporte, eu acho, [risos]. O negro, querendo ou não, é uma raça que transmite mais força. É isso. (CEL, Mulher Branca, sobre o anúncio Caixa Bolsa de Valores).

É nesse jogo demarcado para as representações dos negros nos espaços publicitários que se nutrem as dimensões que articulam as propriedades da próxima subcategoria **Publicidade reforça olhares racistas pela ausência do negro.**

Para algumas mulheres, especialmente as negras, as lógicas da mídia impõem à sociedade um ideal de mundo pautado pelas experiências simbólicas da valorização e das conquistas sociais da vida de indivíduos brancos, bem como indiretamente negam e naturalizam em suas representações a presença de negros e de negras em semelhantes contextos positivos de referências sociais. Há uma ausência simbolicamente produzida para os negros nesses contextos de modo redescritivo.

> *Eles [a mídia] querem impor o pensamento deles. Eles querem que a gente acredite naquilo e que seja daquele jeito. Sempre. [...]. Para mim o branco era o melhor. E para você está no padrão e ser uma pessoa [...] boa na sociedade você tinha que ser branca, ter os olhos claros e tinha que ter o cabelo liso. [...]. Todo mundo que era paparicado, tanto na escola quanto nas revistas era gente branca com cabelo liso. Era o padrão que para eles [a mídia] é o correto, que a gente tem que seguir. Então para eles aquilo ali era o melhor. Então normalmente também sempre o branco é o melhor. (GLSS, Mulher Negra).*

> *[O entendimento] que é a mídia, a publicidade e propaganda que leva a tudo isso [...] é uma coisa que eu não concordo. Se está lá é uma coisa que o povo quer ver. É isso que não pode culpar totalmente a televisão, por exemplo. Você não pode culpar totalmente, pois se está dando ibope é porque o povo quer ver. Aí vai culpar a mídia? (SA, Mulher Negra).*

Para outras mulheres, tais posicionamentos da mídia se estabelecem pelo fato das suas lógicas, provavelmente, expressarem as representações que a sociedade gosta de ver. Desse modo, as imagens que circulam nas narrativas midiáticas, apenas atendem uma suposta vontade da
maioria da população.

Assim, os reforços promovidos nas narrativas midiáticas, enfim,
devem ser problematizados e considerados dentro de um aspecto de re-
latividade, tanto pra o lado positivo quanto para o lado negativo, pois os
mesmos dispositivos que produzem imagens negativas podem também
colaborar para deslocá-las, ao produzir imagens positivas dos negros na
sociedade contemporânea brasileira. Mas esse redirecionamento de rota
deve ser reivindicado fortemente pela postura de cobrança ativa dos indivíduos na sociedade. Essas posturas devem partir do reconhecimento
definitivo de que a sociedade brasileira é racista e preconceituosa e, diante dessa consciência, estratégias e táticas precisam ser elaboradas para
tentar enfrentar os dispositivos desse contexto nas diversas instâncias
sociais, como por exemplo, nos espaços da produção midiática. Neste
escopo, a próxima categoria alinha algumas recomendações para o uso
adequado da imagem dos negros na publicidade.

Recomendações para Usos da Imagem dos Negros na Publicidade

Na produção de seus olhares interpretativos e críticos sobre os
anúncios contraintuitivos, as mulheres também expressam orientações
sobre modos adequados para se abordar e usar à imagem de indivíduos
negros nessas produções.

Esse conjunto informativo marca as articulações da categoria
RECOMENDAÇÕES PARA USOS DA IMAGEM DOS NEGROS NA
PUBLICIDADE, que é integrado pelas subcategorias: **Alertando para
descuidos estéticos da imagem das mulheres negra, Orientações sobre o uso da imagem do negro** e **Expressão da igualdade como alternativa de equilíbrio.**

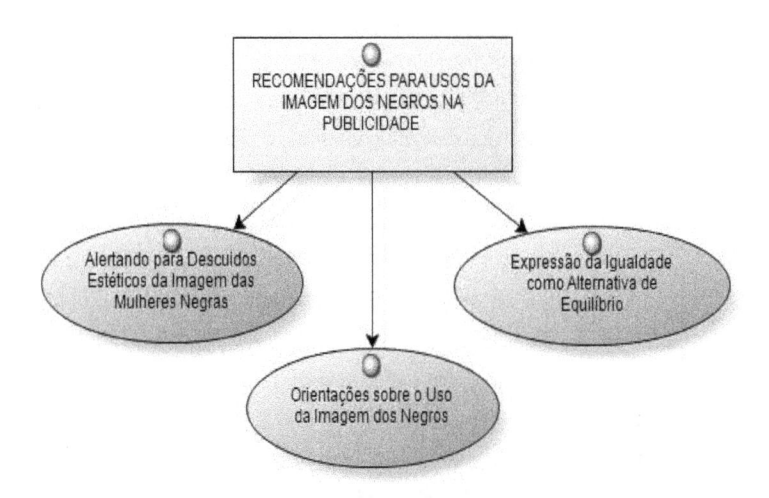

Diagrama 6 – Categoria Recomendações para Usos
da Imagem dos Negros na Publicidade

Alertando para os descuidos estéticos da imagem das mulheres negras é a subcategoria que apresenta a projeção das mulheres sobre os descuidos com a estética das negras que as incomodam quando interagem com os anúncios contraintuitivos. Segundo elas, a mulher negra aparenta em alguns anúncios não ter os mesmos cuidados e atenção estéticos com maquiagem, cabelo e vestuário que geralmente têm as mulheres brancas na publicidade.

> *Ah! Não sei [silêncio]. Ela [mulher negra] está bem sofrida aqui. Tem um dente meio judiado, com um cabelinho ralo. Ela não está como normalmente uma estudante branca estaria. Ela está com uma maquiagem meio apagada, não sei. Está bem sofrida. (GLSS, Mulher Negra, sobre anúncios Itaú Iphone).*

> *[Silêncio]. Olha, você vê que o cabelo dela não está bonito, a roupa também não está tão bonita, mas mesmo assim você vê que ela não parou e ela continuou lutando e olha quem é ela hoje, mes-*

mo com seu cabelinho. Ela é essa daqui não [mulher indica uma evolução de posição da mulher negra do anúncio do Itaú Iphone para a mulher negra do anúncio do Santander]? Esta é essa mulher hoje. [...]. Ela não está tão arrumada, o cabelo dela não está tão bonito. Ela não cuidou, não sei, talvez não teve oportunidade, mas mesmo assim... ela está aí, rindo, contente e ela venceu. Hoje ela está bonita [na propaganda do Santander], por quê? Porque ela não desistiu, por mais que tivesse barreira ela estava lá. Rindo e lutando pelos objetivos delas. Olha, elas são idênticas! Ela ali é o que [no anúncio Santander]? Médica. Eu acho que ela é médica. Que ela está com o estetoscópio. [...]. É isso. A gente não pode parar mesmo que a gente não esteja tão adequada como o outro que está bonito (né). Eu sei que ela está bonita, tem condições e está bem arrumada (né). É uma médica ou enfermeira não sei [anúncio Santander]. A gente vê aqui que ela [mulher do anúncio do Itaú Iphone] parece ser alguém de periferia (não sei), buscando atingir os objetivos dela. Assim, de periferia por causa da roupa dela, o cabelinho dela que não está tão arrumado e hoje em dia todo mundo arruma seu cabelinho com chapinha, com progressiva. E ela ainda não teve essa oportunidade. Eu acho, não sei se eu estou enganada. É o que parece. Já esta [mulher negra do anúncio do Santander] daqui não. Ela já teve todas as oportunidades e está rindo e feliz e ela [do anúncio do Itaú Iphone] que não teve essas oportunidades está rindo também e feliz. Ela não desistiu dos objetivos dela. (MALA, Mulher Branca).

Eu acho que eu não cortaria o braço da enfermeira. Não sei por que ela [mulher negra] está cortada. Será que erraram o foco? Sei lá. Isso me incomodou, porque não colocaram o corpo todo? Por que não aparecer? Não vejo motivo de não aparecer, de ter colocado assim. Ah! Eu achei que não ficou legal. Legal é se aparecesse o corpo dela inteiro que nem o de todo mundo aqui. Ficou esse pedaço.

Eu não achei legal. Eu não achei legal. Eu não colocaria. Eu teria puxado mais para cá [direita], para poder estar aparecendo tudo. (LS, Mulher Branca, sobre o anúncio Santander).

Me deixa até uma coisa estranha aqui [anúncio Santander]. Tem muito texto e tem essa foto cortada aqui. Tem três pessoas. Esta está desvinculada aqui por causa do vínculo da revista. Qual a importância disso daqui [do corte no corpo da mulher negra] se eles [os indivíduos do anúncio] poderiam estar mais próximos? Quem é que está cortada aqui? Uma negra. [...]. Engraçado, você vai ler o perfil dela e tem aqui. Fernanda Balbino, enfermeira, vai aproveitar o salário livre para cuidar da sua saúde financeira também. [...] Por que está cortada a metade do corpo dela? [...]. Isso me incomodou, pois tem essa página inteirinha aqui, que tem um contexto que não diz muito. Quando isso daqui poderia ficar mais centralizado. E, por que cortou ela, justamente, ela? Não sei, mas me incomodou de ver. [...]. Santander, a mão da enfermeira está cortada e eu queria saber por quê? [...] Já esta outra aqui, "Eu sou MBA da instituição [FGV] que ocupa a melhor posição do país no ranking do MEC". Então tá né, agora olha o tamanho. Olha o tamanho da moça. (NMA, Mulher Branca).

Com essas observações aplicadas às leituras dos anúncios, as mulheres pontuam alguns alertas sobre os cuidados necessários que o uso da mulher negra na publicidade demanda, para se evitar leituras desviantes. Ao usar uma imagem tão sensível simbolicamente como a da mulher negra, provavelmente muitos mecanismos de atenção estão mais ativados para se perceber detalhes involuntários ou não na produção da narrativa publicitária. A atenção a essas sensibilidades precisa ser mais ativa e presente no momento de criação de narrativas que utilizem a imagem de negras e negros.

Já a subcategoria **Orientações sobre o uso da imagem dos negros** corrobora trazendo algumas diretivas para serem evitadas muitos dos deslizes estéticos no uso da imagem dos negros na publicidade. Tais equívocos se estabelecem pela falta de conhecimento dos produtores das mensagens acerca de formas adequadas de se usar os negros em seus anúncios. A abordagem dos negros em produções midiáticas deve estar atenta e buscar expressar a tríade equilíbrio, naturalidade e positividade.

Essa trinca deve ser entendida e utilizada pelos publicitários que busquem expressar e comunicar com responsabilidade a imagem dos indivíduos negros, sem usar excessos positivos ou negativos acerca das suas representações. Ainda o atendimento de tais orientações busca estimular uma igualdade sem favorecimento. Nesta linha, a imagem dos negros pode ser utilizada nos anúncios para representar diversas profissões e papéis sociais, se desvinculando do enquadramento de contextos de superação e do uso forçado de contextos positivos para o trânsito simbólico dos negros, pois inserir os negros nesses focos não auxilia no enfrentamento do racismo e dos preconceitos associados às suas identidades na sociedade, mas sim reforça as suas expressões.

Dessa maneira, a inovação e a ressignificação se estabelecem com o uso do bom senso e a articulação equilibrada da imagem dos negros e as suas positividades associadas, de modo que se respeitem as suas alteridades físicas, sociais e culturais etc. de uma forma natural. Isto é, deve-se se tentar persuadir sem agredir.

> A negra suada (anúncio Itaú Iphone) eu tiraria o lápis do cabelo dela. Eu tiraria o lápis do cabelo dela e tiraria este brilho do rosto dela, que ela está bem suada. [...]. Na da Caixa Bolsa de Valores, eu deixaria ela com o cabelo dela, eu acho que é cacheado e aqui está "pranchado". Eu a deixaria natural. Não faria este cabelo que ela está não. [...]. Não precisa fantasiar nem agredir. Não precisa mostrar que não são preconceituosos desse jeito descuidado. Pode colocar uma pessoa branca ou pode até deixar o negro, mas não precisa apelar com frase ou não maquiar o negro direito, deixar ele todo suado, colocar um lápis no cabelo do outro. Colocar a negra na grama. Normalmente uma branca nunca iria fazer um papel desses

de estar no meio grama, de estar toda suada. Não precisa colocar e tentar encaixar o negro numa coisa que não tem como ficar uma coisa natural. Fica algo forçado. Mas, é porque eles não sabem passar a imagem do negro, não tem uma maldade. (GLSS, Mulher Negra).

Falta mais isso daqui [indicando as negras nas narrativas de todos os anúncios usados na pesquisa], de expor a realidade como ela é. Falar a verdade mesmo. Como eu te falei sobre a família de olhos claros, é muito difícil você encontrar isso. Então seria mais adequado colocar uma família mais natural, mais verdadeira. Falta verdade em muitos assuntos ainda. Para evitar essas coisas taxativas [...], eu acho que tem que ter mais a realidade do dia a dia das pessoas. Não essa coisa meio formadinha. Eu acho que a coisa mais natural chama mais atenção, pois você olha para aquilo e se enxerga na propaganda e chama muito mais atenção. (GS, Mulher Negra).

Que eles [publicitários] não usassem tanto as pessoas assim. As imagens das pessoas assim. Falo da imagem dos negros, passando a imagem de que antes eles eram fracos e hoje eles estão no poder. Então, que todos têm acesso e todos podem alcançar seus objetivos. Sabe, não usaria o negro dessa forma. [...]. É feio falar, mas acho um golpe muito baixo você usar isso para associar a dinheiro e poder. Não gosto dessa ideia. Eu usaria sim a pessoa negra, mas outras também. [...]. Diversificar um pouco e não usar só a negra. Acho que todos podem, cabem em todos os lugares. (CEL, Mulher Branca).

A subcategoria **Expressão da igualdade como alternativa de equilíbrio** corresponde ao caminho que deve ser promovido na publicidade para valorizar a diversidade e não à priorização de apenas uma identidade, que apesar de integrar o mosaico plural das identidades que compõem o Brasil, não representa os anseios de sua totalidade. Esta subcategoria expressa que é preciso possibilitar a circulação e permitir que outros indivíduos se localizem e se identifiquem nos cenários simbólicos dos produtos midiáticos.

Expressar a igualdade pelo contexto da diversidade identitária é o caminho que as lógicas da mídia precisam assumir para colaborar efetivamente, dentro de suas perspectivas, para os debates sociais, ao promover o respeito e a valorização das identidades que configuram o referencial do país.

> Assim, acho que brancos, negros, japoneses e amarelos são todos iguais não têm que ficar ajudando uns e outros não. Tem que ser tudo igual. (SRAL, Mulher Branca).

> Olhando do ponto de vista publicitário, o equilíbrio estaria aqui nesta propaganda do Senac, porque mostra várias faces, vários perfis. Entendeu? Para mim isso hoje seria o equilíbrio. (TRA, Mulher Negra).

> Eu acho que sem dúvidas é para dizer que as empresas são politicamente corretas. Mas, também dizer e mostrar, talvez, esse lado multi da nossa população. Nós não somos os loirinhos de olhos verdinhos, o que a gente quase acredita que é, mas dizer que existem outras populações que fazem parte desse mercado de consumo. (JTS, Mulher Negra).

> Por um lado, eu acho que é bom estar mais na mídia, por outro lado, se a gente for pensar eu não acho legal porque isso as pessoas têm que fazer naturalmente, não por modismo [politicamente correto]. Aqui [nos anúncios] realmente eles perceberam isso da importância da igualdade. (RBS, Mulher Negra).

> Igualdade, referência. Aqui olha [apontando para o anúncio do Senac] tem uma mulher negra, um homem negro. Os dois em ascensão mostra uma igualdade. (SA, Mulher Negra).

O bom disso daqui é que dá para entender que não precisa ter cor nem raça, que todos são iguais. Este dá uma igualdade. Não tem diferença entre cores: preto, branco, amarelo. Profissional sem limites na cor e no grau de instrução. Somos iguais em todos os sentidos. [...]. Estes todos somos todos nós. (NMA, Mulher Branca).

Como se fosse para igualar. Um negro com alguém branco que já tenha este tipo de posição. É o que me passa. É como se fosse, como eu posso dizer? Não percebo que esta peça esteja diminuindo a negra ao contrário, ela está igualando. A impressão que dá, se é isso que eles estão querendo passar, acho que eles conseguiram, é de certa forma deixar a coisa mais igual, mais igualitária. Porque está realçando, no sentido de igualar, o negro e todas as outras pessoas de alcançar esse patamar. (IAM, Mulher Branca, sobre o anúncio MBA FGV).

Há uma diversidade social de indivíduos na sociedade que a mídia precisa considerar com mais atenção do que ocorre atualmente. Esta é a alternativa e a contribuição vislumbrada pelas mulheres que a publicidade pode ofertar à sociedade, mesmo considerando que tal expressividade esteja longe de ser uma realidade alcançada. A simples abordagem de expressões que promovam a diversidade na publicidade e nos discursos midiáticos pode de algum modo produzir consciência política e incentivar o respeito entre os indivíduos na sociedade, considerando dentro dessa visão otimista o efeito de agenda que as produções midiáticas podem operar nas mediações sociais.

Essas indicações articuladas na categoria RECOMENDAÇÕES PARA USOS DA IMAGEM DOS NEGROS NA PUBLICIDADE não devem ser vistas como regras e sim orientações para os produtores publicitários buscarem utilizar adequadamente a imagem de mulheres negras em seus discursos.

De início, ressalta a importância de tentar manter a naturalidade da estética negra, ou seja, respeitar os traços fenotípicos da mulher negra, como por exemplo os seus cabelos e a cor de pele. Este alerta se estabelece devido ao incomodo de sempre observar a imagem da mulher negra modificada para se enquadrar nas narrativas publicitárias. É preciso valorizar a naturalidade estética da mulher negra (e dos negros em geral) e suas diversidades, isso porque a mulher negra não quer ser branca. Ela quer ver sua imagem adequadamente considerada e valorizada nos anúncios como, geralmente, a imagem da mulher branca é.

No direcionamento dessas recomendações e orientações sobre os usos da imagem da mulher negra em anúncios contraintuitivos ou não, dois pontos salientados nos discursos das mulheres brasileiras merecem especial atenção na construção da próxima categoria, tendo em vista que sugerem modos de uso e provável alcance da manifestação do efeito contraintuitivo em anúncios.

A Imagem da Mulher Negra em Criações Complexas e de Representações Extremas

A categoria A IMAGEM DA MULHER NEGRA EM CRIAÇÕES COMPLEXAS E DE REPRESENTAÇÕES EXTREMAS representa o enquadramento interpretativo sobre as implicações de significado do uso da imagem da mulher negra em determinadas abordagens criativas de aspectos complexos e extremos.

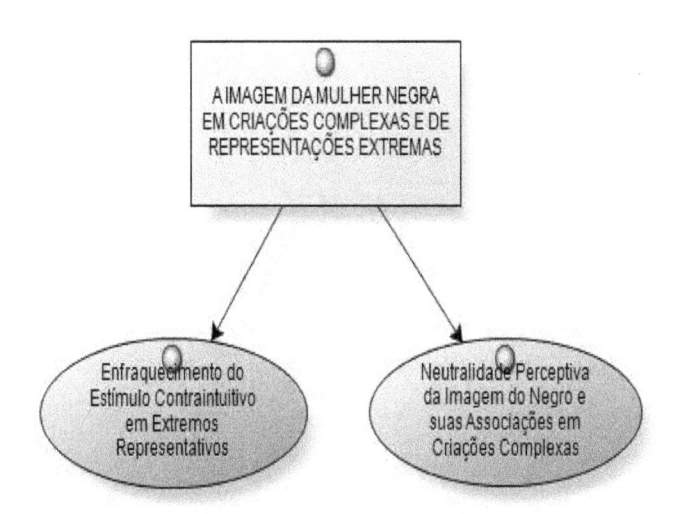

Diagrama 7 – Categoria A imagem da Mulher Negra em
Criações Complexas e de Representações Extremas

Esta categoria é integrada pelas subcategorias: **Neutralidade
perceptiva da imagem do negro e suas associações em criações complexas e Enfraquecimento do estímulo contraintuitivo em extremos
representativos.**

As interpretações das mulheres contribuem efetivamente para
identificar um potencial enfraquecimento e fragilidade que o efeito contraintuitivo na publicidade pode ter quando apresenta em suas narrativas
representações extremas acerca da imagem da mulher negra. Neste sentido, a subcategoria **Enfraquecimento do estímulo contraintuitivo em
extremos representativos,** composta pelos componentes *Representações
de extremidade positiva* e *Representações de extremidade negativa,* articula tais percepções especificamente dirigidas a dois anúncios bem representativos: Itaú Franquia e Santander.

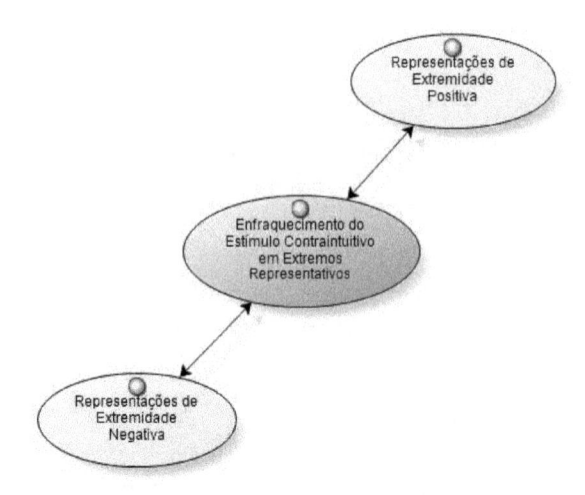

Diagrama 8 – Subcategoria Enfraquecimento do
Estímulo Contraintuitivo em Extremos Representativos

O anúncio do Itaú, considerando a perspectiva de extremidade
negativa, na integração interpretativa de seus textos e imagens, traz a representação de uma mulher negra empresária de uma franquia de doces
como protagonista, porém de acordo com as leituras das mulheres, a força das imagens deste anúncio posiciona, associa e direciona fortemente
esta mulher não aos significados acerca do mundo dos negócios e das
empresas, como se espera pela linha informativa do anúncio, mas aos
tradicionais estereótipos promotores de preconceitos sociais que vincu-
lam a imagem do negro à subalternidade, no referido caso, à cozinha e ao
trabalho operacional de uma cozinheira.

Em outras palavras, no anúncio do Itaú Empresas a mulher negra
no conjunto da mensagem é indicada como a proprietária de uma recente
franquia gerenciada pelos profissionais do Itaú. No entanto, pelo contexto
criativo da imagem na qual a mulher negra aparece, é possível observar
dois níveis de leitura, quando da interação com essa narrativa: o primeiro
manifesta-se automaticamente associando a imagem da mulher à cozinha.
Já o segundo, manifesta-se após a leitura completa do anúncio, isto é, de-

pois que se compreende o conjunto do anúncio lendo a imagem e o texto e constata-se que a mulher é na realidade a proprietária da franquia.

Com a compreensão geral do anúncio, a maioria das mulheres é enfática ao ressaltar que apesar do texto do anúncio informar que se trata da proprietária da franquia, a imagem dela na cozinha com uma panela não remete à imagem indicada de uma empresária, mas sim à de uma cozinheira, empregada da empresa. Algumas mulheres chegam a indicar a possibilidade de preconceito velado no anúncio, que passa uma imagem "subliminar" de que o negro avançou mas o lugar dele continua sendo na cozinha.

> *Nesta publicidade a mulher negra é protagonista, mas ela aparece como uma empregada. A negra é a dona da franquia, se você ler o texto. Mas na imagem, para mim ela é a empregada, a chefe da cozinha. Agora no texto está dizendo que ela é a dona, mas para mim é uma forma subliminar de dizer que a negra é uma empregada. [...]. Ela não poderia ter empregados para fazer isso? Por que ela está cozinhando? Por que logo ela tem que estar cozinhando? Por que sempre o negro está na cozinha ou fazendo faxina? Então, eu entendi que foi um preconceito. Eu entendi isso. Ela não tem empregado nenhum, ela está fazendo. Quer dizer, está fazendo referência a ela que é negra e como se ela não tivesse capacidade ou sei lá [...], algo do tipo. Mais eu senti um preconceito aqui porque ela é negra e ela está cozinhando. Normalmente é o negro que fica na cozinha. [...]. Por que não tem uma pessoa fazendo para ela? Por que ela não está com uma roupa social? Sei lá. Divulgando a empresa no site, com um computador na mão. Divulgando num blog e deveria ter outras pessoas fazendo essa mistura para ela. Por que ela está mexendo a massa do bolo? Só por que ela é negra e sabe cozinhar? É isso? [...]. Ela está na cozinha fazendo um trabalho que não era para ser dela. Se ela é a dona da franquia não tinha o porquê dela estar cozinhando. (GLSS, Mulher Negra).*

Eu vejo a mulher negra feliz, conquistando mais um degrau na vida. Ela me mostra ser uma pessoa muito positiva. Por outro lado, uma pessoa muito preconceituosa não iria nem prestar atenção na publicidade. Uma pessoa preconceituosa iria falar assim: "uma preta com uma faixa na cabeça, com os cabelos encaracolados, com uniforme: é uma empregada". Ele não iria achar que ela é uma empresária. Se fosse uma loira no lugar da negra a pessoa preconceituosa iria achar apenas que era uma empresária. Ela não vai achar que a negra é empresária num primeiro momento, só se ler o texto. Ai ele pode mudar a opinião, por que no texto deixa claro que ela é a empresária. (JSCN, Mulher Negra).

Essa do Itaú veriam como a empregada da franquia. Justamente pela visão de ser negra, de estar cozinhando ao invés de estar administrando. [...]. Ela está fazendo, tem essa cultura do senso comum, se você está fazendo você não é o dono, pois o dono não faz. O dono só manda. O lado comum é acabar concordando com essa ideia. A cabeça do brasileiro é essa, se eu começar a operacionalizar as pessoas não vão me respeitar. Eu tenho que ficar só olhando, gerenciando, delegando. Então eu acho que as pessoas olhariam e pensariam que ela é a empregada e não a dona da franquia. (TRA, Mulher Negra).

Aqui o Itaú [...] uma negra cozinhando é "ninguém abre uma franquia para gerenciar fluxo de caixa" [lendo a redação do anúncio em voz alta]. É [pensando] uma negra, sei lá, mostrando seu dom e aproveitando a oportunidade do Itaú. O dom da cozinha de cozinhar. Porque cozinha remete-se a... [silêncio] antigamente que a negra que cozinhava e seu dom, negra, mulher, cozinha. Associando seu dom de cozinhar com a oportunidade do Itaú de conseguir crédito. É uma negra que também conseguiu ter uma

franquia com o seu dom, então qualquer outro [indivíduo] conse-
gue. (CEL, Mulher Branca).

Esta daqui é do peru. "Ninguém abre uma franquia porque gosta
de gerenciar fluxo de caixa". [...]. Agora, isso daqui, você vai per-
guntar para mim o que isso tem a ver. Por que esta moça está jus-
tamente fazendo chocolate? Porque é uma delícia [risos]. Por que é
que ela está batendo o chocolate? Por que ela não está na frente da
loja dela já que é uma franquia? Por que ela tem que estar batendo
chocolate? Quando o anúncio é do banco, é do investimento. Por
que não colocaram essa moça diante da franquia dela sem precisar
mexer no chocolate? Não sei, não passa o recado [silêncio] de uma
franquia. Será por que ela não gosta de gerenciar fluxo de caixa?
[...]. É uma moça negra que está aqui com uma panela batendo
um chocolate. Lembra muito cozinha. Não lembra franquia. Isso
daqui lembra uma negra, uma doméstica. Não lembra uma inves-
tidora. Não lembra uma mulher que investiu numa franquia para
ter um bem dela. [...]. Para mim não dá. Ele [anúncio] não conse-
guiu me convencer. Não conseguiu me convencer. Mas, a tentativa
foi olhe são todos iguais. Porém, a gente sabe muito bem Francisco.
Vamos colocar os pés no chão! A gente hoje tem uma diminuição,
mas o preconceito existe. A menina é linda, mas por que essa fo-
tografia não foi feita com essa menina na frente da loja dela? Por
que ela foi bater bolo? Por que não tem esses docinhos e ela ao lado
dizendo que ninguém abre uma franquia porque gosta de gerenciar
fluxo de caixa? Isso daqui lembra cozinha. Isso daqui lembra coisa
serviçal. Se fosse uma branca provavelmente não lembraria. Mais
é uma negra, então a imagem que vende é que ela está batendo
alguma coisa que nem pertence a ela. [...]. Parece que ela trabalha
para alguém, quando na realidade o banco quer vender que ela é
uma empresária. (NMA, Mulher Branca).

Já o segundo anúncio do Santander exemplifica a perspectiva de extremidade positiva. De acordo com as interpretações das mulheres, o anúncio apresenta em seu contexto uma mulher negra como destaque, juntamente com mais dois indivíduos- uma mulher e um homem – ambos de cor branca. Na representação publicitária a imagem da mulher negra é automaticamente, numa primeira leitura, associada à imagem de uma médica para algumas mulheres e para outras a imagem de uma enfermeira. Essas leituras se estabelecem, segundo as mulheres, tendo em vista o uniforme branco que a mulher negra está vestindo e o estetoscópio localizado em volta do seu pescoço. Porém, com a realização de uma leitura mais atenciosa do anúncio é possível localizar uma legenda que identifica a mulher como enfermeira.

Esse anúncio gera uma grande dissonância, primeiro porque é complexo definir numa primeira leitura se a mulher é médica ou enfermeira. Neste cenário, se observa como a imagem nos anúncios possui fundamental relevância, pois este seria o primeiro e, talvez, o mais forte estímulo das narrativas publicitárias. Os anúncios, pelo que se observou, começam a ser interpretados pelas imagens, o que instantaneamente produz essa dissonância interpretativa entre as mulheres.

Portanto, o uso da representação positiva de associar a mulher negra com o campo da saúde forma um grande desconforto e estranhamento acerca do uso da imagem da mulher negra, pois apesar do anúncio posicionar a mulher negra como destaque de sua narrativa, para algumas mulheres a representação que dá margem para associar a mulher negra à uma médica não é condizente e nem convincente. Isso por que na realidade do dia a dia não existem muitas médicas e médicos negros, devido às limitações historicamente impostas a esses indivíduos, bem como aos altos custos de um curso universitário de medicina no Brasil, que não se enquadram nas possibilidades financeiras da maioria dos negros do país.

> [...] Medicina é um curso caro. É um curso para quem já tem uma
> condição financeira bem melhor. Muitos preferem fazer um curso
> de auxiliar de enfermagem, levantar uma grana para poder fazer

uma medicina futuramente. Porque medicina é um curso caro. Você vê muito mais negros na área da enfermagem do que na área da medicina. (SA, Mulher Negra).

Na minha cabeça veio enfermeira não sei dizer o porquê. (LS, Mulher Branca).

Esta daqui pela roupa eu falaria que seria uma enfermeira [neste momento a entrevistada mostra incerteza pelas suas expressões faciais]. [a entrevistada para e de repente de modo constrangido diz:] Engraçado, Francisco, eu não falaria que ela é médica e ela pode ser médica. Não falaria devido ao perfil. Olha que preconceito [a entrevistada mostra-se constrangida]. Pelo perfil de ser negro. É difícil uma negra fazer medicina, meu! Vê os médicos por aí, é muito difícil você encontrar um médico negro. É muito difícil. Você pode, talvez, ir a vinte consultórios e você encontra um negro em vinte consultórios. Talvez, hein! Pois, eu acho que é bem maior, pelo custo do curso. Eu falaria, engraçado, eu falaria enfermeira não falaria médica. […]. Não falaria que era médica. Falaria que ela é enfermeira. Porque minha experiência de vida, Francisco. Eu vou em médico para caramba, todo ano faço aquelas rotinas. Eu nunca encontrei um médico negro. Não tem, não tem. Não tem médico negro. Eu nunca fui consultada por um médico negro. (LNL, Mulher Negra).

Enfermeira […] está escrito. Se eu não lesse a publicidade automaticamente eu iria falar que ela é médica pelo jaleco e pelo estetoscópio que é bastante vinculado a médico automaticamente e não falaria que ela é enfermeira. (TRA, Mulher Negra).

Uma médica, uma fisioterapeuta. Ah! Está dizendo que ela é enfermeira. Para mim ela poderia ser médica, mas colocaram enfermeira. (HM, Mulher Branca).

Então, uma pode ser uma médica. Não, está aqui enfermeira.
Vamos ler, não é? Quando eu bati o olho no jaleco e estetoscópio já
pensei na área da saúde e já veio médica. (LCSO, Mulher Branca).

No entanto, para outras mulheres apesar dessa realidade de poucos médicos negros na sociedade brasileira, o simples fato da publicidade fazer circular essa imagem já estimula a autoestima de muitos negros, na situação de interação com anúncios como este do Santander. Porém, as mulheres criticam o jogo que disfarçadamente identifica a negra na legenda como enfermeira.

Em resumo, esta propriedade expressa e coaduna a percepção de que quando as mulheres interagem com anúncios que apresentam em suas narrativas extremos de representações associados aos estereótipos- a exemplo dos anúncios do banco Santander, que traz a imagem de uma mulher negra associada à área da saúde (médica ou enfermeira), e a do banco Itaú, associando outra mulher negra a uma franquia de alimentos (empresária ou cozinheira) – tais representações acionam um processamento de informação que gera um considerável desconforto. Pois, muitas mulheres não leem o anúncio de modo completo e inferem automaticamente a mulher negra em papéis sociais, considerados pelo senso comum, como de menor prestígio.

Como exemplo, quando observam a mulher negra no anúncio do Santander, o pensamento automático, considerando os estímulos do uniforme branco e estetoscópio, é associá-la a uma profissional da enfermagem. Em alguns poucos casos a mulher negra é associada a uma profissional médica. Porém, essa última indicação vem sempre acompanhada de incerteza e justificativas pautadas pela dificuldade social dos negros conseguirem cursar uma faculdade de medicina, tendo em vista a alta concorrência nas universidades públicas e o alto custo dos cursos.

Enfim, com essas observações é possível sugerir que o efeito contraintuitivo enfraquece o seu impacto nos anúncios quando são utilizadas representações extremas positivas e negativas associadas aos estereótipos inscritos aos indivíduos estigmatizados. Desse modo, deve-se entender que o efeito contraintuitivo não se localiza nos extremos representativos. Logo, o efeito de sentido contraintuitivo é produzido em outras vias distantes das abordagens que apelam para o uso de representações extremas como os exemplos de ambos os anúncios considerados.

Neste horizonte, as mulheres também revelam pelas suas interpretações a possibilidade de neutralidade de tais manifestações em anúncios que apresentem a imagem da mulher negra sob o prisma de criações complexas. Esta perspectiva é apresentada na estrutura da subcategoria **Neutralidade perceptiva da imagem do negro e suas associações em criações complexas**. O entendimento desta subcategoria está pautado em dois componentes: _Dificuldade de compreensão do anúncio_ e _Criatividade complexa neutraliza reflexões e associações estereotípicas_.

Diagrama 9 – Subcategoria Neutralidade Perceptiva da Imagem do Negro e suas Associações em Criações Complexas

Esta subcategoria emerge pela interpretação e observação das mulheres diante da publicidade do anunciante Berlitz Corporation, conceituado instituto multinacional de cursos de idiomas e treinamentos

especiais para formação de indivíduos/executivos globais. Nesse anúncio, uma mulher negra está vestida classicamente como uma profissional executiva. A estrutura criativa da peça faz uma analogia ao famoso
desenho do "Homem Vitruviano",[2] de Leonardo da Vinci. No entanto, é
uma mulher negra que está no enquadramento do pentagrama, que nas
suas extremidades, pontas e entornos destaca os serviços especializados
oferecidos pelo Berlitz. Os serviços estão descritos em inglês.

Ainda no rodapé deste anúncio, abaixo do logotipo do Berlitz, é
possível ler o *slogan* "Totalmente completo. Completamente global", seguido da redação "Para ser um profissional que atende às expectativas de
um mercado cada vez mais exigente e competitivo, saber outra língua é
só o primeiro passo. Por isso, o Berlitz oferece de cursos de idiomas até
treinamentos especiais para formação de pessoas globais".

Na interação com essa narrativa, as mulheres são taxativas ao
classificá-la como confusa e complexa, não sendo portanto possível
compreendê-la adequadamente como as outras publicidades apresentadas.
Em síntese, percebe-se uma *Dificuldade de compreensão do anúncio*.

> *Nossa! Mais é tudo em inglês. Ficaram mais destacados os cursos*
> *de línguas [...]. O que mostra aqui é que você tem que estudar,*
> *de fazer algum curso e se atualizar no mundo. Eu achei a mulher*
> *negra bem destacada no centro. [...]. As palavras em inglês [...]*
> *eu não sei inglês e fica difícil compreender a linguagem. (JSCN,*
> *Mulher Negra).*

> *Eu seria mais explicativa. As opções que dão aqui, já estão em in-*
> *glês todas as opções. Tem que se pensar que [...] a revista Exame,*
> *é mais segmentada, mas passa na mão de outras pessoas de níveis*
> *diferentes. Os nomes dos cursos estão em inglês. Então eu acho que*

---

2   Para saber mais sobre o desenho de Leonardo da Vinci acessar: http://discovery-
     brasil.uol.com.br/web/davinci/historia/Homem-Vitruviano/?cc=BR. Acesso em
     16.out. 2017.

colocaria os nomes em português ou os nomes em inglês só que com uma pequena explicação do que é o curso. [...]. Então eu acho que ela deveria ser menos simbólica, utilizar menos símbolos [...] e colocar algo mais explicativo. (TRA, Mulher Negra).

Eu não entendi a peça e não sei expressar o que eles pretenderam aqui. [...]. Sinceramente. Achei meio confusa. Não fica claro o que eles querem dizer. Tudo bem que eu não entendo desse tipo de linguagem [publicitária], mas todo mundo deveria compreender quando olha. Não é? Desde uma pessoa mais qualificada, até uma pessoa mais simples. (IAM, Mulher Branca).

Está tudo misturado aqui. Fica difícil de entender. É algo ligado [silêncio] com cursos [silêncio]. Não me deixa nada. Não me passa nada até mesmo pelo layout dessa transformação dessa moça que pode ser duas ou três. Essa multiplicação. A própria narrativa embaixo, o texto que fala dos cursos que você precisa saber não só uma língua, treinamentos especiais, informações globais... Mas não consigo ver isso como uma mensagem de alguma coisa não. Acho muito ilustrativa. Aliás, não tem preconceito nem nada. Está muito bonito, só não dá o recado. Ela está estática aqui. Para mim, não diz nada. (NMA, Mulher Branca).

São nessas tentativas de produção de sentido para se compreender a narrativa, devido provavelmente à exigência de conhecimento de história da arte e de outro idioma, que essa *Criatividade complexa neutraliza reflexões e associações estereotípicas* acerca da imagem da mulher negra como protagonista do anúncio. Este componente também pode ser considerado sob um aspecto de coalisão, ou seja, exige um processamento maior para a categorização, e assim a raça provavelmente não ganha destaque avaliativo.

Eu achei bem legal. Batendo o olho é bem interessante, mas eu não sei. Eu sei um pouco de inglês. Eu vou precisar mais do inglês, o que eu poderia entender do anúncio? Eu tento ler e não entendo. Então, o anúncio fala comigo justamente por essa razão de eu não entender o que ele oferece? É algo ao contrário? Então eu preciso mesmo do inglês, pois se nem o anúncio eu entendi. Como eu vou conseguir trabalhar etc... Entendeu? É um apelo ao contrário. (LCSO, Mulher Branca).

Este daí eu não sei te falar porque para mim é confuso. Eu não sei nem falar inglês e nem ler. (VLFSG, Mulher Branca).

Eu não gostei da foto dessa mulher. Eu não gostei. Eu achei ridículo e muito nada a ver. Essa imagem dela como se fosse copiando aquela imagem o homem no centro de tudo. Eu não gostei da imagem dela com isso. E para mim, eu achei nada a ver porque eu não consigo enxergar nisso que ela está falando que são línguas. Entendeu? Eu só vi que era quando eu li aqui em baixo. [...]. Aqui ela está se mostrando uma mulher de muitas [silêncio]. Eu não gostei. Ele [anunciante] está tentando dizer aqui que ela é totalmente completa e global, mas eu não acredito que seja com essa imagem que eles estão mostrando aqui. (AAS, Mulher Negra).

Em síntese, com a apresentação das dimensões de sentido das propriedades que integram a categoria central geral DIMENSÃO SOCIOEMOCIONAL CATÁRTICA NO IMAGINÁRIO do presente modelo representativo, percebe-se um consenso nos discursos das mulheres. Para elas, mesmo diante dos efeitos positivos e negativos produzidos pela circulação da publicidade com estímulo contraintuitivo ou não no social, é inegável a percepção de mudanças no posicionamento do campo publicitário frente à necessidade de dar mais visibilidade para os negros em suas narrativas, bem como para a valorização humana. Esta é a abordagem da próxima categoria, que delibera sobre o resultado dessas perspectivas amplas da situação de interação comunicativa percebidas pelas mulheres brasileiras.

Percepção de Mudanças no Campo Publicitário

A categoria PERCEPÇÃO DE MUDANÇAS NO CAMPO PUBLICITÁRIO explicita a atenção das mulheres para os caminhos que estão sendo protagonizados pela publicidade para valorizar mais o fator humano em suas narrativas.

É possível observar atualmente maior espaço para o ser humano e, sutilmente, para algumas questões sociais em diversos anúncios. Nesses esforços, as mulheres indicam inclusive a diversidade de identidades que estão agora gradativamente sendo consideradas, como a presença mais qualificada dos negros.

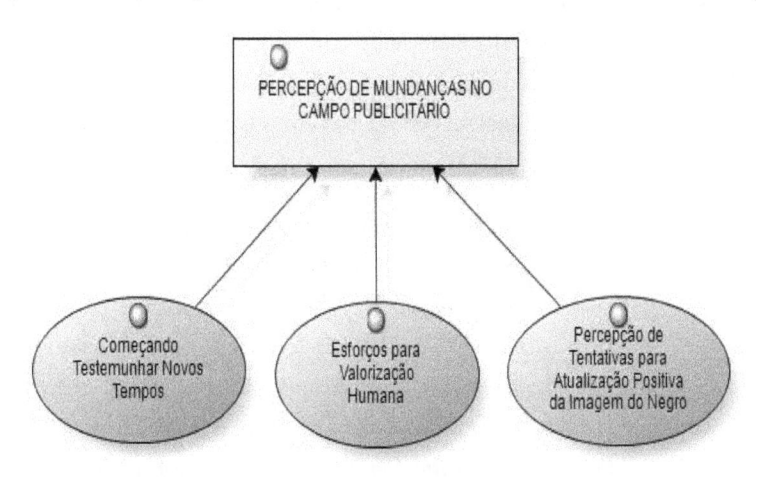

Diagrama 10 – Categoria Percepção de Mudanças no Campo Publicitário

Esta categoria é fundamentada pelas subcategorias **Começando a testemunhar novos tempos, Esforços para a valorização humana** e **Percepção de tentativas para atualização positiva da imagem do negro.**

A primeira das subcategorias é **Começando testemunhar novos tempos,** que representa a percepção e as experiências das mulheres de testemunharem um momento de transformação das abordagens criativas da publicidade no Brasil.

Nesta perspectiva está localizado o entendimento de que, ao assumir outros caminhos discursivos que promovam a visibilidade qualificada da presença de indivíduos diversos como protagonistas de suas histórias, o campo está buscando paulatinamente renovar-se e não mais manter só a tradicional e constante presença de indivíduos brancos. São as tentativas de inovar ao fazer diferente, de inovar ao inserir de modo qualificado perfis até então vistos como marginalizados para as representações simbólicas celebradas na publicidade.

Neste entendimento, é destacada a presença mais constante de indivíduos da categoria social negro nos anúncios que estão sendo mais considerados, tendo em vista às suas conquistas sociais, econômicas e os novos papéis de liderança que estão assumindo na sociedade. Esses fatores, provavelmente, estão colaborando com esse contexto de mudança e valorização dos negros na publicidade, deslocando os conteúdos arcaicos de estereótipos que os inscreviam apenas em posições subalternas e em papéis limitados de expressão social.

> *A gente está vivendo um momento de transformação [...]. A gente está num processo de transformação, onde a gente vive num país preconceituoso e racista. [...] e a gente vê as imagens nas revistas que [...] não via antes. Eu não me lembro de há 10 anos folhear revistas e ver numa capa ou anticapa uma negra ou negro, por mais que viessem dois brancos entre eles, como no caso desta aqui (Senac). Então assim, a gente está passando por um processo de desbranqueamento. Porque a gente teve um processo de branqueamento no Brasil, não é? (TPVS, Mulher Negra).*

> *Olha antigamente se usava muito mulheres claras. Hoje eu estou vendo que eles [anunciantes] estão indo para outros caminhos. Eles estão usando as negras. [...] estão usando bastante negras. Não tinha*

não, sinceramente, não tinha não. Agora você me dá nove e sete ou oito são mulheres negras. Sinceramente não tinha essa percepção que estavam usando tanto a mulher negra não. (LNL, Mulher Negra).

Sempre foi pautado que eram apenas brancos os ricos. Sempre teve essa divisão, essa separação. Hoje essa divisão é bem pequena. Não vou falar que acabou, mas tem bem menos. Isso significa que está acabando a marginalização do negro e aquela coisa que apenas o branco podia ter um conhecimento superior e que conseguiria alguma coisa na vida. (VL, Mulher Negra).

Eu acho que essas limitações de papéis já estão mudando, começou a mudar. Já tem sido mostrado de forma diferente. Eu pelo menos acho. Não sei se eu sou muito otimista [...]. (IAM, Mulher Branca).

As publicidades atuais estão auxiliando gradativamente a transmissão da mensagem que ser preconceituoso e racista é um comportamento ultrapassado, porém as mulheres ressaltam que a projeção da representação da imagem do negro e da negra qualificadamente ainda não está circulando de modo adequado em produções midiáticas de maior alcance, como as televisivas.

Para elas, percebe-se pouco tais movimentos de mudanças nos espaços televisivos, ficando restritos e sendo observados com mais frequência em anúncios de revistas que possuem, geralmente, um perfil mais segmentado de leitores com instrução educacional mais elevada.

Eu sou viciada em televisão, então quando estou em casa eu assisto muito e não vejo muitos negros. Eu não vejo na televisão muitas publicidades com negros. É que, geralmente, não tem aqui [nas revistas] também. Aqui você selecionou, mas se você pegar todo mês uma revista, [...] você verá uma vez ou outra um negro. Aqui é que foi selecionado, mas se você ver no geral não vai ter. Até que em revista tem mais, mas televisão não. Agora, por que quando você

vê revista tem mais e quando você vai para a TV não tem tanto? Eu
não sei o porquê. (MVS, Mulher Negra).

Este tipo de propaganda não vai para a televisão, vai para um pú-
blico específico, um público mais qualificado. Isso precisa ir para
a televisão! A massa não está preparada porque o país não está
educado para ver isso, o país tem essa segregação. Embora a gente
tente encobrir, [...] fingindo que não está enxergando, o país não
está preparado. É muito ruim a gente assumir isso, mas a gente tem
que entender que não estamos mesmo. Se colocasse uma moça ne-
gra na televisão, ninguém prestaria atenção nela, iria prestar mais
atenção no MBA, mas para um público que lê revista, revista é
público específico. (NMA, Mulher branca).

Dessa maneira, apesar desse caminho estar em construção, para
as mulheres é gratificante ver que essas mudanças estão ocorrendo em
relação ao uso de imagens mais qualificadas de negros e de negras nos espaços publicitários brasileiros. No entanto, elas expressam ter plena consciência que o preconceito e o racismo persistem nos espaços midiáticos
e sociais e que nesta arena a publicidade, ao compartilhar representações
positivas associadas às imagens dos negros e das negras pode ser uma
potencial ferramenta para combatê-lo, utilizando as mesmas estratégias
que apoiaram a sedimentação dos tradicionais conteúdos estereotípicos.

Enfim, as mulheres compreendem que existe um caminho sendo
trabalhado sob essa perspectiva, que ainda precisa ser longamente per-
corrido, no entanto, expressam confiança na potencialidade e nos efeitos
dessa mudança apoiada pelos discursos da mídia.

Eu acho que a publicidade está partindo bastante para essa questão
de que o importante é a opinião dos consumidores! Trabalhar a
questão da experiência. É necessário ter uma igualdade em relação
à exposição dos negros e brancos na publicidade. E acreditar nisso
não faz de mim uma total defensora da cultura negra. Mas, eu

acredito que ele [caminho] tem que ser muito trabalhado ainda no mercado, pois ele não existe fortemente na mídia, na publicidade, na novela e se as empresas virem isso, com certeza, esse equilíbrio será conquistado. A gente não vai ver muito mais negras só costurando e veremos mais negras vestindo o vestido de noiva e sendo protagonistas! (TRA, Mulher Negra).

Neste sentido, essa contextualização é fortalecida pela subcategoria **Percepção de tentativas para a atualização da imagem do negro**, que busca refletir sobre esses avanços acerca dos esforços para a atualização positiva da imagem do negro e da negra pelas narrativas da publicidade, pois os anúncios podem não mudar diretamente a vida dos indivíduos, mas possuem estímulos que provavelmente modificam ideias de modo gradativo, estimulando percepções sobre a presença social qualificada de indivíduos alvo de estereótipos.

Portanto, tem-se a expectativa que, com a visibilidade qualificada desses indivíduos nos enquadramentos da publicidade, possam ser promovidas mudanças perceptivas e deslocamento de conteúdos estereotípicos negativos, possibilitando dessa forma algum tipo de reflexo cognitivo sobre a consciência dessas imagens, bem como estímulos para a abertura de oportunidades reais na sociedade, como por exemplo de melhores espaços de trabalho e "outros/novos" comportamentos direcionados aos indivíduos alvo de estereótipos.

O meu desejo é que sim [que ocorram mudanças], mas não posso te dar certeza. A mim não causou impacto nenhum, pois é uma coisa normal. É o que eu acredito. Ela [publicidade] talvez cause sim um impacto positivo. A gente tem que olhar por esse lado mesmo. (NMA, Mulher Branca).

Para anúncios eu sou muito crítica, então pouco podem influenciar diretamente a minha vida, mas podem influenciar as minhas ideias. É que quando se fala em influenciar a sua vida eu acho um pouco genérico, mudança de comportamento total [...], mas, não seria uma mudança de comportamento mais uma coisa que viria para agregar.(TRA, Mulher Negra).

[...] essa coisa de você trazer isso na propaganda, eu acho que muda. Não é que muda, mas ajuda a mostrar que nós todos somos iguais e os mesmos espaços que as outras pessoas têm a gente também tem. (RBS, Mulher Negra).

Nas interpretações das mulheres, observa-se uma forte postura equilibrada que relativiza a eficácia dessas tentativas de atualização de tais discursos. Isso porque ao mesmo tempo em que elas acreditam na possibilidade dessas mudanças, ressaltam a consciência sobre a dificuldade de alcançar tais alterações de imagens e ideias, tendo em vista a recursividade que as construíram e são fortalecidas ao longo da construção cotidiana da história.

Outro ponto destacado e que merece atenção é se tais esforços para valorizar a imagem do negro e da negra não estão na realidade projetando a criação de um novo estereótipo, onde apenas o negro representa a identidade brasileira?

Parece que de tanto quererem fugir de um estereótipo estão criando outro. [...]. Talvez, este seja o novo brasileiro. De tanto misturar, misturar ficou tudo igual de novo. É tudo negro agora? Mas, o que realmente eu me pergunto é: na tentativa de fugir dos estereótipos dos loirinhos de olhos azuis, eles de repente não estariam criando outro? Como se agora, como o sistema de cotas, tem que colocar um negro bonito na foto. (LCSO, Mulher Branca).

As mulheres, também nesta linha, exemplificam que mesmo os anúncios tentando transmitir mensagens positivas, só a presença da imagem da mulher negra ativa pensamentos de preconceito ou mesmo que tais imagens podem fortalecer preconceitos sociais, pois indivíduos preconceituosos podem não gostar de ver negros em posições bem-sucedidas na publicidade.

Logo, alguns impactos negativos podem ocorrer na percepção desses indivíduos, pois para eles tais anúncios provocam um considerável estranhamento cognitivo ao expor negros em posições qualificadas de protagonista. Esses indivíduos preconceituosos geralmente justificam a inserção dos negros nesses papéis de expressões positivas pelo atendimento de políticas de cotas de reparação social, na tentativa de desqualificar a sua representatividade.

> *Eu não vejo nenhum preconceito, mas outras pessoas iriam ver preconceito sim, por ser uma mulher negra como empresária, se destacando e sendo bem-sucedida. O povo só iria comentar também: "nossa, num curso primeiro lugar do MEC, uma pessoa preta, negra". (JSCN, Mulher Negra).*

> *Isso é porque ela é uma mulher negra. Isso que me chamou a atenção. É mais por isso que me veio na cabeça o preconceito. Então, por ela ser negra automaticamente veio o pensamento relacionado a preconceito. (SRAL, Mulher Branca).*

> *Muita gente pensa nisso (né) de não ter condições de ir lá e vai entrar pelos 10% [...] fica aquela zoeira porque existe isso. (MALA, Mulher Branca).*

> *Vou dizer por mim, eu achei normal. Mas tem gente que vê e não gosta. (TCSS, Mulher Branca).*

> *Eles esperam que aqui fosse um homem branco e colocaram uma mulher negra e de roupa. Acho que choca! Eles vão achar no mínimo estranho. (GLSS, Mulher Negra).*

É que é difícil mudar a concepção que um negro pode sim tornar-se chefe de um departamento ou dono de uma empresa ou ser um líder. (TRA, Mulher Negra).

Porém, mesmo diante de tais expressões negativas há um entendimento, sempre presente nos discursos das mulheres, que os anúncios contraintuitivos ou não podem estimular os indivíduos a pensarem de modo diferente sobre o negro e a negra e seus papéis sociais, bem como estimular diretamente os indivíduos alvo de discursos racista a lutarem por seus objetivos.

Este daqui do Itaú, que tem um peso danado, eu acho que por ter uma negra ali. Eu acho que, às vezes, uma pessoa que tem preconceito pode pensar: "poxa, estão conseguindo conquistar o espaço deles". Ela acaba olhando com outros olhos. Isto eu percebo em todos os anúncios. Uma pessoa que tem preconceito vendo essas grandes marcas colocando que o negro está conseguindo, e não tem preconceito, e dando este espaço ao negro diminui muito o preconceito. [...] Uma pessoa que é racista e encontra um comercial assim com um negro incluso, numa empresa de grande porte como essas, eu acho que ajuda muito. As pessoas preconceituosas vão pensar que eu estou ficando muito antigo e remoto. Sabe? E tenho que mudar a minha linha de pensamento. (GS, Mulher Negra).

O que fica de percepção [...] para mim é querer mudar, fazer a ruptura de imagem. Aqui poderia estar uma vedete e colocaram uma jovem negra dando o recado "olha aqui o que importa não é tanto a minha cor, mas você pode ter a capacidade de chegar até aqui". (NMA, Mulher Branca).

As representações positivas da publicidade contraintuitiva associadas às expressões das marcas dos anunciantes ilustram, enfim, o quanto o reforço do preconceito é desnecessário na comunicação publicitária e como a diversidade pode ser utilizada como vetor simbólico para se promover a valorização do ser humano em suas pluralidades. É a esta perspectiva que a última subcategoria, **Esforços para a valorização humana**, se vincula.

Para as mulheres, a subcategoria **Esforços para a valorização humana** inter-relaciona-se às outras subcategorias apresentadas fortalecendo-as, porque expressa com mais propriedade que por trás dessas tentativas de políticas de representação identitária que a publicidade vem articulando, verifica-se a sua busca para responder aos desafios sociais e mercadológicos exigidos pelos consumidores no contemporâneo. Estes que não aceitam mais de forma passiva discursos que não promovam e expressem significados próximos às suas realidades, que não valorizem o ser humano em suas diversidades e que não agreguem informações às suas experiências sociais.

> *Bom essa coisa do humano [...] o ser humano agrega muito valor ao produto e na verdade toda a propaganda ela está querendo vender para alguma dessas pessoas. E não tem sentido você fazer uma propaganda e não usar de pessoas. Todo o tempo eu sinto que as publicidades aqui tentam aproximar cada vez mais as pessoas diretamente dos seus produtos, dos seus serviços. (RBS, Mulher Negra).*

> *Realmente, acho que cada vez mais os empresários [...] estão reconhecendo o valor dos seres humanos. [...]. Então, investir nas pessoas realmente é importante [...]. Então se você olhar aqui [nos anúncios] são pessoas que cada uma veio de lugares diferentes e de famílias diferentes, de origens diferentes, talvez, com condições sociais bem diferentes e, no entanto, mostra todos assim com a expressão "Cheguei onde eu queria". (LCSO, Mulher Branca).*

> *As pessoas têm que ser respeitadas como seres humanos e não por serem brancos e negros. (TPVS, Mulher Negra).*

Ai que bom que eles falaram sobre isso [inclusão da mulher negra].
Que bom que estão mostrando a consciência, mas sem tirar o lado
humano. (NMA, Mulher Branca).

As orientações desses esforços da publicidade em busca da valorização humana demandam que suas estratégias encontrem equilíbrio entre a expressão do produto promovido e a presença humana qualificada, sem distinção de cor de pele, gênero etc. A priorização precisa focar o respeito à imagem humana em suas diversidades, buscando direcionar atributos que agreguem valores aos produtos, ao posicioná-los em linha com os preceitos humanos e não o inverso.

Assim, com os fundamentos organizados nessas categorias estão direcionadas algumas dimensões de sentidos produzidas quando da experiência de interação de mulheres brasileiras com anúncios contraintuitivos associados à imagem da mulher negra.

Na contextualização geral da categoria DIMENSÃO SOCIOEMOCIONAL CATÁRTICA NO IMAGINÁRIO estão construídas, pelas perspectivas simbólicas das mulheres, relevantes diretrizes que contribuem de modo original para um adequado entendimento, bem como um aprofundamento do conhecimento sobre os usos e consumos do estímulo contraintuitivo na publicidade e suas manifestações nos espaços da recepção.

No entanto, como já informado, esta dimensão de significados operados quando da dinâmica interacional das mulheres brancas e negras com a publicidade contraintuitiva revela um importante movimento de sentido que tais discursos podem operar nas experiências das mulheres negras. Dessa forma, em continuidade à explicação das estruturas do modelo explicativo elaborado nesta investigação, no próximo capítulo, se avança para apresentar os significados altamente expressivos que se mostram salientes diante das experiências de interação de mulheres negras com os anúncios contraintuitivos.

Desse modo, é no esforço de compartilhar o conjunto simbólico de significados que emerge pelos usos e apropriações dos conteúdos de tais narrativas pelas mulheres negras, que com potencial robustez teórica será apresentada a outra categoria central deste modelo representativo, de caráter específico, denominada EXPERIÊNCIA DA DOR DO RACISMO E OS EFEITOS DE ANÚNCIOS CONTRAINTUITIVOS PARA SUA REDUÇÃO.

CAPÍTULO VI

RESULTADOS
As experiências de interação de mulheres brasileiras com anúncios contraintuitivos
Categoria Central Específica

Categoria Central Específica:
Experiência da Dor do Racismo e os Efeitos de Anúncios Contraintuitivos para
a sua Redução

Esta categoria reflete a força da originalidade deste modelo teórico e tem suas bases articuladas por cinco subcategorias que delineiam as dimensões significativas da experiência de interação de mulheres negras com anúncios contraintuitivos, a saber: **Reverberações da dor do racismo desde a infância, Carregando a experiência de ser mulher negra, Cicatrizes latentes do racismo na identidade, Resignação estereotípica como estratégia e Redução da experiência da dor do racismo pela interação com anúncios contraintuitivos.**

EXPERIÊNCIA DA DOR DO RACISMO E OS EFEITOS DE ANÚNCIOS CONTRAINTUITIVOS PARA SUA REDUÇÃO expressa as leituras que as mulheres negras realizam frente às narrativas dos anúncios contraintuitivos. Nesta interação e pelas suas leituras, é pertinente observar o atravessamento que o racismo opera nas suas experiências de vida.

Nessas leituras percebe-se também claramente a dimensão socioemocional catártica na estrutura da memória das mulheres negras, que ao interagirem com o dispositivo publicitário manifestam uma sensibilidade emocional de expressão muito profunda. Isto porque, na situação de recepção e interação com as narrativas contraintuitivas, as mulheres concomitantemente resgatam as suas memórias marcadas desde a infância pela opressão do racismo. Compartilham assim uma vivência passada com reflexos no presente, bem como certos modos estratégicos de enfrentar os reflexos deste ciclo de opressão no dia a dia, numa tentativa de neutralizar os impactos do racismo em suas biografias, bem como exibem (ou desvelam) as marcas dessas doloridas experiências em sua autoestima.

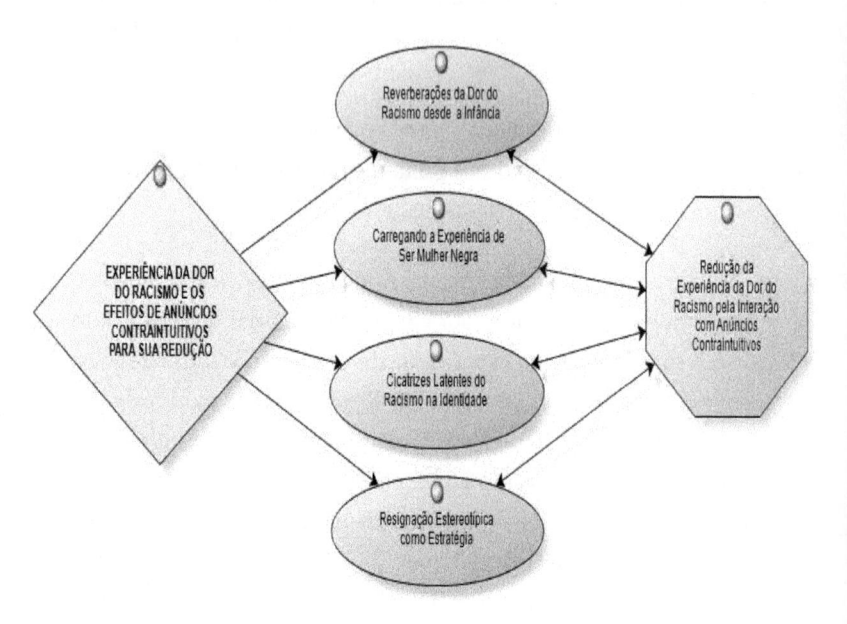

Diagrama 11 – Categoria Experiência da Dor do Racismo e os Efeitos de Anúncios Contraintuitivos para sua Redução

É justamente nesta direção, de apoio ao fortalecimento da autoestima dessas mulheres, que as narrativas publicitárias contraintuitivas as alcançam, motivando-as a acreditar que um diferente cenário social é possível. Esse percurso é explorado atenciosamente nas articulações das propriedades organizadas para a significação da presente categoria.

No entanto, antes de avançar apresentando os resultados que articulam os sentidos e as propriedades desta categoria, cabe aqui manifestar o meu testemunho de pesquisador sobre os momentos de diálogos com as mulheres negras na situação de interação com os dispositivos publicitários. Tais momentos foram muito delicados, pois muitas vezes fui surpreendido com os conteúdos compartilhados pelas mulheres acerca de suas experiências de vida resgatadas em vista dos estímulos dos anúncios. Nos relatos dessas experiências com o racismo, vários desses momentos foram compartilhados por elas aos prantos.

Manifestar as suas interpretações sobre os anúncios contraintuitivos que ofertam visibilidade a mulheres negras em posições qualificadas, movimenta os sentimentos das mulheres de modo explosivo. Tal reação, inesperada para mim e motivada pelos anúncios, é para essas mulheres como uma abertura para poder expressar um sentimento de dor, um desabafo de suas experiências doloridas com o racismo. Muitas delas *a posteriori* me diziam que nunca tiveram a chance de compartilhar e falar sobre tais experiências.

Enfrentar essa situação foi um grande desafio para mim como pesquisador. Em muitas dessas entrevistas precisei interromper o diálogo para resgatar as mulheres da emoção desses lugares cognitivos onde se encontram essas lembranças e as marcas doloridas que as desestabilizam.

A explosão desse sentimento de dor manifestada pela interação das mulheres com a publicidade é tão forte, que muitas vezes eu, como testemunha dessa situação, não conseguia me conter e me emocionava também diante dos gradientes de emoção dos relatos compartilhados pelas mulheres. Para tentar ilustrar essa situação complexa, compartilho abaixo uma nota de campo que produzi e que minimamente tenta transmitir a profundidade desse momento.

EMOÇÃO INESPERADA

A imagem da mulher negra do anúncio do Itaú Iphone produziu uma emoção profunda na entrevistada. Ela ao interpretar o anúncio estava qualificando a mulher negra protagonista como sendo da periferia, humilde e batalhadora... quando de repente, um silêncio paralisa sua fala e lágrimas começam a escorrer pelo seu rosto. Uma emoção incontrolada se manifesta, a mulher começa a chorar. Em prantos ela ainda tentava compartilhar comigo que aquela imagem lhe fazia recordar da origem da sua família e de suas lutas.

Foi um momento muito emocionante e inesperado para mim. Eu de início não sabia como agir. Eu não sabia se explorava aquele momento ou se redirecionava a entrevista para retirar a mulher daquela situação tão sensível. Optei por redirecionar a nossa conversa para outra perspectiva que não produzisse tamanha emoção. Busquei respeitar a dor daquelas lembranças que lhe ocasionaram tamanha emoção. Aquele momento foi suficiente para que eu também entendesse e sentisse o quanto as biografias dessas mulheres são abaladas pelas expressões do racismo.

Este momento foi impressionantemente desestabilizador e significativo para mim, pois pude compreender com mais proximidade a potencialidade e sutilezas que a narrativa publicitária contraintuitiva pode movimentar nos sentidos dos indivíduos ao atingir suas experiências mais sensíveis, bem como ficou claro o alcance que as margens de uma narrativa publicitária podem articular para além dos seus objetivos mercadológicos centrais.

São Paulo, 02/11/2013 – Nota de Campo

São nefastas as marcas que o racismo produz na biografia e nas identidades das mulheres negras. Tais marcas pelo que se observa estão cronicamente latentes na vida dessas mulheres, isto é, mesmo após a origem de sua ocorrência causam diariamente fortes dores nas biografias dessas mulheres, pois suas chagas são reforçadas cotidianamente e às mulheres negras cabe o desafio, o esforço diário de enfrentar e amenizar os seus reflexos.

Desse modo, para o entendimento desse contexto na sua base, a subcategoria **Reverberações da dor do racismo desde a infância** traz algumas propriedades, que direcionam para uma compreensão das prováveis raízes dessas emoções frente aos anúncios contraintuitivos.

Desde a infância o indivíduo negro se questiona "Quem sou eu?", buscando uma resposta principalmente frente às representações que são veiculadas pelos discursos da mídia, como a publicidade, a telenovela etc. Para as mulheres, as suas referências sobre o negro na infância eram apenas o que se ouvia, por exemplo, no espaço escolar e muitas vezes essas referências eram carregadas de expressões perversas, pautadas pelo preconceito ingênuo, porém altamente destrutivo, manifestado pelos seus colegas. Nesse contexto, edificava-se um sentimento de deslocamento devido à falta desse referencial identitário na infância, pois em todos os locais em que elas buscavam identificação (além, do espaço familiar) percebiam silenciamentos e a sempre presente valorização da imagem de indivíduos brancos. A mídia e seus discursos eram e continuam sendo um dos principais difusores dessa lógica de negação e silenciamento da imagem dos negros.

> *Quando eu era criança, eu era muito ligada assim... como eu ficava muito tempo em casa, eu assistia muito à televisão. Sempre passava comercial com boneca, com roupa e sempre quem estava ou desfilando ou que tinha aquele brinquedo era sempre um branco e rico. Como eu era negra e pobre eu achava que nunca iria ter aquilo. Então eu me via como uma pessoa inferior àquela. Eu achava que nunca iria ter e eu queria ser branca, porque eu achava que ser negro era uma coisa ruim. Eu me sentia muito mal com a minha cor [...]. Na minha cabeça de criança meu sonho era ser branca, eu achava que um dia eu iria acordar branca e com um cabelo liso [falando rindo, porém emocionada]. Eu me sentia inferiorizada pela socieda-*

de. Para mim, ser negro eu achava uma coisa ruim. Eu achava que eu nunca iria conseguir ter amigos, ou sei lá. Então isso foi sempre presente. Quando eu era criança o meu mundo era aquele. O que me diziam e o que via na TV sobre o negro. E hoje eu consigo enxergar que não era bem daquele jeito. (GLSS, Mulher Negra).

Criança é cruel, mas não é aquela crueldade ruim é aquela cruel-dade ingênua, mas que acaba destruindo o outro. [...]. Na época [que eu era criança], tinha já a revista Raça que você conseguia se identificar um pouco, uma única revista dentre milhares. Aí você via propaganda e não via ninguém parecido e você acaba se per-guntando: "quem sou eu?". (TPVS, Mulher Negra).

Se o negro aparecesse [na mídia] teríamos mais exemplo para as crianças que sofrem preconceito, porque criança sente muito. Eu acho que seria um exemplo para elas. (MVS, Mulher Negra).

Neste contexto, muitas vezes as crianças negras enfrentam essas situações e conflitos sozinhas, pois não compreendem as suas dimensões e profundidade. Suas personalidades são abaladas, pois é neste período que o seu *self* está em desenvolvimento pela interação com os outros sig-nificantes que estão presentes ao seu redor, como seus pais, amigos, pro-fessores e também os discursos midiáticos que podem apoiar a criança neste período de formação de sua identidade.

Especialmente em relação aos pais, a família, dessas crianças ve-rifica-se muitas vezes a falta de sensibilidade e desconhecimento sobre os modos mais adequados de apoiar seus filhos para enfrentar estas pri-meiras experiências frente ao racismo e suas manifestações, na busca de minimizar os seus efeitos nefastos em suas biografias. Resta para a crian-ça negra, muitas vezes, lidar sozinha com tais experiências que marcam profundamente o seu desempenho social.

Como eu não tive esse trabalho de autoestima na minha infância e adolescência, eu tive que trabalhar isso sozinha e a gente não consegue nada sozinha. Eu tive muita sorte de trabalhar isso em mim. O que eu tenho de alunas negras [a entrevistada é professora de ensino fundamental] com dificuldade de aceitação [...] é muito grande. E, às vezes, eu me recordo e vejo como eu lutei. (TPVS, Mulher Negra).

No contemporâneo, no entanto, em linha com a categoria abordada anteriormente no escopo da categoria geral, as mulheres consideram que há um movimento de mudança no campo midiático, especialmente no publicitário. Esse movimento promove uma maior consideração sobre a inclusão qualificada dos negros em suas narrativas. Espera-se que esse movimentar venha colaborar muito para o fortalecimento cognitivo da identidade de crianças negras brasileiras, ou seja, para as suas referências de valorização.

Eu acho que para a criança negra hoje é bem mais tranquilo se ver como referência, [...] olhando assim "oh parece com o meu pai, parece com a minha tia, parece com o meu irmão". Antigamente, elas viam apenas o branco. Vai ver o menino lá de olho azul, qual referência ela vai ter? Nenhuma. Aquilo ali não faz parte da vida dela e ela não vai poder comparar com alguém da família e até pensar: "por que é que não tem um pretinho"? Ou a criança até pensa: "por que o meu cabelo não é igual ao dele?". Se o pai não souber trabalhar, vai ficar uma criança assim [silêncio] eu não vou dizer traumatizada, mas com a mente fechada, não se assumindo. Achando que não é bonito ser negro por conta da mídia não ter pessoas iguais a ele e não se aceitar do jeito que é. (SA, Mulher Negra).

Já a próxima subcategoria corresponde à transposição dessas experiências com o racismo na infância para compreender as suas implicações na identidade da mulher negra adulta em suas perspectivas frente ao cotidiano. Cabe entender nesta linha, como as manifestações desse repertório de experiências com o racismo direcionam as leituras, reflexões e desempenho das mulheres negras na sociedade.

Carregando a Experiência de Ser Mulher Negra

A subcategoria **Carregando a experiência de ser mulher negra** corresponde às marcas das experiências do racismo nas biografias deixadas e reforçadas ao longo do tempo, o que torna suas percepções frente às interações sociais sensíveis a qualquer ação na direção de sua identidade como mulher negra.

Como se observa pelos discursos das mulheres negras, há um desconforto de presença e circulação social no qual o negro está inserido e que o posiciona automaticamente sempre em alerta acerca de manifestações de preconceito e racismo. É uma atividade exaustiva que se manifesta de modo intuitivo, ou seja, automático devido às redescrições que os indivíduos negros foram/são condicionados a conviver e a enfrentar desde a infância.

Como exemplo dessa ativação pode ser considerada a situação de interação das mulheres com qualquer narrativa midiática, ou melhor, alinhando a presente pesquisa com anúncios que tragam a presença ou não de mulheres negras em suas estruturas de sentido. É automático para as mulheres negras desconfiar e buscar algum traço associado a preconceitos ou racismo nesses anúncios. Esse olhar inquietante da mulher negra, e talvez dos negros em geral, se estabelece devido à sua percepção "calejada pelo preconceito", bem como pela sobreposição de carregar uma identidade marcada pela estigmatização social de ser mulher e negra no Brasil.

> *Quando eu era mais nova eu não tinha essa consciência, então a meu ver estava tudo certo. Aí com o tempo é que você vai percebendo. (SA, Mulher Negra).*

[...]. O negro é minoria e aonde quer que você vá, queira ou não queira você percebe isso. É visível e todo mundo vê. [...]. E agora você vendo todas essas propagandas com a imagem do negro [...]. Não que não seja comum, talvez até seja, e eu que não tinha o olhar para isso. E agora quando a gente para para observar a propaganda em si, a gente consegue é ir um pouco mais além. De repente eu acabo focando até um pouco mais o negro, por eu ser uma mulher negra. (RBS, Mulher Negra).

Para quem está por fora da situação de ser negro e de ter vivido essas questões não entende. Às vezes nem tanto você, mas você por ter visto outras pessoas viverem você acaba que meio que criando uma malícia como relação a essas coisas. Então você acaba meio que se calejando. Você acaba interpretando mais. Eu consigo enxergar isso, mas às vezes uma pessoa de fora que não tem essa ideia do racismo e do quanto ele é forte, não só antigamente, mas hoje também... Então essa pessoa olha para uma propaganda dessa e acha normal e não tem esse olhar. Acha nada demais. Que nada vai acrescentar na vida dela ou na linha de pensamento. Mas, para quem já passou por isso e sabe o quanto foi difícil ou o quanto é difícil às vezes consegue discernir claramente. Olhar para isso e observar que não foi fácil, que isso daqui [as negras protagonizarem anúncios] foi fruto de um trabalho muito árduo. Eu não sei te dizer de quem exatamente, mas de muita gente que foi atrás de seus direitos, dos negros principalmente de não se colocar na parede e se sentir inferiores. Dá a cara para bater e se posicionar que são capazes. Então não é todo mundo que conseguiria ver isso. (GS, Mulher Negra).

Eu não sei se é porque eu sou negra também e me identifico vendo. Eu não sei se é por isso. Eu tenho quase certeza que se você falasse com outras amigas minhas elas identificariam as mesmas

pessoas negras bem rápido como eu identifiquei. Porque como
nós sofremos algumas coisas perante esse motivo fica mais fácil.
(AAS, Mulher Negra).

Quem olha não vai ver o que eu vejo. Ou vai ver pouca coisa. Quem
olha vai ver que essa empresa está tentando passar que não tem
preconceito, mas para mim todas [anunciantes] têm, grande parte
delas tem a mulher negra do cabelo liso, a negra com lápis no ca-
belo. É a outra falando de "qualquer perfil", quer dizer que o negro
nunca faria um investimento para estudar? Eu vi isso, mas geral-
mente as pessoas que olham não vão ver. Eu vejo isso porque eu sou
negra. Normalmente a pessoa branca que for ver um anúncio deste
vai achar "a estão tentando colocar o negro como se fosse uma coisa
normal". [...]. Para mim já não, como eu sou negra e já convivo
com isso há muito tempo, este tipo de preconceito a gente vê. (GLSS,
Mulher Negra).

É ainda sob esta perspectiva das implicações do racismo na biografia das mulheres negras e em suas leituras de mundo, que a próxima
subcategoria vem especificamente reforçar os discursos delas sobre a força e os impactos dessas experiências em suas identidades, bem como em
suas performances em atividades desenvolvidas no cotidiano.

Cicatrizes Latentes do Racismo na Identidade

A subcategoria **Cicatrizes latentes do racismo na identidade** é
nevrálgica para as significações que atravessam a presente categoria,
tendo em vista que busca demonstrar a vivacidade das marcas do racismo no cotidiano das mulheres negras, que opera influenciando as suas
performances, os seus modos de olhar e vivenciar os seus relaciona-
mentos na sociedade.

O símbolo da cicatriz aqui se faz pertinente para tentar transmitir o que se observa e sente pelos depoimentos das mulheres negras em

vista de suas leituras sobre os anúncios contraintuitivos. Isso por que a interação das mulheres com essas narrativas publicitárias (em associação com as suas leituras sobre os anúncios) estão servindo como pontes para levá-las a expressar e compartilhar as suas experiências de vida frente às questões acerca das vivências, bem como a consciência dos efeitos nocivos do preconceito e do racismo que sofreram e sofrem nos espaços sociais. Isto é, elas realizam as leituras dos anúncios resgatando e comentando acerca das suas próprias experiências de vida mais profundas frente ao racismo e aos preconceitos.

Em seus discursos, percebe-se fortemente a expressão de uma dor aguda e latente que expressa o sentimento do não reconhecimento digno de suas alteridades identitárias ao longo de suas vidas. A latência dessa dor acompanha essas mulheres negras diariamente, afetando a sua saúde psíquica e sociocultural em todas as dimensões. Em seus discursos muitas mulheres são enfáticas ao expressar que para elas carregar essa experiência é algo incompreensível e que as revolta e as indigna como seres humanos.

As histórias dessas mulheres são gradativamente enquadradas pelas configurações das marcas dessa dor, que se tornam cotidianamente latentes pelas diversas qualificações que produzem nas situações de interação social, como a dor de rejeição, a dor de ser vista como um problema social, a dor das limitações impostas, a dor de ser alvo de olhares preconceituosos, a dor da não identificação de sua imagem, a dor da injustiça, a dor de uma criança negra se identificar como uma doença.

> *[...]. Não sofri diretamente preconceito. Meu único problema é que minha mãe é mais negra. Ela já sofreu. [a entrevistada começa a chorar (situação extremamente difícil para o entrevistador)]. Minha mãe já sofreu preconceito. [...]. É difícil você passear com um filho e alguém dizer "você está cuidando? Você é babá?". Eu não chegava a ver porque eu era criança. As pessoas me falaram depois. Ninguém falaria isso na minha frente, ter preconceito com a minha mãe! Esse preconceito ocorria diariamente com ela, quando*

eu era criança. E trago essa memória, desde que eu fiquei sabendo. [...]. Isso me marcou muito. A minha mãe não gosta de falar sobre isso. Nós não falamos sobre isso. Isso para mim é muito complicado. (MVS, Mulher Negra).

Eu me sentia inferior. [...]. Hoje eu não me sinto mais, mas antigamente quando eu sentia e via na escola e na televisão eu não queria ser negra de jeito nenhum. Eu queria ser branca. Eu achava que ser negra era uma coisa ruim. Era uma coisa, era uma doença que fosse muito ruim. Eu não queria ser negra. Hoje para mim já é mais [silêncio], mas antigamente eu via assim. Sempre os brancos eram os mais favorecidos pelas professoras na escola. E os negros eram como se fossem os doentes. Eu me sentia assim vendo aquilo. E eu não me aceitava por causa disso, por que eu não tinha noção de que todos nós somos iguais. Para mim o branco era o melhor e eu não queria ser negra de jeito nenhum. Achava a coisa mais horrível do mundo. Mais era assim, eu me sentia muito mal com a minha cor. Sofria. Então, eu queria ser branca. Eu achava se eu tomasse algum remédio, ou se eu tomasse muito banho eu acabaria ficando mais clara ou que meu cabelo iria alisar. (GLSS, Mulher Negra).

O negro acaba não se vendo como uma referência [quando não se vê na mídia]. É importante aparecer [silêncio]. Para mim não foi importante, porque na juventude e infância eu não tive muito contato pelo fato de estudar em colégio de freira eu não tinha contato. Então nada de mídia impressa, televisiva, rádio, não tinha isso. Não tinha nada. Mas, para os negros que tiveram acesso por não se verem... Ah!!! Muitos se sentiam mal (né). O se sentir mal é porque numa propaganda dessa não poderia ter uma negra estudando no Senac, por exemplo. Em outros tempos poderia estar só uma loirinha representando o Senac. Hoje não. (SA, Mulher Negra).

Eu levei isso [a experiência do preconceito] para mim como um incentivo para da próxima vez mostrar para pessoas desse tipo, como uma pessoa do meu nível pode também conquistar as coisas. Não importa como ela se veste, se ela é negra ou mulata ou o que quer que seja, ela pode conquistar as coisas sim. Então me pego muito nessas experiências para me mover e lutar pelos meus objetivos. Para que ninguém me julgue mais. [...]. É que é assim, quando uma pessoa pensa no negro no Brasil, quando a pessoa pensa no negro pensa sempre como o marginalizado, o sofrido, o que precisa de cota. Sabe, pensa no negro dessa forma, o coitado que sempre precisa de alguém para estender a mão para ajudá-lo. Que sempre precisa de ajuda! [...]. Então, assim, eu particularmente, não tenho problema em ser negra. [...]. Eu disse que sou parda, mas sou negra. E meu sentimento é de revolta total. Por que só tem que ser a negra lá costurando o vestido da mulher [exemplo de uma novela]? Por que não uma negra que tem inteligência suficiente para investir numa bolsa de valores? Entendeu? É a questão de oportunidade que as pessoas não dão para os negros mostrar-se. [...]. (TRA, Mulher Negra).

Isso [racismo e preconceitos] são coisas que eu vivo no dia a dia e sei que existe. Não tem como a gente negar. Tudo isso, eu guardo para me mover para os meus objetivos. Quando eu penso em desistir eu lembro e falo não, eu vou conquistar eu vou conseguir. Eu vou mostrar que sou capaz. (AAS, Mulher Negra).

O negro não era muito bem visto. Era como se fosse, praticamente, ser uma doença ser um negro. Agora não. Não é assim. Sabe aí ficava vindo à minha cabeça: "até quando isso vai ser um problema, vai ser algo ruim?" "Até quando eles vão levar isso?", "Até quando ser negro será problema para alguém da sociedade?". É isso. Porque às vezes é uma humilhação o que as pessoas passam, sabe? E às ve-

zes a sociedade encara como se fosse uma escolha ser negro, a gente não escolhe. Não é uma coisa ruim, é algo normal. A gente é tão capaz como qualquer outro ou às vezes até mais. É bastante dolorido. É ruim você querer fazer algumas coisas e ter alguns limites. Hoje em dia nem tanto, mas você tem alguns e sabe que vai encontrar alguém que vai ter preconceito com você. Às vezes, você sabe que se você fosse de outra cor você não encararia isso. Você não iria encontrar essas coisas. Então de uma forma ou de outra é muito dolorido ser negro e de ter vivido essas questões. (GS, Mulher Negra).

O mosaico da manifestação dessas dores é ativado em todas as atividades dessas mulheres na sociedade, pois é algo que as acompanha e as condiciona desde a mais tenra infância. No entanto, apesar de se verem inseridas nesse espaço de opressão é pela consciência das marcas vivas dessa dor que algumas elaboram mecanismo estratégicos que tentam acomodar tais experiências negativas, buscando assim estímulos para viver suas vidas de modo a não serem influenciadas diretamente pelos efeitos desse sistema de opressão, que desequilibram as suas identidades e desempenho social. É na expectativa de compreender tais mecanismos estratégicos utilizados pelas mulheres negras para acomodar as implicações do racismo e do preconceito em suas vidas que se apresentam os sentidos da próxima subcategoria.

Resignação Estereotípica como Estratégia

Resignação estereotípica como estratégia representa alguns modos que as mulheres negras utilizam no cotidiano para tentar neutralizar os efeitos do racismo em suas vidas. Esta subcategoria está estruturada com os seguintes componentes de sentido *Silenciamento de experiências com o racismo no cotidiano*, *Conformismo para enfrentar o racismo* e *Autopreconceito do negro*. Estes componentes configuram as potenciais estratégias utilizadas pelas mulheres negras na busca de tentar minimizar os impactos do racismo em suas biografias. Eles devem ser vistos como estratégias elaboradas ao longo de suas experiências dentro desse sistema de opressão.

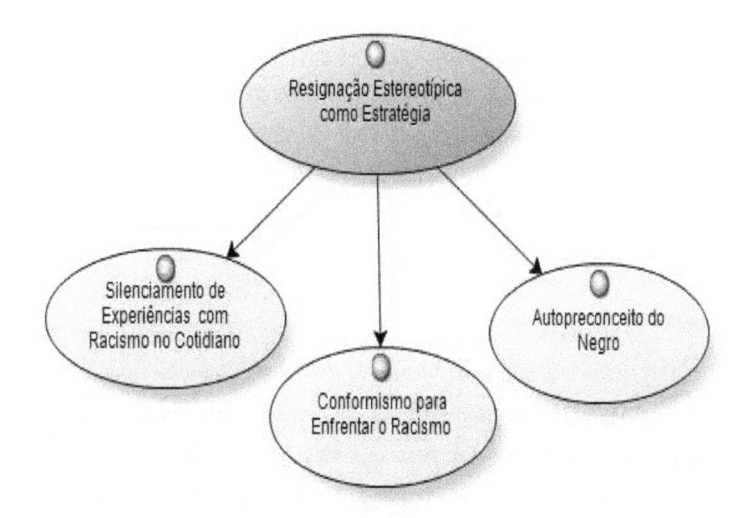

Diagrama 12 – Subcategoria Resignação Estereotípica como Estratégia

O *Silenciamento de experiências com o racismo no cotidiano* é um modo de tentar se sentir igual. Portanto, evita-se discutir, compartilhar e combater explicitamente o racismo para não ampliar e postergar as implicações de tais experiências em suas interações sociais.

Há por parte das mulheres negras certo constrangimento e dificuldade para abordar tais experiências na sociedade. Assim, o silenciamento e a revolta silenciosa são caminhos mais rápidos para não estender as manifestações e distúrbios de ações racistas nas situações sociais. Ou seja, é mais confortável a atitude e o comportamento de silenciar (fingir que nada aconteceu) do que produzir um combate mais ativo e frontal contra os indivíduos produtores desses contextos opressores, desconfigurando-os mediante o enfrentamento dialógico. As marcas desse silenciamento e receio de enfrentamento refletem os seguintes testemunhos das mulheres negras diante de situações de racismo:

Eu meio que na hora fiquei em choque com a atitude preconceituosa que sofri [de ser confundida com uma faxineira]. Depois, eu fiquei bem chateada e comentei nas redes sociais e com outra pessoa que trabalha comigo. Não levei a frente. Então, isso mostra como existe ainda o preconceito. [...]. Infelizmente, no meio que eu convivo não é muito discutido o papel da negra na sociedade, porque se você começa com essa discussão as pessoas te tomam como a coitadinha. A coitada que está lutando e quer um espaço no mercado. Um espaço em algum lugar só porque é negra. No meio onde eu convivo, no meu trabalho, por exemplo, esse assunto eu não me sinto bem para poder começar uma discussão. [...]. Até mesmo porque entre amigos não é muito fácil falar. Na minha casa também não acontece. Na minha casa a pessoa que mais converso é a minha irmã, pois a gente passa pelas mesmas dificuldades [...]. Ela também trabalha numa empresa grande que há poucos negros trabalhando. Então, em casa não tem essa discussão não. Como eu disse no ambiente que convivo esse discurso não vai me fazer crescer, mas fará com que as pessoas sintam dó de mim. (TRA, Mulher Negra).

Na verdade eu não consegui responder nada [após sofrer preconceito em uma loja]. Eu tentei fingir que nada tinha acontecido e fui embora. (AAS, Mulher Negra).

Da maneira que eu falei aqui eu nunca tinha conseguido expor. [...] da forma que eu consegui falar aqui eu nunca consegui falar com ninguém assim [sobre racismo e preconceito]. (TPVS, Mulher Negra).

Nesta mesma linha, reforçando as bases do silenciamento, há a estratégia do *Conformismo para enfrentar o racismo*, que corresponde ao entendimento de que o preconceito existe em todo o lugar, bem como a consciência e dissimulação da sociedade sobre a sua existência. Portanto, consciente desse contexto os indivíduos alvos do racismo e suas expressões devem ignorá-lo, se acostumar e aceitar conviver com tais situações, pois desse modo o dia a dia não é tão difícil, uma vez que com tais posturas esses contextos opressores não são associados diretamente ao peso das manifestações do racismo, mas sim apenas às barreiras sociais a serem rompidas.

Portanto, se evita perceber a realidade das expressões racistas e o fato de ser alvo de suas implicações. Nesta perspectiva, os negros precisam trabalhar a resistência social internamente na estrutura de sua mente e *self* para buscar fortalecer a sua autoaceitação.

> *Eu já me acostumei. Sabendo que é racismo e tal, eu já me acostumei. Já me acostumei a ver esse tipo de coisa, para mim já não é uma coisa (sabe!). Eu me sentia inferior. Hoje não, hoje já não me atinge. Isso para mim já é normal. O Brasil é assim. É racista. Então tenho que me acostumar com isso [respiro profundo]. [...]. Eu sou negra não tem como mudar isso mesmo..., não sei. Hoje não me incomoda mais, mas antigamente eu me sentia mal. Sempre é assim, para mim já é normal. Não me abala não. Não me abala porque o Brasil é assim. O Brasil é racista. Então eu tenho que me aceitar do jeito que eu sou. [...]. Preconceito é uma coisa global, não tem como escapar disso. A gente está sujeito a isso. (GLSS, Mulher Negra).*

> *Não. Nunca me senti assim [vítima de racismo]. Até porque eu não tenho muito esse olhar de preconceito. Eu procuro fazer de conta que não percebo. Mas, graças a Deus eu nunca sofri nada que me deixasse assim desconfortável. Se eu percebo é coisa rápida e passa. Eu não me sinto ofendida diante dessa questão do preconceito, pois têm momentos da vida que a gente lembra e outros nem. (RBS, Mulher Negra).*

> *Como pessoa, eu nunca sofri um preconceito assim diretamente. Conheço pessoas que já sofreram preconceito e não foi legal. Diretamente comigo não aconteceu. Mas, assim preconceito com*

negro é fato. Preconceito não é uma coisa que me abate. Eu não tenho aquela coisa de ficar guardando e pensando: "nossa aconteceu isso". Eu deixo passar. Eu não guardo isso para mim. Eu deixo passar. Eu lembro, mas não fico guardando. Veio na mente agora esse tema porque você me perguntou, mas eu não guardo. Eles ficam guardados bem escondidinhos, bem longe. Porque não é uma coisa que eu fico pensando que vai ficar me incomodando não. Não guardo mesmo. No meu dia a dia não interferem. (SA, Mulher Negra).

Na realidade eu agora estou até um pouco acostumada. Eu fico apenas um pouco, às vezes, me sentindo um pouco mal. Isso já me fez mais mal, hoje em dia nem tanto. Antes eu poderia até me achar inferior, mas hoje eu vejo que não tem nada a ver. (AAS, Mulher Negra).

Eu nunca sofri racismo em relação a isso [ser negra], se eu sofri não percebi, mas eu vi muita gente sofrer racismo. Em todo lugar! Eu sempre me senti normal. Eu nunca me senti menos que ninguém. Eu acho que até mesmo pela minha família que nunca me colocou isso como diferença e onde sempre essa questão foi tratada como normal. Então onde eu ia, eu era tratada de forma normal. Então onde eu ia e se era tratada com racismo eu não percebia. Eu via sim muitas barreiras a serem rompidas. Elas existem ainda hoje, mas eu nunca encarei isso como algo ruim. Eu nunca vi isso assim e sei que tem gente que tem racismo, até comigo, mas nunca presenciei. Eu já vi outras coisas, mas comigo nunca. Eu sou negra mais é uma cor mais marrom e tem negros de cor mais escura. Então essas pessoas sofriam mais, por exemplo, preconceito na escola de mães que não deixavam os filhos brincarem com essas crianças por serem mais escuras. Eu já presenciei muita coisa que é banal, mas imagine para quem está ali passando por aquilo [emoção e choro da entrevistada]. (GS, Mulher Negra).

Ao longo dos anos eu fui trabalhando isso [questões do racismo e preconceito] dentro de mim, pois as coisas foram acontecendo e, automaticamente, você vai criando resistências dentro de você. (TPVS, Mulher Negra).

A terceira estratégia de resignação identificada nos discursos das mulheres negras para tentar neutralizar as consequências do racismo em suas biografias é associada à sempre presente observação social, pautada no senso comum, que os negros têm preconceito com os próprios negros. Os conteúdos que articulam o entendimento sobre essa estratégia estão organizados na propriedade *Autopreconceito do negro*.

De um lado, este discurso de autopreconceito do negro deve ser associado a algum tipo de autodefesa frente aos contextos racistas nos quais eles são inseridos cotidianamente. Por outro lado, esse discurso pode ter sido introjetado na estrutura cognitiva de alguns negros, tendo em vista um condicionamento social que expressa e reforça a todo momento um repertório cognitivo de que ele é inferior.

Algumas pessoas [...] têm dificuldades de se aceitarem como negros. [...]. Eu ouvi uma fala de um professor negro: "É que o negro tem preconceito com ele mesmo". Ele falando isso com outro professor e eu fiquei assim... Eu fiquei esperando. É que você não pode ouvir uma coisa dessa e colocar ponto final, pois você falar isso para um adolescente é fatal sendo professor ou não. Você precisa contextualizar e contar a história, o porquê de alguns negros serem preconceituosos com eles mesmos. Ocorreu-se um processo que ele queria ter sido aceito na sociedade, você vê isso até hoje. Então, existe a construção de uma ideia de padrão para poder ser aceito. (TPVS, Mulher Negra).

Eu acho que, às vezes, não é que você se acha incapaz, mas é de tanto as pessoas te colocarem como diferente e que você é menos que os outros que você acaba se limitando. Então eu acho que isso sempre prejudicou muito as pessoas negras. Hoje nem tanto, mas ainda existe sim. As pessoas negras acabavam tendo preconceito com elas mesmas de tanto ouvir o preconceito dos outros. Então eu acho que isso sempre foi muito prejudicial para todo mundo. (GS, Mulher Negra).

O negro tem o próprio preconceito com o negro sim. Eu tenho amigo que fala que não namoraria uma mulher negra, porque ele não quer que os seus filhos nasçam negros. É até uma agressão falar, mas ele fala que não quer que os filhos nasçam com o cabelo duro. Ele fala isso, que não quer que os filhos sofram futuramente preconceito também. Seria uma forma de autodefesa. Eu entendo assim. (VL, Mulher Negra).

Dessa forma, como um caminho cognitivo para não se enquadrar nesse perfil de inferioridade, o negro prefere não se reconhecer como negro, projetando assim a redescrição dos discursos racistas de inferioridade em direção a outros negros. Esse comportamento produz uma sensação de negação e não pertencimento ao grupo oprimido alvo dos discursos racistas. Portanto, é mediante essa ação de opressão e negação que o negro pode se sentir ilusoriamente integrante do grupo opressor, o que facilita o seu enfrentamento do racismo e suas implicações no dia a dia.

É com os esclarecimentos das dimensões a acerca das experiências da dor do racismo que marcam a biografia das mulheres negras, que se potencializam as prováveis contribuições das narrativas publicitárias contraintuitivas pois os seus efeitos auxiliam na redução da manifestação latente dessas experiências da dor do racismo no cotidiano. As dimensões de sentido dessas percepções são apresentadas na estrutura da próxima subcategoria.

Redução da Experiência da Dor do Racismo pela Interação com Anúncios Contraintuitivos

A subcategoria **Redução da experiência da dor do racismo pela interação com anúncios contraintuitivos** reflete os efeitos que podem ser produzidos pelas interações com os anúncios contraintuitivos nas mediações sociais, tanto na perspectiva microssocial quanto na projeção macrossocial.

Nessa subcategoria se localiza o cerne contributivo operado pelo discurso contraintuitivo, para além dos seus objetivos mercadológicos. Esta subcategoria articula-se pelos seguintes componentes: *Reconfigurações positivas de novas expressões da negra na publicidade* e *Reflexividades na autoestima e Expectativas de esperança* de mulheres negras pela interação com anúncios contraintuitivos.

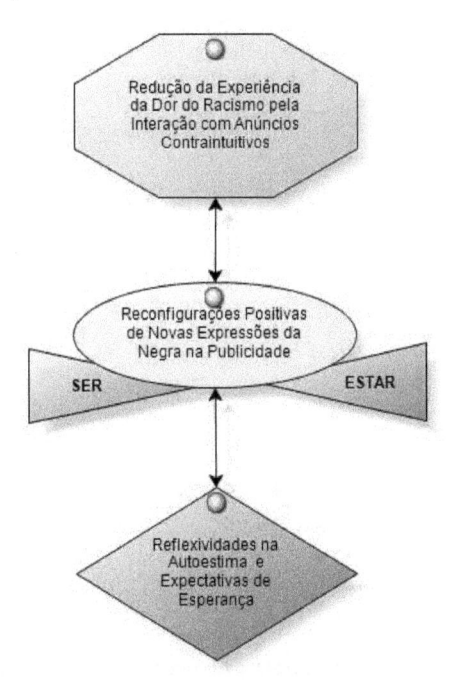

Diagrama 13 – Subcategoria Redução da Experiência da Dor do Racismo pela Interação com Anúncios Contraintuitivos

De início, articulando esta subcategoria tem-se o componente *Reconfigurações positivas de novas expressões da negra na publicidade* que se desdobra pelos discursos das mulheres sobre as suas percepções acerca do movimento de *Valorização da Negra e do Negro* nos anúncios, *Proposições de Conquistas Iniciais e Ascenção Social*, bem como *Extasia ao Identificar Negras Protagonistas em Novos Papéis na Publicidade*.

Para as mulheres negras é expressivo o movimento que está sendo conduzido pelos discursos da publicidade para promover reconfigurações qualificadas de visibilidade da imagem da mulher negra em seus enquadramentos. Esse movimento agrega e produz um efeito perceptivo de escala relevante na valorização da imagem dos negros em geral (mulheres, homens e crianças), bem como a presença da mulher negra nos anúncios reforça também a valorização da imagem da mulher na sociedade.

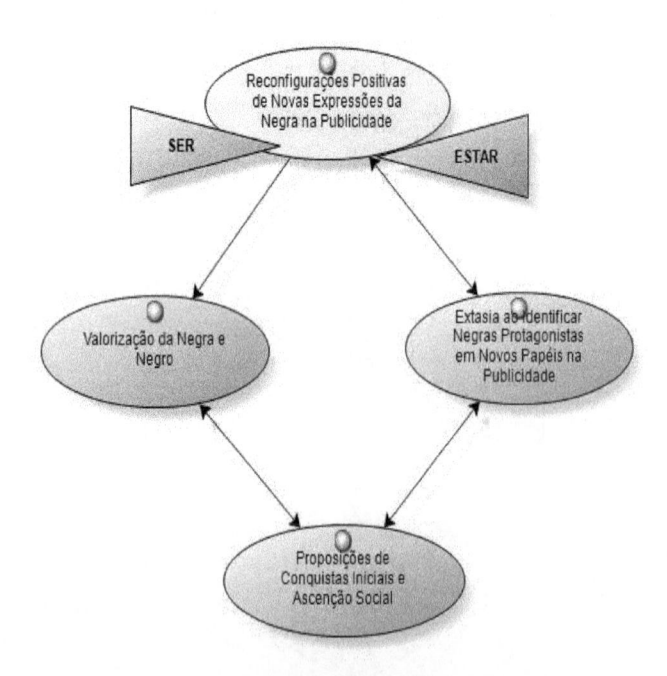

Diagrama 14 – Propriedade Reconfigurações Positivas de
Novas Expressões da Negra na Publicidade

Essa "nova/outra" postura do campo publicitário mesmo sendo pautada- como elas têm consciência e indicam em seus discursos- por motivos mercadológicos, a curto e médio prazos pode fortalecer a identidade desses indivíduos, que passam e passarão a se identificar nas configurações midiáticas também como referência. Nesta dimensão de sentido, pelo jogo positivo de visibilidade sobre a imagem da mulher negra com tais narrativas, um potencial sistema simbólico integrado que polariza *as dimensões ser e estar* dessas mulheres frente aos contextos das publicidades é percebido.

> *Se você ver os comerciais aqui estão trabalhando com mulheres, só mulheres e mulheres negras. É a valorização de uma classe. E é isso que a gente precisa. As pessoas iam se identificar muito com essas pessoas. [...]. Um ponto de semelhança entre as peças é essa valorização. Estão valorizando a mulher negra e a mulher. Eu achei lindo eles usarem, as modelos mulheres negras. Mulher e negra. Se fosse mulher loira eu iria achar legal, pois é mulher. A minha condição, pois ainda a mulher é discriminada. Mesmo a mulher branca sendo uma executiva ela ganha menos que um homem nas empresas. Isso daí é fato! [...] Mas, agora o fato de usar a mulher negra eu gosto mais, eu me identifico mais com esses comerciais, com esses produtos da propaganda. [...]. Eu creio que mesmo a mulher branca olhando esses comerciais ela iria ficar muito feliz vendo que estão usando e valorizando a negra, as mulheres negras. [...]. Valorização. [...]. Eles estão valorizando, então isso daqui já é uma mudança [silêncio]. (LNL, Mulher Negra).*

> *Então assim a questão da mulher aqui [...] É incrível que agora que eu dei conta, que só uma [publicidade] tem homem e as outras só mulher, sempre a mulher! A mulher que manda em casa. Então, está aqui [refletida no anúncio] a questão da força feminina e a negra por uma questão de valorização. Eu não estou falando de valorização no sentido bom da coisa, mas no sentido de capitalismo*

[que visa o lucro]. Que os propósitos das revistas são os mesmos, atingir o público-alvo. (TPVS, Mulher Negra).

Hoje você vê que as mulheres estão mais presentes na propaganda. Também essa coisa de você usar outras etnias e não apenas a etnia clara, mas também a negra. Eu acho que isso agrega valor à raça. [...]. Uma mulher que você vê negra, que remete àquela coisa também do valor, de agregar valor humano. [...]. Agregar valor de pessoas é mostrar que qualquer pessoa pode fazer uma publicidade desde que ela [publicidade] seja bem montada. Eu falo qualquer pessoa, porque eu percebi aqui que primeiro são muitas mulheres, isso é uma coisa, a outra é que elas são negras. (RBS, Mulher Negra).

Nesta diretiva, é de extrema sensibilidade observar as reações das mulheres negras quando identificam que as mulheres protagonistas dos anúncios contraintuitivos são também mulheres negras. É perceptível identificar um efeito de extasia: diversos sorrisos ao longo dessas situações e nas expressões das mulheres; é possível sentir uma vibração positiva, isto é, no momento dessa primeira interação com os dispositivos publicitários contraintuitivos percebe-se que as mulheres negras maravilham-se com as narrativas ao verem mulheres como elas em representações qualificadas.

Olha que negrona fazendo este comercial [Banco do Brasil], olha só que lindo! Olha, só negra, negra, negra, negra, [indicando com o dedo indicador direito as mulheres negras nos anúncios] negra, negra e negra. Você viu? Isso para mim é muito importante. Para mim foi muito importante ter essa conscientização hoje. Olha só que interessante, meu! Nove negras. [...]. Eu estou feliz por constatar isso. Eu estou feliz! (LNL, Mulher Negra).

A mensagem para mim é que em todos os anúncios tem uma mulher e uma mulher negra! Isso significa também que a mulher negra está também sendo agora visada, eles [anunciantes] estão colocan-

do. Estão ligando também ela a uma instituição como a FGV. [...].
Eu nunca pensaria que a FGV ligaria uma mulher, não uma mu-
lher tudo bem, mas eu nunca pensei que a FGV ligaria negros à
propaganda deles, pois eu sempre via a FGV como uma faculdade
muito elitista. (FRA, Mulher Negra).

Aqui [anúncio Berlitz] eles [anunciante] colocaram uma mulher e
ela é negra. Ela está com roupa social. Para mim não tem precon-
ceito não. Eles quiseram fazer diferente, colocaram uma mulher,
normalmente é um homem branco que está aqui, colocaram uma
mulher de roupa social e ela negra (né). Não senti preconceito não.
O que eu entendo é que eles quiseram inovar, trazer uma coisa di-
ferente. [...]. Têm negros em todas essas propagandas, é difícil ver
isso. É importante ver que eles estão colocando o negro como prin-
cipal, eles não estão como coadjuvantes como geralmente acontece.
Eles estão em destaque nas imagens e é gratificante ver que mudou,
porque antigamente nunca iria aparecer um negro sendo o princi-
pal, nunca! É difícil ver e quando a gente vê a gente até se assusta,
quando vê o negro na frente do branco ou em foco. É difícil ver, não
é uma coisa normal. (GLSS, Mulher Negra).

Porém, num segundo momento, quando do equilíbrio da emoção de extasia, as mulheres negras lançam olhares mais atenciosos para
considerar os significados articulados nas narrativas. Para elas, é altamente válido e importante esse movimento de valorização dos negros na
mídia, especialmente na publicidade. Porém, ainda é possível observar
que persistem nos anúncios contraintuitivos apresentados certas sutilezas de sentido no uso da imagem da mulher negra, que precisam ser
problematizadas.

Isto porque se de um lado os anúncios em sua maioria dão visibilidade de protagonismo para a mulher negra associando a sua imagem a
expressões de significados de ascensão social, por outro lado, tais expressões demarcam expressamente um lugar de conquistas iniciais, ou seja,

apresentam a mulher negra conquistando e, ao menos nos anúncios selecionados, a mulher negra nunca aparece usufruindo algo que conquistou.

> *Eu creio que elas [mulher negras nos anúncios] estejam em começo
> de carreira, mas isso não é negativo. Elas estão caminhando para
> ter uma vida mais estável e já estão na realização profissional. (VL,
> Mulher Negra).*

> *Todos eles mostram o negro em ascensão, o negro no mercado
> de trabalho, o negro ativo, produzindo, produzindo, ganhando.
> Todos eles têm uma conotação de ascensão, melhoras. (SA, Mulher
> Negra).*

> *Na maioria eles quiseram passar o negro, como se o negro estivesse
> ingressando na carreira profissional em destaque (né). A maioria
> mostra isso. Basicamente isso, a imagem mostra uma negra que
> está crescendo com a empresa ou está investindo nela [pessoa] ou
> na empresa. (GLSS, Mulher Negra).*

> *Ao invés de mostrar uma negra que vai estudar numa instituição
> boa, [os anúncios deveriam] mostrar a negra numa empresa, num
> nível melhor e liderando, para mudar esse discurso que a negra ain-
> da está estudando para conquistar um lugar no mercado. É preci-
> so mostrar a negra que estudou, conquistou um lugar no mercado
> e falar no discurso que ela estudou e fez seu curso, por exemplo,
> na FGV. É preciso mudar entendeu? É preciso inverter o discurso,
> para tirar essa impressão de uma negra que ainda vai abrir uma
> franquia, para mostrá-la já ganhando os lucros na empresa que ela
> abriu [...]. Mostrar as pessoas mais independentes, ou seja, elas
> próprias tomando as decisões de suas vidas. Pessoas assim, que ao
> invés de mostrar a questão do "se você fizer você pode ter", mostrar
> os que fizeram e deram certo. Entendeu? Ao invés de colocarem as
> possibilidades, colocarem os cases. Entendeu? E, se possível, colocar*

cases de pessoas negras que conquistaram porque o que passa aqui para mim é que o negro precisa ainda de muita coisa para poder conquistar seu espaço. O ideal não seria mostrar pessoas que estão ainda tentando, o ideal seria mostrar pessoas que já conseguiram. Isso seria o ideal. (TRA, Mulher Negra).

Desse modo, esse ponto é relevante como alerta, pois demonstra que um avanço de representatividade da imagem dos negros na mídia está em curso, porém as marcações estratégicas das significações dessa visibilidade estão ainda, provavelmente, atendendo orientações veladas de reconfigurações racistas que persistem em limitar simbolicamente a circulação dos negros nas representações midiáticas. Há uma provável nova roupagem para se abordar o uso da imagem dos negros nos textos da mídia, porém é na oportunidade desse redirecionamento das proposições midiáticas que debates que desconfigurem tais ditames de limitação podem ser promovidos.

Assim, apesar dessas possibilidades, é inegável para as mulheres a contribuição que as narrativas contraintuitivas podem agregar nas biografias dos indivíduos da categoria social negro. Os efeitos produzidos pela interação com as narrativas desses dispositivos midiáticos podem repercutir positivamente em sua autoestima. Nesta perspectiva, os olhares das mulheres acerca dessa movimentação de significados pelos anúncios contraintuitivos são apresentados na próxima subcategoria.

Reflexividades na Autoestima e Expectativas de Esperança

Reflexividades na autoestima e Expectativas de esperança é o resultado produzido pela interação de mulheres negras com os anúncios contraintuitivos. Esses anúncios para as mulheres negras estimulam pensamentos positivos com as suas imagens qualificadas, mesmo considerando ainda percepções obscuras, como se indicou anteriormente na categorial geral.

As narrativas dos anúncios são capazes de produzir um *mix* de emoções positivas na mulher negra, diminuindo o impacto das dores de suas experiências com o racismo e o preconceito. Desse modo, tais narrativas acabam fortalecendo gradativamente as estruturas de sua autoestima.

A relevância da circulação desses anúncios para referência de crianças negras também é destacada pelas mulheres negras, que frisaram que tais imagens podem ter impacto ainda mais profundo para as crianças negras, pois ter mais contato com narrativas que valorizam a imagem dos negros nos espaços midiáticos produz um referencial identitário mais fortalecido, bem como sentidos mais seguros de pertencimento social.

> *Esses anúncios estimulam que eu tenho que investir em mim, não pelo fato de ser negra mais para ter um futuro melhor. [...]. Ela [a mulher do anúncio Caixa Investidor] foi atrás do que ela queria. Mesmo que demorou, ela investiu no futuro dela. E é o que eu pretendo fazer também. Então, em relação a isso eu me identifiquei. Eu acho que todos eles [anúncios] de alguma forma me fizeram repensar em algumas coisas, sobre preconceito, sobre a socialização, a vida profissional, investir em si próprio. Cada um deles trouxe um pouquinho. Até os que eu não gostei trouxeram também. (GLSS, Mulher Negra).*

> *Todos nós somos iguais, todo mundo, e temos as mesmas capacidades. Basta a gente seguir os nossos objetivos e ir à luta. Que a gente tem a mesma capacidade de qualquer outra pessoa. E isto daqui ele [anúncio FGV] está dizendo, na realidade ele usa esta personagem para dizer que ela também é um de nós, uma pessoa comum como qualquer outra. [...]. O anúncio está mostrando também que nós podemos assim como ela estar ali. Nós, mulheres. Enfim, tudo bem que aqui não é só para mulheres, [...] mas para pessoas em geral que têm uma formação de nível superior bem mais posicionada. Eu fico orgulhosa de ver. Orgulhosa de ver mulheres na publicidade. (RBS, Mulher Negra).*

As histórias aqui dão motivação. [...]. Todos esses são exemplos. Uma pessoa que está investindo financeiramente, outra que está investindo na vida dela e que não deixa de ser um passo para o financeiro. Essas publicidades incentivam você procurar algo mais, estudar, investir em você, querer abrir seu próprio negócio. Porque essas publicidades de cunho profissional [...] te dá um up, te anima. [...]. Dá motivação, têm pessoas que se espelham [...]. E a intenção da publicidade é essa mesmo, dar motivação. (SA, Mulher Negra).

Talvez, eu acho que o impacto dos anúncios vai direto à autoestima das mulheres negras. (JSCN, Mulher Negra).

Por eles apresentarem na propaganda uma mulher negra, parece que me incentiva. Eu me sinto mais familiarizada com isso. O meu sentimento é de querer conquistar e sentir que eu sou capaz. São só números que dizem que os negros moram mais na periferia, que eles têm menos possibilidades, mas eu creio que não! Essas publicidades me passam mensagens de conquistas. Em todas essas publicidades todo mundo é feliz, está sorrindo. Todo mundo está conquistando algo, mesmo que a realidade não seja essa. (AAS, Mulher Negra).

A mídia é um exemplo para as crianças. O que elas veem. [...] na TV e revistas elas vão seguir. Elas seguem o que é mostrado para elas. É muito importante os exemplos para as crianças. Eu acho que para mim não agrega mais, porque eu já tenho o meu conhecimento e as minhas opiniões. Mudar? Mudam, mas é muito difícil. Mas, para crianças quando estão em formação vendo propagandas assim, eu acho que ajuda sim. Ainda mais na fase de formação. (MVS, Mulher Negra).

Na realidade nós estamos falando de autoestima e o ser humano tem essa necessidade de ser valorizado. Não existe isso de pessoa mais feia, menos feia ou bela. Existem pessoas diversas, pessoas diferentes, múltiplas. Então assim, quando a gente está em período de formação a gente precisa de autoestima, de se identificar com algo, eu preciso me sentir encaixado em algo. Em que ponta dessa sociedade eu sou inserido? [...]. E se eu sou uma jovem que estou num processo de formação e vejo uma mulher negra com roupa de executiva, automaticamente, eu penso: "Opa! Eu quero ser igual a ela". E eu vou correr atrás, pois foi passada essa imagem para mim e se ela pode ser por que eu também não posso? Então, resumindo, é isso um processo de mudança onde a imagem da mulher negra está sendo trabalhada e está sendo valorizada na publicidade desses bancos, investindo e formando novos profissionais na área com características diferenciadas dos estereótipos que estamos acostumados a ver. (TPVS, Mulher Negra).

Então não é nem o produto em si. Então você vê aquela imagem que você pode e que também vai conseguir, ou o depoimento de outras pessoas negras. Acaba que você absorve aquela experiência e ajuda bastante a você se sentir bem vendo esse tipo de coisa. (GS, Mulher Negra).

Eu não tinha parado para observar como tem mais pessoas negras na publicidade e como elas estão sendo motivadas a investir em qualidade de vida, em estudo. (VL, Mulher Negra).

Eu posso me ver em qualquer mulher dessas dos anúncios, e eu sendo negra isso é muito forte, pois até então eu só tinha representação de mulheres loiras. Eu não sou loira, então eu não fazia parte daquela sociedade. (JTS, Mulher Negra).

Então eu acho que são imagens positivas apresentar o negro aqui, porque o estimula buscar algo a mais. Esta questão da influência da pessoa olhar e dizer "eu também posso!". Poderia mexer com a autoestima também da pessoa. A pessoa poderia falar "eu sei que pode ser difícil, eu sei que para mim não vai ser tão fácil, mas eu posso tentar". [...]. É emoção. Essas campanhas passam sensação de esperança e conquistas. [...]. É uma sensação muito de esperança, de que você pode correr atrás do que você quer. [...]. Mostrar que ela é muito mais capaz do que a mídia fala que ela é. É aquele lance, a mídia fala que você pode conseguir, se você tentar você pode conseguir. Ai é você pensar eu sei que vou conseguir e vou estar lá e você vai ver. É autoestima mostrar que realmente podem. Muito. Muito. Muito, porque eu acho que devido toda a história que você tem dos negros no Brasil, de como eles não tiveram oportunidades aqui [...] quando você se depara com uma propaganda que mostra uma negra conquistando um espaço ou tentando conquistar um espaço isso é bem incentivador, ao menos para mim, poder continuar porque eu sei que posso chegar num patamar mais alto. (TRA, Mulher Negra).

Os anúncios contraintuitivos também transmitem às mulheres negras perspectivas de esperança acerca de "novos/outros" usos das representações de suas imagens na mídia para a promoção de uma consciência social mais ampla pois, ao utilizarem a presença qualificada e positiva da mulher negra, os discursos contraintuitivos mostram que os negros também podem se destacar socialmente. Dessa forma, inserem no repertório de percepção social estímulos que podem deslocar os conteúdos que nutrem as tradicionais visões negativas associadas aos negros.

As mulheres negras também destacam que pela interação com os anúncios contraintuitivos há uma associação cognitiva das experiências representadas nos anúncios; logo é possível que tais anúncios as motivem, por exemplo, a lutar por seus objetivos de alcançar melhores posições sociais.

As estruturas de sentido desses anúncios, como se pode considerar pelas vozes das mulheres negras, produzem uma comunicação para além de seus objetivos mercadológicos. Os significados imbricados nos anúncios contraintuitivos, que utilizam a presença da mulher negra, alcançam e movimentam os sentidos que articulam as experiências de vida dessas mulheres reverberando seus efeitos diretamente no fortalecimento de sua autoestima.

Dessa forma, pode-se pensar na publicidade contraintuitiva como uma narrativa promotora de percepções que contribuem para o enfraquecimento da latente força das dores do racismo no cotidiano de seus alvos via visibilidade, identificação, referência e valorização identitária. Essas potencialidades indicadas pelas mulheres negras demonstram o papel social que a midiatização e suas configurações podem promover deliberadamente na sociedade, na busca de estimular contextos mais equânimes de respeito e compreensão à diversidade.

Neste capítulo, bem como no anterior, foram apresentados os resultados da pesquisa qualitativa conduzida com os procedimentos e técnicas da metodologia *Grounded Theory*, que revelam algumas experiências de interação de mulheres brasileiras com anúncios contraintuitivos. Com a exposição dos resultados construídos nesta investigação, foi viável edificar o modelo teórico explicativo EXPERIÊNCIAS DE INTERAÇÃO DE MULHERES BRASILEIRAS COM ANÚNCIOS CONTRAINTUITIVOS, ilustrado no diagrama 15, que encerra os esforços empreendidos nestes dois capítulos para transmitir os complexos e relevantes resultados produzidos nesta pesquisa.

Assim, com a apresentação desses resultados, no próximo capítulo estão organizadas as suas discussões em linha com o referencial teórico que direciona os sentidos interpretativos desta pesquisa, bem como se articula as dimensões de significados do presente modelo teórico a outros trabalhos identificados na literatura.

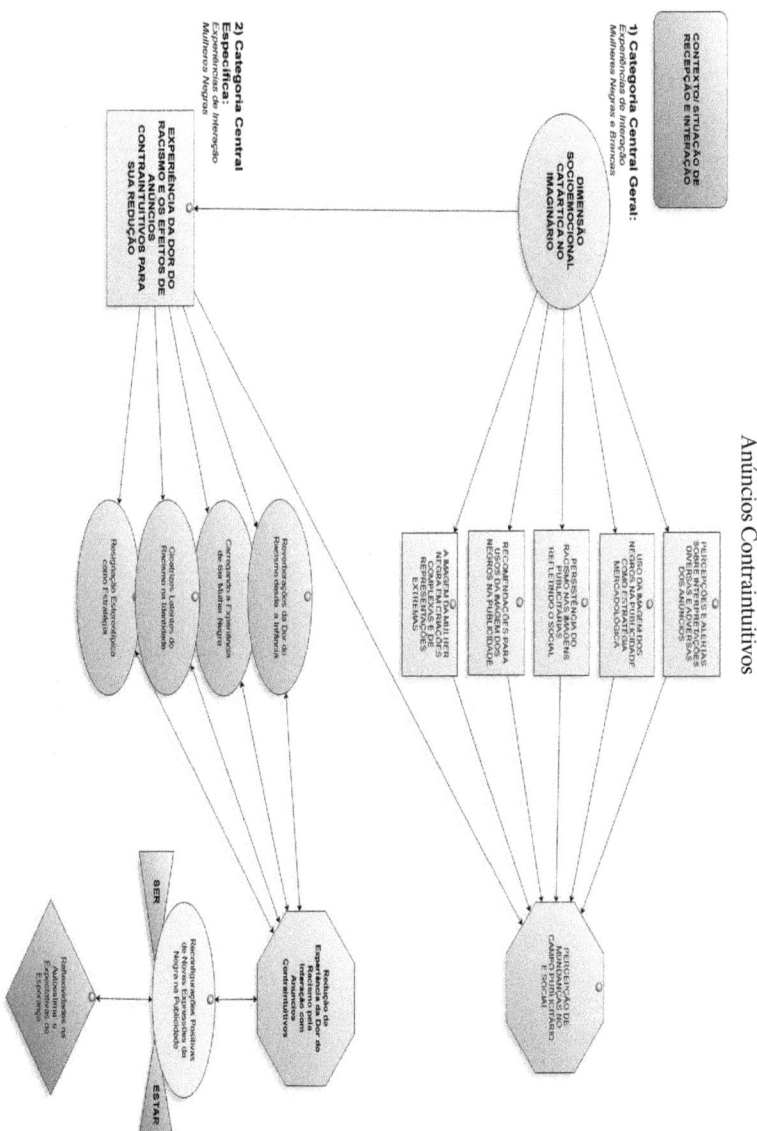

Diagrama 15 – Modelo Teórico Experiências de Interação de Mulheres Brasileiras com Anúncios Contraintuitivos

CAPÍTULO VII

DISCUSSÃO DOS RESULTADOS

Toda a investigação é vista como apresentando necessariamente marcas de quem a realizou. Mais do que falar em objetividade ou subjetividade, faz sobretudo sentido falar em intersubjetividade, resultante da interação que se estabelece entre o investigador e os participantes no estudo (SANTOS, 2000, p. 186-187).

Os resultados obtidos neste trabalho revelam dois processos (caminhos): um amplo, que concatena as experiências gerais de interação das mulheres brasileiras brancas e negras com as publicidades contraintuitivas e outro específico, porém mais significativo e original, com um claro e relevante poder conceitual, que concentra as experiências de interação das mulheres negras. Com a revelação desses processos, percebe-se que o caminho interpretativo aplicado pelas mulheres para compreender a configuração comunicativa publicitária é conduzido pelo resgate encadeado de marcas das suas experiências vividas e mediadas, edificadas ao longo de suas vidas.

Na exploração teórica dessas descobertas, é possível observar que as interpretações das mulheres brancas com relação aos anúncios manifestam-se comumente sobre a base de um sentimento de solidariedade, quando identificam a presença de mulheres negras como protagonistas. Essa postura solidária parte, pelo que se observa nos dados, de uma provável identificação acerca dos significados que os anúncios poderiam repercutir positivamente junto aos indivíduos negros na sociedade. E isso, considerando os sentidos simbólicos de apoio ofertados pelas narrativas publicitárias para o fortalecimento dos *selves* de negras e negros, via identificação de papéis mais qualificados associados à representação de sua categoria social nos circuitos da mídia.

Neste sentido, percebe-se também que este apoio manifesta-se pela consciência das mulheres brancas sobre as normas sociais de enfrentamento ao racismo, o que fez com que, em alguns dos discursos de solidariedade fosse observada a expressão de um racismo moderno (SANTOS *et. al.*, 2006) e sutil (PETTIGREW e MEERTENS, 1995), principalmente quando as mulheres brancas indicam os efeitos adversos que a presença da mulher negra como protagonista pode repercutir em indivíduos preconceituosos, perfil em que não se enquadram. Este ponto, especialmente, sobre a projeção do preconceito atribuído ao outro será retomado mais adiante.

Essa expressão solidária das mulheres brancas pode ser compreendida pelo viés de sua condição de gênero (assim como as negras), que as inscreve num ciclo onde elas também vivenciam cotidianamente os desafios que o preconceito e a discriminação lhes impõem em diversas esferas sociais, simplesmente por serem mulheres. Logo, a presença da mulher negra nos anúncios como protagonista representa a expressão de força para todas as mulheres, bem como vai de encontro às manifestações da "interseccionalidade" (CRENSHAW, 2002), isto é, do duplo preconceito de gênero e raça, que atinge as mulheres negras marcando traumaticamente as suas biografias.

Lilia Moritz Schwarcz esclarece este ponto ao contextualizar que essa somatória resulta em "uma discriminação duplicada. [É] dupla jornada de preconceito, porque se existe um leque de representações negativas com relação ao malandro, ao mestiço, quando se refere à mulher [negra], isso aumenta". (SCHWARCZ, 2007, p. 15).

Já na situação de interação das mulheres negras com os anúncios para, além da solidariedade, outro sentimento emerge fortemente frente às narrativas contraintuitivas, pois ao identificarem a sua representação como protagonista no jogo publicitário, elas expressam, de um lado, extasia e surpresa positiva, similar às mulheres brancas, que se refletia em experiências de plena satisfação, ocasionadas talvez por uma maior identificação. Porém, de outro lado, tais narrativas as levam a resgatar cognitivamente experiências de dor promovidas pelo racismo em suas vidas, bem como as estimulam a compartilhar seus testemunhos das expressões de tal sistema opressivo na vida de outros indivíduos negros no Brasil. As suas interpretações dos anúncios são atravessadas pelo histórico traumático dessas experiências de dor.

Com a aplicação dos procedimentos e técnicas ofertadas pela metodologia *Grounded Theory* foi possível então construir um modelo teórico geral representativo desses processos, denominado nesta pesquisa como EXPERIÊNCIAS DE INTERAÇÃO DE MULHERES BRASILEIRAS COM ANÚNCIOS CONTRAINTUITIVOS.

Além de responder as questões gerativas desta pesquisa, este modelo oferta uma relevante contribuição aos conhecimentos do campo das ciências da comunicação, especialmente na área dos estudos dos meios e da produção mediática publicitária, que se esforçam para investigar as interfaces e implicações do consumo e usos midiáticos nas práticas sociais. Esta contribuição se estabelece principalmente por este estudo explicitar de forma adequada um percurso investigativo que permite alcançar e compreender as experiências e elementos simbólicos relacionados ao preconceito, ao racismo, à cultura, às crenças, aos valores sociais etc., que atravessam e influenciam as dinâmicas de interação de mulheres brasileiras com as narrativas midiáticas, como a publicidade contraintuitiva, de modo analítico e sistemático.

Neste sentido, especificamente para os estudos acerca das repercussões da publicidade contraintuitiva, os resultados desta investigação representam um avanço e fornecem um amplo, consistente e fundamentado repertório de conhecimento empírico para esta área de estudo. O conhecimento empírico que estrutura o modelo teórico construído busca explicitar as repercussões que esse discurso publicitário pode produzir na sociedade (considerando o aspecto individual e coletivo) pelas suas tentativas de deslocar conteúdos negativos de estereótipos atribuídos às minorias sociais como as negras e os negros brasileiros.

Este esforço é inédito dentre as poucas pesquisas (LEITE, 2007, 2008a, 2008b, 2009, 2011, 2014; LEITE e BATISTA, 2008, 2009a, 2009b, 2011 e FRY, 2002) desta área no Brasil e no mundo que, geralmente, apoiam-se em reflexões teóricas exploratórias. Portanto, o valor do saber produzido nesta investigação deve ser considerado como um relevante e original contributo, tendo em vista que não se tem registro na literatura[1] sobre trabalhos que se proponham a organizar um quadro explicativo sobre as lógicas de interação de mulheres brasileiras com dispositivos publicitários contraintuitivos, isto é, que foquem explorar o que acontece nos espaços de recepção quando mulheres interagem com tais narrativas, ainda mais pensando nesta situação as possibilidades de deslocamento de estereótipos negativos associados a grupos estigmatizados como os negros brasileiros. Feitas essas ressalvas, parte-se para as discussões dos principais conhecimentos produzidos nesta pesquisa de *Grounded Theory*.

Como demarcado nos capítulos anteriores, dos resultados, na emergência de se compreender e alcançar a dinâmica interacional das mulheres com os anúncios contraintuitivos, no conjunto dos dados construídos, duas categorias com poder de explicar e interligar as relações horizontais e verticais do conjunto geral das categorias emersas deste estudo são identificadas pelas análises, projetando assim a viabilidade de compreensão coerente de uma história analítica composta por dois processos significativos que articulam o modelo teórico construído.

A primeira categoria, que expressa o processo geral, é denominada DIMENSÃO SOCIOEMOCIONAL CATÁRTICA NO IMAGINÁRIO. Ela sintetiza os significados que atravessam as experiências gerais tanto das mulheres brancas quanto das mulheres negras na

---

1 Aproximam-se da presente investigação os estudos experimentais de Srividya Ramasubramanian (SANDERS e RAMASUBRAMANIAN, 2012; RAMASUBRAMANIAN, 2011, 2007) que buscam explorar o papel dos produtos midiáticos (notícias de jornais e séries de televisão), nos Estados Unidos, em facilitar e inibir a acessibilidade de conteúdos estereótipos associados à raça utilizando abordagens contraestereotípicas.

dinâmica interacional com as publicidades contraintuitivas. Já a segunda categoria, EXPERIÊNCIA DA DOR DO RACISMO E OS EFEITOS DE ANÚNCIOS CONTRAINTUITIVOS PARA SUA REDUÇÃO, demarca o processo específico e reúne o que se revela sobre as experiências de interação das mulheres negras.

Na apresentação dos resultados nos dois capítulos anteriores buscou-se não fazer referência à literatura. Essa posição reflete o cuidado que se procurou ter para valorizar fortemente as vozes das mulheres informantes deste estudo. Conferida essa atenção, reserva-se este capítulo para promover tal diálogo, quando necessário, bem como ressaltar o conhecimento produzido em linha com o seu quadro teórico de referência.

No entanto, com base no que afirma Silverman (2000), cabe explicitar que este retorno à literatura, para subsidiar a presente discussão dos resultados, não deve ser realizado como um resumo ou fichamento do que já foi dito sobre a temática em foco, mas deve ser uma espécie de diálogo com os resultados da pesquisa e o mundo científico em que o tema está inserido.

Esta orientação se faz pertinente, pois considerando a originalidade desta investigação a discussão dos seus achados precisa operar um constructo para além da exposição de conceitos apresentados por outros autores isoladamente na literatura. É preciso aqui empreender um esforço dialógico coerente para valorizar e discutir o conhecimento produzido de maneira que o leitor possa identificar e avaliar as suas contribuições para o campo das ciências da comunicação e a área dos estudos dos meios e da produção midiática publicitária, bem como para a sociedade em geral.

O conhecimento edificado sobre o processo das experiências de interação de mulheres brasileiras com os anúncios contraintuitivos considerado neste trabalho científico exige de imediato a compreensão dialógica acerca do entendimento das duas formas principais de aquisição de experiências sociais: a vivida e a mediada. Esses modos de obtenção de experiências são ressaltados por John B. Thompson (1998) como relevantes influenciadores da formação do *self* dos indivíduos em interação social. Essa compreensão conceitual se faz necessária, pois a manifestação de ambas as experiências atravessa de modo articulado os significados que estruturam o modelo teórico explicativo apresentado.

Para Thompson, a distinção entre essas duas formas de experiência pauta-se pelo entendimento de que a "experiência vivida" refere-se àquela "adquirida no curso normal da vida diária. É a experiência que adquirimos no fluxo temporal de nossas vidas, ela é imediata, contínua e, até certo ponto, pré-reflexiva, no sentido de que a adquirimos em contextos práticos da vida cotidiana". (THOMPSON, 1998, p. 197). Os conteúdos dessas experiências são construídos nos atos práticos do dia a dia dos indivíduos e nos seus encontros com outros indivíduos em contextos de relação face a face ou, como França pontua, mediante as "interações comunicativas" (FRANÇA, 2007, p. 9).

Já a "experiência mediada" se estabelece pela compreensão das experiências que são adquiridas mediante a interação mediada pelos produtos da mídia, ou ainda como indica Vera França (2007, p. 9) pelas "interações mediatizadas" com filmes, anúncios, notícias, telenovelas, entre outros constructos midiáticos.

Essa experiência, segundo Thompson, apresenta três principais características: a) são experiências distantes espacialmente dos contextos práticos da vida diária; b) a experiência mediada acontece numa situação diferente daquela onde o evento de fato ocorre. "Experiência mediada é sempre experiência recontextualizada. É a experiência de eventos que transpiram em locais distantes e que são reimplantadas, através da recepção e apropriação dos produtos da mídia, nos contextos práticos da vida diária" (THOMPSON, 1998, p. 198), e c) a experiência mediada tem relação com a "relevância estrutural" de desenvolvimento do *self* dos indivíduos. Isto porque,

> se entendemos o *self* como um projeto simbólico que o indivíduo vai modelando e remodelando no curso de sua vida, fica fácil ver também que este projeto implica um conjunto de prioridades

continuamente modificáveis que determinam a relevância ou não de experiências reais ou possíveis. Este conjunto de prioridades faz parte integrante do projeto de vida que cada um constrói para si. Não damos a todas as experiências o mesmo peso, mas nos orientamos para aquelas que fazem parte das prioridades do projeto do *self* que queremos. Deste ponto de vista, portanto, as experiências atuais ou potenciais são estruturadas em termos de relevância para o *self*. (THOMPSON, 1998, p. 198-199)

Ambas as experiências são estruturadas considerando esse modo, porém a experiência mediada altera um pouco essa relevância estrutural, pois ela afeta o *self* de maneira tênue, intermitente e seletiva. A experiência mediada não ocorre pela condução de um fluxo contínuo como a experiência vivida, mas sim por uma "sequência descontínua de experiências que têm vários graus de relevância para o *self*" (THOMPSON, 1998, p. 199), isto é, para cada indivíduo essa experiência poderá ou não operar uma significância estrutural em suas atividades sociais diárias, pois tais estímulos precisam alcançar, ou melhor, fazer sentido para os indivíduos em vista do seu percurso reflexivo histórico.

Dessa forma, considerando essas expressões imbricadas, observa-se que as experiências das mulheres brancas e das negras frente aos anúncios contraintuitivos em certos sentidos direcionam-se para perspectivas similares, porém com expressões distintas, tendo em vista justamente as suas condições no âmbito dessas experiências vividas e mediadas no cotidiano, como já se introduziu.

Com a identificação pelas mulheres (brancas e negras) da presença de mulheres negras como protagonistas nos anúncios, observa-se uma pré-ativação cognitiva (efeito *priming*) que as leva a resgatar as suas experiências vividas e mediadas no que se refere a questões de solidariedade (mulheres brancas), vivência e enfrentamento das dores provocadas pelo sistema opressivo operado socialmente pelo racismo (mulheres negras).

As leituras das mulheres muitas vezes são realizadas de modo a expressar a articulação dessas duas experiências, isto é, em suas vozes fica saliente a conjunção entre esses dois caminhos de experiência, o vivido e o mediado. As experiências mediadas pelos discursos da mídia são, pelo que se percebe, apropriadas pelas mulheres e lhes servem como base para também expressarem suas opiniões. Logo, para entender as experiências vividas das mulheres é imperativamente necessário considerar nas suas vozes o atravessamento das experiências mediadas.

Essa integração é também considerada por Thompson, que esclarece que neste contexto, quando levada ao "extremo, a experiência mediada pode se confundir com a experiência vivida ou até suplantá-la de tal maneira que o indivíduo dificilmente saberá distinguir uma da outra [...]" (THOMPSON, 1998, p. 200).

Considerando a lógica desse contexto e de sua prática é que a categoria principal geral DIMENSÃO SOCIOEMOCIONAL CATÁRTICA NO IMAGINÁRIO serve para conjecturar os seus significados edificados pelas vozes colaborativas das mulheres brasileiras. Na leitura dos anúncios pelas mulheres, como se pontuou, fica explícito que suas designações e interpretações são atravessadas por uma profusão de experiências vividas e mediadas alocadas na memória/imaginário. Estas experiências são pautadas tanto por questões sociais mais amplas associadas ao mercado quanto pela história, cultura, vivência e testemunho do racismo no Brasil e suas implicações gerais, até problematizações mais subjetivas e emocionais direcionadas às suas biografias.

É pertinente resgatar o entendimento que a publicidade contraintuitiva, assim como outras "configurações comunicativas" (HEPP, 2014), deve ser considerada nesta investigação como um "outro significativo", potencialmente modelador e remodelador da identidade (*self*) dos indivíduos na sociedade, mediante o ato social de atividade da mente (pensamentos) em direção ao *self*. Essa atividade obedece ao processo dual interativo pautado e composto pela "designação e interpretação" (BLUMER, 1980, p. 137), que permite o estabelecimento compreensivo dos significados produzidos pelas narrativas publicitárias utilizadas nesta pesquisa.

Retornando à questão do processo geral socioemocional catártico, é na observação da situação de interação com os anúncios contraintuitivos que esta dimensão emerge, viabilizando perceber e conjecturar simbolicamente as manifestações de comportamentos externos (observáveis) e internos (encobertos, não observáveis) das mulheres frente aos anúncios. Usando outras palavras, as vozes das experiências das mulheres possibilitam alcançar o que os anúncios podem gerar de impactos tanto em seus contextos sociais mais amplos, quando em suas estruturas cognitivas, especialmente em direção às tentativas de deslocamento de conteúdos estereotípicos, como indicam os estudos exploratórios (LEITE, 2007, 2008a, 2008b, 2009, 2011, 2014; LEITE e BATISTA, 2008, 2009a, 2009b, 2011) acerca dos efeitos da publicidade contraintuitiva em estereótipos.

Tais expressões são observadas quando as mulheres brancas e negras reagem pré-ativamente interpretando os anúncios, contextualizando-os e compartilhando de modo aberto os prováveis efeitos (positivos e negativos) que tais narrativas, com a presença de mulheres negras como protagonistas, podem produzir em suas vidas e na sociedade no que se refere ao enfrentamento do racismo e suas manifestações.

Considerando que os indivíduos organizam o seu entorno mediante um processo de negociação e renegociação da realidade – utilizando de modo reflexivo símbolos que possibilitam interpretar e criar significados, mais do que simplesmente reagir automaticamente a eles- é basilar compreender que a publicidade contraintuitiva é uma potencial expressão significativa para estimular esta operação reflexiva na estrutura interna ou cognitiva sob o viés emocional das mulheres, com vista a uma projeção externa nos espaços coletivos da sua realidade social.

Em outros termos, de modo geral, compreende-se que o ato ou ação dos indivíduos na sociedade deve perceber a intenção do outro (neste caso o estímulo publicitário contraintuitivo) e, com base nesta percepção, construir respostas que se reflitam nas suas experiências de vida, tendo em vista os estímulos das intenções projetadas pelo outro (anúncios). Entretanto, como se sabe pelas diretrizes do interacionismo simbólico, essa não é uma simples resposta produzida de modo automático, como na dinâmica de estímulo e resposta, e sim ela exige um entrelaçamento de diferentes experiências que ofertem subsídios à interpretação da intenção do outro (publicidade) e do ajustamento da própria intervenção dos receptores (mulheres) na apropriação dos significados ofertados pelas narrativas quando da situação interacional.

Thompson corrobora essa complexa contextualização ao explicitar, considerando as experiências vividas e mediadas pelas configurações comunicativas, que o indivíduo que interage com produtos midiáticos como telenovelas, publicidades, entre outros "não está simplesmente consumindo uma fantasia; ele está explorando possibilidades, imaginando alternativas, fazendo experiências com o projeto do *self*" (THOMPSON, 1998, p. 202).

São nesses posicionamentos teóricos que repousam as potenciais vinculações de produção e (re)negociação de significados quando da interação de mulheres brasileiras com as tentativas comunicacionais (BRAGA, 2012a; 2010) da publicidade contraintuitiva e seus esforços para estimular "trabalhos de sentido" (FAUSTO NETO, 2008) na situação deste processamento catártico, capaz de articular significados do campo individual/emocional (subjetivo/ interno) ao social/ coletivo (externo). Ressalta-se, porém, que não é o estímulo contraintuitivo dos anúncios que opera diretamente sentidos nesses âmbitos, mas sim a interação que as mulheres produzem com o dispositivo publicitário que determina os seus efeitos nos campos dos significados considerando seu nível individual e coletivo.

Para alinhavar o entendimento da construção teórica do processo geral deste estudo de *Grounded Theory*, é válido discorrer brevemente sobre o termo catártico aplicado para expressar a sua concepção. Este termo, no sentido aristotélico, vem ao encontro da dinâmica interacional das mulheres com os anúncios contraintuitivos, isto é, ele apoia o entendimento de como as experiências de interação delas são ativadas nos espaços da recepção e também enquadra adequadamente as manifestações e reflexos das experiências vividas e mediadas na situação interpretativa dos anúncios contraintuitivos.

O termo catarse tem origem grega, κάθαρσις (kátharsis). Epistemologicamente ele é utilizado no sentido de purificar, purgar ou limpar. Com base no mesmo radical grego, tem-se o termo καθαρό (katharó), que significa puro. Cátaro é um indivíduo que passou por uma catarse (kátharsis), isto é, um processo de purificação. Para Aristóteles (1993), grosso modo, a catarse é entendida como uma descarga emocional provocada no indivíduo mediante uma interação com uma poética dramática/tragédia. Ela seria o caminho cognitivo por meio do qual os indivíduos conseguiriam limpar as suas almas, produzindo paz interior e neutralizando os efeitos negativos que pudessem produzir as impurezas cognitivas estranhas à sua essência ou à sua natureza.

> É importante registrar, que Aristóteles estudou o comportamento da plateia do espetáculo, concluindo que a tragédia só se completaria como arte se conseguisse mobilizar as reservas afetivas do público, provocando o exorcismo coletivo. Por ser médico, Aristóteles entendeu a encenação dramática como um ritual fármaco-espiritual, permitindo ao cidadão ali presente entender seus conflitos, expulsar suas dores e encontrar a serenidade de espírito (ALMEIDA, 2010, p. 78).

Em complemento, Wilson Castello de Almeida ressalta ainda o desdobramento da ideia de catarse utilizada na psicologia e na psicanálise, ponderando que no campo da psicologia a catarse "seria a liberação de emoções, sentimentos e tensões reprimidas [...]". Já para os saberes da psicanálise a catarse "seria a operação capaz de trazer à consciência memórias recalcadas no inconsciente, libertando a pessoa em análise de sintomas psiconeuróticos associados a esse bloqueio". (ALMEIDA, 2010, p. 76).

Posto esse sucinto esclarecimento teórico sobre o dinamismo catártico, torna-se mais elucidativa a compreensão da lógica de sentidos produzida quando da interação das mulheres com os anúncios, que se aplica aos dados revelados nesta investigação. Isto porque é essa ação de descarga emocional que os anúncios contraintuitivos provavelmente provocam quando do início do processo interativo das mulheres com as suas narrativas.

Num aspecto genérico, os discursos das mulheres quando da ocorrência dessa catarse refletem de modo expressivo o entendimento que Raymond Williams (1995, p. 334) já postulava nos idos de 1960 sobre as interfaces e os sentidos da publicidade. Para esse autor, que compreende a publicidade na pluralidade de um sistema concomitantemente comercial e mágico, o seu *status* social somente pode ser adequadamente compreendido e lido pela promoção de olhares analíticos que abranjam a sua totalidade, pautada por fatores econômicos, sociais e culturais.

Essa abrangência de sentidos apontada por Williams é exatamente o que se observa na manifestação dos discursos interpretativos das mulheres sobre os anúncios, quando discorrem sobre o alcance de suas motivações e os seus impactos sociais. Elas sabem conscientemente os sentidos basilares econômicos que orientam a publicidade, bem como as potenciais expressões (reflexão e refração) de suas narrativas no social e na cultura. Os discursos produzidos pelas mulheres são discursos conscientes e distantes da expectativa ilusória de desconhecimento social das lógicas que suportam a dinâmica publicitária. No entanto, para além das questões mercadológicas, estas mesmas vozes que destacam a consciência econômica da dinâmica publicitária explicitam a relevância que tais narrativas e suas representações podem operar na difusão e circulação de ideias (positivas e negativas) mediante o agendamento[2] de discussões sobre temáticas de relevância social.

---

2   Esse entendimento permite a conexão, para situar o leitor, aos estudos da comunicação sobre a hipótese da agenda *setting*, ou hipótese do agendamento, considerada como uma das principais e mais importante teoria dos estudos contemporâneos dos efeitos da comunicação. Essa hipótese foi apresentada por Maxwell E. McCombs e Donald L. Shaw, em 1972, e desenvolvida a partir de pesquisas durante a eleição para a presidência dos Estados Unidos da América, em 1968.

Nesta direção, para promover a conexão ou vínculos destas vertentes (mercadológica, social, cultural, política etc.) dentro da conjectura do processo discursivo publicitário de natureza multifacetada, a ação interpretativa das mulheres corresponde a essa orientação de Williams (1995), bem como se desdobra para canalizar o sentido de "articulação" proposto por Stuart Hall (1997; 2003). Esse conceito de articulação estabelecido por Hall reflete, de acordo com Piedras e Jacks,

> a noção de pensar as relações de determinação em termos de correspondência, não-correspondência e contradição. A necessidade de pensar a cultura junto à ideologia, às práticas a partir das condições determinadas pela estrutura, bem como a 'lógica do arranjo, das relações internas, da 'articulação' das partes dentro de uma estrutura' (HALL, 2003, p. 146). (PIEDRAS e JACKS, 2005, p. 200).

Assim, a articulação aponta para a forma convergente como os diversos fatores econômicos, sociais, culturais, entre outros, se organizam na produção e expressão de um texto, demonstrando, de acordo com Kellner (2001), a relevância da análise das relações de sentido e das instituições sociais, nas quais os textos são produzidos e ofertados para consumo e (re)apropriação social.

A teoria indica que "em consequência da ação dos jornais, da televisão e dos outros meios de informação, o público é ciente ou ignora, dá atenção ou descuida, enfatiza ou negligencia elementos específicos dos cenários políticos. As pessoas tendem a incluir ou excluir dos próprios conhecimentos o que a mídia inclui ou exclui do próprio conteúdo. Além disso, o público tende a conferir ao que ele inclui uma importância que reflete de perto a ênfase atribuída pelos meios de comunicação de massa aos acontecimentos, aos problemas, às pessoas". (SHAW, 1979 *apud* WOLF, 2005, p. 143). Em outros termos, essa teoria basicamente releva que as lógicas da mídia possuem o potencial (não intencional nem exclusivo) de agendar temas que são objetos de produção de discussões públicas na sociedade. No entanto, o contrário também é possível, ou seja, a agenda da sociedade também pode pautar a mídia (LEITE, 2014, p. 60-61).

Essa percepção das relações de sentido da publicidade como estrutura de vínculos e conexões complexas é compartilhada nos discursos das mulheres que, como dito, a compreendem plenamente como um discurso multifacetado de origem mercadológica, com relevante expressividade, ou seja, como uma fonte de polarização de experiências mediadas, potencialmente (re)modeladoras dos *selves* dos indivíduos que interagem com o universo simbólico dos seus discursos.

Com a compreensão desta lógica, o conhecimento produzido neste trabalho ganha relevo para ser discutido e considerado sob essas bases catárticas de articulação multifacetada. Nesta condução, pelos olhares das mulheres (brancas e negras), outros pontos a serem observados são os fatores que organizam a percepção delas para identificação e alerta de mensagens ocultas e adversas na sugestão de uso positivo da imagem do negro nos anúncios contraintuitivos.

Esses dados são interessantes, pois deflagram o entendimento das mulheres sobre algumas potenciais mensagens obscuras que podem promover uma reflexibilidade interpretativa, ou seja, eles refletem um alerta e questionamentos das mulheres sobre as intenções e os efeitos dos anúncios diante da imagem de mulheres negras como protagonistas.

Essas imagens podem estar articuladas por discursos sofisticados que promovem desvios interpretativos, isto é, eles produziriam propositalmente leituras dúbias e contrastivas, que possibilitariam questionamentos acerca da existência ou não de preconceito no percurso discursivo publicitário apresentado.

Tais desvios interpretativos podem ser promovidos por um processo criativo publicitário desatencioso que, por exemplo, não se pauta quando do uso da imagem de negros em suas criações narrativas, por desconsiderar as sutilezas e sensibilidades que tal imagem exige. Um exemplo nesse sentido apontado por elas é o anúncio do MBA/FGV, que apresenta uma mulher negra como protagonista, provavelmente representando uma discente do curso de pós-graduação, inserida em um contexto associado à natureza (com grama, céu, pássaros compondo o contexto). O questionamento diante desse anúncio está direcionado a entender a razão de não inserir a mulher negra em um contexto empresarial. Isso porque, considerando a proposta do anúncio e do perfil da empresa anunciante, o espaço empresarial seria mais lógico.

Nesta linha, outro ponto original trazido à tona pelas mulheres é a sensível questão da exploração estratégica pela publicidade das mensagens intrínsecas que os negros carregam devido à sua história de luta e superação da escravidão. Essas mensagens serviriam como um pré-estímulo[3] (apoiado por uma lógica atencional),[4] para indiretamente a publicidade instigar os seus receptores a conjecturar as possibilidades de também alcançar as posições sociais promovidas nos anúncios pela representação da imagem de mulheres negras. Antes de seguir, é pertinente esclarecer a distinção entre pré-estímulo e estímulo subliminar, para entender seus pontos de sentido. Segundo Leandro L. Batista e Marco A. R. Costa,

> O pré-estímulo é processado por um estado pré-atencional, devido ao direcionamento da atenção do receptor para outra área/ aspecto da mensagem; já o estímulo subliminar é apresentado de forma a não poder ser percebido mesmo que o indivíduo tenha a sua atenção focada para o ponto em que ele aparece (BATISTA e COSTA, 2011, p. 123).

Essa utilização da imagem de negros representa um jogo demarcado que buscaria alcançar uma audiência que, de um lado, não integre a categoria social negro, pelas margens de uma mensagem subentendida que expressaria o seguinte significado: se os negros, com o histórico de sofrimento e atraso para conquistas sociais devido à escravidão, como demonstra o anúncio, conseguiram alcançar tais posições qualificadas

---

3 Segundo Leandro L. Batista e Marco A. R. Costa, pré-estímulos são "os conteúdos e formas de uma mensagem visual que estejam fora do foco principal da atenção do receptor e que, de alguma forma, afetem a recepção desta". (BATISTA e COSTA, 2011, p. 122).

4 Para aprofundamentos ver: Sternberg (2008).

na sociedade, imagine vocês que não são negros! Por outro lado, tais mensagens também tentam falar com os negros via identificação de sua imagem em destaque na publicidade. Logo, a imagem do negro comunica a ampla mensagem "Todos podem!". Mas, o que expressa esse termo "todos"? A motivação do uso da comunicação da imagem dos negros em anúncios como protagonistas é dirigida estrategicamente a todas as pessoas comuns, ao povão.

Hipoteticamente, o interesse da publicidade no uso mais frequente, porém não ideal, de negros e negras deve-se ao fato desses indivíduos representarem agora uma considerável parcela da nova classe econômica média brasileira, bem como a "maioria da população brasileira" (CENSO 2010). Os negros estão agora sendo destacados entre os grupos que protagonizam o consumo no Brasil.

> Dos entrantes na classe média brasileira nos últimos 10 anos, 75% são negros e 25%, brancos e amarelos. Isso quer dizer que, de cada 100 pessoas que entraram na classe média de 2001 a 2011, 75 eram negras e 25, brancas. A entrada maciça de negros fez com que a participação desse grupo na classe média brasileira subisse de 38%, em 2002, para 51%, em 2012 (SECRETARIA DE ASSUNTOS ESTRATÉGICOS, 2012, Online)[5].

É nesta linha da perspectiva econômica que, de acordo com os resultados desta investigação, a publicidade está se movimentando para considerar a representação da imagem dos negros em suas narrativas, bem como essa movimentação não deve ser observada dentro de uma proposta direta de conscientização social dos anunciantes, mas sim pelos seus interesses nessa atual posição de consumo do negro no mercado. É principalmente o fator econômico que está estimulando gradativamente

---

5   Disponível em: http://www.sae.gov.br/site/?p=13987#ixzz3QcnKBvEC. Acesso em: 14. jan. 2015.

o reposicionamento da publicidade a considerar de modo mais atencioso a representação dos negros em suas narrativas.

Essa interpretação do fator econômico dialoga plenamente com o que Muniz Sodré (1999) já alertava nos idos do final dos anos 1990, quando indicava que essas "novas" posturas da publicidade em consideração ao uso da imagem dos negros, comumente, refletiria um simulacro pautado pelos radares mercadológicos que identificaram a potencialidade de "bolsões de renda concentrada" nesse grupo social.

Nesta mesma direção reflexiva, considerando um olhar mais otimista, porém equilibrado, o uso mais qualificado da imagem dos negros na publicidade pode também indicar um recurso de transferência e troca de valores intangíveis entre as marcas e a imagem dos negros na sociedade.

Isso porque, de um lado, ao usar a imagem dos negros qualificadamente, a publicidade suportada pela dinâmica e força do mercado tem a potencialidade de promover relevantes efeitos de sentidos no imaginário social, movimentando as estruturas tradicionais que posicionam os negros em espaços de inferioridade. Por outro lado, ao valorizar o negro em seus enquadramentos, a publicidade deliberadamente vincula às suas marcas um *status* de "boas práticas", modernidade e respeito à diversidade identitária que explicitamente caracteriza o Brasil, bem como pode transferir para a sua narrativa atributos positivos associados à história dos negros como expressões de luta, força e superação, entre outras.

Sob esta perspectiva, Luiz Grottera complementa que os negros são utilizados hoje na publicidade "como exemplo importante de como a marca é antenada na característica da diversidade que a sociedade moderna exige" (RAÇA BRASIL, 2010, p. 68). Ilana Strozenberg também já fortalecia tal entendimento ao defender que "a diferença de cor aparece, agora, como uma característica positiva, elemento que agrega prestígio e sedução ao que está sendo oferecido ao consumo do mercado". (STROZENBERG, 2005, p. 201). Em outra oportunidade, Strozenberg ainda declarara que a presença do negro na publicidade vem, de algum modo, responder a uma nova demanda de mercado, mas não é apenas isso. Os negros se fazem mais presentes também como resultado de uma valorização da diferença étnica, relacionada à ideologia do multiculturalismo, que associa a valorização da diferença à modernidade (RAÇA BRASIL, 2010, p. 68).

Assim, está explícito nos discursos das mulheres que o uso dos negros associados apenas a atributos negativos não se justificam. A imagem do negro expressa outros significados que podem ser utilizados adequadamente pela publicidade em linha com os padrões éticos e estéticos que suas narrativas exigem. A publicidade, assim, precisa descortinar e inovar as suas visadas em relação à presença dos negros em suas narrativas.

No entanto, apesar desse incipiente movimento para a inclusão dos negros na publicidade, especialmente, pelos estímulos mercadológicos, os dados desta investigação alertam que as ações da publicidade nesse sentido estão na realidade explorando, indiretamente, a história de sofrimento dos negros no Brasil, isto é, a memória coletiva sobre essa história. O objetivo é se apropriar dos significados em torno dessa narrativa para promover a persuasão de seus discursos, que geralmente posicionam o negro em representações de início de conquistas sociais e pessoais. Dificilmente se verifica na publicidade um negro ou uma negra usufruindo de contextos positivos já conquistados. Isto é, não existe uma tradição que foque um contínuo de suas conquistas (p.e. de pai para filho desde...), mas percebe-se nos discursos da publicidade expressões que focam em contextos de lutas, ou seja, de conquistas por lutas.

Este alerta exige atenção, pois ele pode indicar na realidade um preconceito moderno (SANTOS *et. al.*, 2006) velado, que considerando essa diferenciada e aparente abordagem positiva, pode estar construindo de modo ressignificado um "novo/outro" lugar de limitação para a circulação e representação da imagem das negras e dos negros nas produções midiáticas.

Neste sentido, apesar dessa percepção da inclusão diferenciada (positiva e duvidosa) da imagem das negras e dos negros na publicidade, os resultados desta pesquisa apontam os olhares conscientes das mulheres para a persistência do racismo nas imagens publicitárias, que insistem ainda em alocar os negros nas margens e no silêncio discursivo da invisibilidade, mesmo diante das demandas sociais e conjecturas econômicas indicando a emergência de reposicionamentos.

Foi o que demonstrou também a pesquisa *Racismo anunciado: o negro e a publicidade no Brasil (1985-2005)*, de Carlos Augusto de Miranda Martins (2009). Em seu estudo, Martins analisou 1. 158 anúncios brasileiros, com o objetivo de mensurar a presença dos negros e das negras, bem como analisar os estereótipos mais comuns de sua representação. Dentre o conjunto de anúncios considerados, o autor verificou que apenas 86 (ou seja, 7%) faziam uso da imagem de negros. Com tais resultados, ele alerta que, mesmo sendo a maioria da população brasileira, os anunciantes persistem em não veicular as imagens dos negros e das negras como cidadãos ou como consumidores.

No entanto, Martins ainda ressalta que no período analisado ocorreram alterações positivas, porém modestas e lentas, da presença dos negros na publicidade, mas que "não podem ser consideradas indícios de ruptura ou mesmo de uma postura totalmente nova do segmento publicitário com as tradicionais formas de veiculação da imagem do negro" (MARTINS, 2011, p. 56).

Em pesquisa anterior, Maria Cristina da Silva Martins (2000) também já apontava, pela sua análise no decorrer da década de 1990, um crescimento expressivo, porém gradual da presença dos negros na publicidade brasileira (de 5 a 12%), "diferenciando-se bastante na comparação com as décadas anteriores, embora o eurocentrismo fenotípico ainda prevalecesse. Nesse período, '[...] a imagem valorizada do afrodescendente coexiste com sua configuração negativa [...]' (MARTINS, 2000, p. 139)" (PEREZ, 2011, p. 74). O que, segundo as mulheres negras e brancas desta presente investigação, persiste no contemporâneo.

Entretanto, cabe ressaltar que em sua investigação Martins (2000) considerou a presença qualificada dos negros em anúncios que o associavam ao esporte, à música e à dança. Tais associações, apesar de serem numa primeira leitura positivas, na realidade são clássicos recortes estereotípicos autorizados para limitar a circulação da imagem dos negros e das negras nos produtos midiáticos. Isto é, tais anúncios na realidade expressam alguns dos estereótipos históricos de representação dos negros na mídia brasileira. É justamente o que a pesquisa de Carlos Augusto de Miranda Martins (2009) esclarece de modo empírico. Os resultados da investigação deste autor indicaram também que

> dos 86 anúncios analisados [com a presença de negros], somente em 33 o negro aparece sozinho e, destes, em 21 ele está ligado a estereótipos como o do atleta, músico ou carente social. [...]. A partir da bibliografia clássica, estabelecemos seis categorias que cobriram mais da metade do universo pesquisado: o trabalhador braçal ou pouco qualificado, o artista (músico, ator, dançarino), o atleta, a mulata, o africano (ou primitivo) e o carente social". (MARTINS, 2011, p. 53).

A investigação de Paulo V. B. Silva *et al.* (2011) também corrobora este aspecto. Esses investigadores estudaram a hierarquização de brancos e negros na circulação publicitária de jornais paranaenses. Entre os dados encontrados ressaltam-se a forte existência de diversas formas de hierarquização racial entre brancos e negros como: a branquitude normativa, a orientação por uma estética ariana e a sub-representação de negros.

Essa sub-representação geralmente é acompanhada de estereótipos, especialmente, "o negro assistido"; associação dos negros aos esportes (principalmente o futebol), à música, ao trabalho sem qualificação ou braçal; à preguiça e a malandragem. "Majoritariamente a mulher negra foi relacionada à temática sexual, no estereótipo da "mulata boa" e, em menor escala, à *mammie*, empregada protetora e submissa" (SILVA *et. al*, 2011, p. 114).

Essas referências da literatura corroboram os resultados desta investigação fundamentada em dados que também ressaltam que tais lugares tradicionais associados à imagem do negro e da negra ainda persistem nos discursos da mídia, bem como que os espaços cedidos a eles ainda são insuficientes na publicidade, tendo em vista a significativa representatividade social e econômica que essa parcela da população detém. Percebe-se um ciclo que se reflete e refrata de modo nefasto nesta dinâmica, inscrevendo a imagem dos negros e das negras em contornos (explícitos e implícitos) negativos, que reforçam e promovem nos discursos midiáticos conteúdos tradicionais, ou pelo silenciamento da presença dos negros, que estimulam olhares sociais racistas em direção a esses indivíduos.

No entanto, apesar desse conflito, Ilana Strozenberg traz um olhar positivo para esse debate ao argumentar que

> Não há dúvida, no entanto, que ainda há muito caminho a ser percorrido no sentido de um imaginário de igualdade. O processo de construção de uma nova concepção das diferenças, que as reconheça sem associá-las a uma valorização hierárquica é lento. Mas o processo atual é irreversível e tende a se expandir. Mesmo porque os movimentos sociais em favor da igualdade e contra a discriminação estão cada vez mais atuantes (RAÇA BRASIL, 2010, p. 68).

Desse modo, diante dessa complexidade em torno dos usos e consumo da imagem dos negros na publicidade e na mídia, quais seriam os caminhos mais adequados para realizar abordagem de suas representações em discursos publicitários? Pelos resultados obtidos neste estudo, sustenta-se a evidência que a proposta de simplesmente inserir os negros como protagonistas de anúncios, em contextos positivos de representação, como propõe a lógica da publicidade contraintuitiva, não são suficientes para operar de modo efetivo o deslocamento de conteúdos estereotípicos, tendo em vista os elementos velados, como já discutido, que pré-atencionalmente (BATISTA e COSTA, 2011) podem estar presentes em suas dimensões de sentido.

No entanto, a condição da proposta contraintuitiva de movimentar a estrutura dos conteúdos de estereótipos negativos não é descartada pelas mulheres, que acreditam que a proposta publicitária, contraintuitiva ou não, pode sim colaborar nesse sentido pelo seu impacto de "violar a expectativa intuitiva" (UPAL; 2007a, 2007b; 2009a; 2009b) dos estereótipos tradicionais. No entanto, ela deve ser aprimorada. Quando criarem tais anúncios, seus produtores precisam atentar para alguns cuidados que denunciam uma desconsideração ao valor estético das mulheres negras nos anúncios, que é percebida pelo cuidado com as roupas, maquiagem, cabelo etc., das mulheres negras nas comunicações publicitárias.

Para as mulheres, os produtores publicitários, quando abordarem a imagem de negros em seus anúncios, precisam se orientar especialmente pela tríade equilíbrio, naturalidade e positividade. Esses são três fatores que, utilizados de modo adequado, fortalecem o efeito do discurso contraintuitivo na publicidade.

O sentido de equilíbrio expressa a opinião das mulheres de que não é necessário inserir o negro e a negra em todos os anúncios, o que produz uma percepção social de representações forçadas. Logo, a inclusão dos negros não precisa ser realizada por esse caminho. Deve-se buscar um equilíbrio qualificado pautado pela diversidade e não por lógicas hierárquicas demarcadoras de posições quantificadas!

No fator naturalidade repousa o entendimento de que, quando do uso de negros nos anúncios, especialmente de mulheres negras, é necessário respeito às suas características físicas, como a naturalidade dos cabelos e da cor de pele. Geralmente nos discursos da mídia, essas características são alteradas para que a mulher negra se enquadre no papel de protagonista da narrativa publicitária. Ainda as mulheres ressaltam que o campo publicitário deve compreender que a naturalidade também vende, via o forte elemento da identificação.

Por último, o fator positividade reflete a necessidade dos anúncios utilizarem mais elementos positivos associados aos negros, para além dos contextos duvidosos de conquistas iniciais e de superação, como já indicado. Os negros também podem circular de maneira semelhante aos brancos pelas esferas de positividade que classicamente a publicidade promove.

Com esses cenários representativos das persistências de representações estereotípicas arcaicas e os avanços modestos rumo à alteração desse contexto, no que se refere ao uso de negros como protagonistas, as experiências de interação com os anúncios trazem à baila dois outros relevantes pontos que problematizam e orientam as repercussões de sentido da publicidade contraintuitiva.

Primeiramente, mediante os discursos das mulheres, percebe-se com nitidez uma provável ocorrência de neutralidade perceptiva da imagem da mulher negra e suas associações estereotípicas em criações complexas. Essa observação se estabelece fortemente na interação das mulheres com o anúncio do Berlitz.

A linha criativa desse anúncio sugere que o ciclo de significados associados aos estereótipos negativos atribuídos aos negros podem ser neutralizados, quando da presença de negros protagonistas em criações que tragam fortes elementos distratores perceptivos. Desse modo, tais elementos exigem dos receptores um esforço cognitivo maior para o entendimento do conjunto do anúncio, o que desloca o seu foco atencional para outras percepções. Nesta linha, provavelmente, essa dinâmica ocasiona uma neutralização de associações (positivas ou negativas) às imagens dos negros.

Outro ponto revelado se expressa pela observação de que o efeito contraintuitivo não se localiza em extremos representativos positivos ou negativos acerca de papéis sociais, pois a inclusão da presença de negros nesses espaços extremos de representação, como observado nos anúncios do Itaú Franquia, que associa uma mulher negra (in)diretamente ao campo empresarial de franquias, em um cenário que remete à cozinha (empresária x cozinheira); e o anúncio do Santander, que expõe a representação da mulher negra associada ao campo da saúde (médica x enfermeira). Tais anúncios, ao articular suas narrativas nesses extremos representativos negativos e positivos, promovem leituras atravessadas por polêmicas e incertezas sobre tais posições profissionais associadas à mulher negra. Esses desvios interpretativos podem produzir efeitos adversos e indesejados como o efeito ricochete (WEGNER, 1994; BERNARDES, 2003; BYRNE e HART, 2009). Enfim, o estímulo contraintuitivo para o deslocamento de conteúdos estereotípicos nesses enquadramentos é enfraquecido ou até mesmo pode-se entender que o efeito contraintuitivo não se encontra nessas extremidades, que apenas produzem conflitos cognitivos e não agregam diretamente novos elementos para o deslocamento de conteúdos estereotipados.

Nos meandros dessa elasticidade perceptiva promovida em torno da inclusão da presença de mulheres negras como protagonistas de discursos publicitários, é consenso entre as mulheres, tanto brancas quanto negras, que elas estão testemunhando efetivamente um movimento de mudança mais articulado do campo publicitário em direção à inclusão de indivíduos negros em suas narrativas em contextos mais qualificados.

Logo, neste contexto, apesar das prováveis estratégias, desvios e possibilidades de efeitos adversos, são claros para as mulheres os movimentos reais, porém ainda não ideais, que estão sendo produzidos nos circuitos da midiatização no sentido de articular alternativas discursivas, como a publicidade contraintuitiva, para agregar "novas/outras" informações que possam contribuir para atualizar a percepção social acerca da imagem dos negros, movimentando significados nesse sentido em níveis individuais e coletivos.

Com a discussão desses principais fatores revelados pela dinâmica geral de interação de mulheres brancas e negras com a publicidade contraintuitiva, parte-se deste ponto em diante para discutir o recorte específico que direciona as descobertas desta investigação para os espaços simbólicos das experiências das mulheres negras com os anúncios.

Como informado, as vozes das mulheres negras em certas dimensões destoam das mulheres brancas, isto porque ao expressarem os seus discursos na dinâmica interacional com as publicidades contraintuitivas as mulheres negras explicitam nos seus discursos as marcas da experiência de dor frente ao racismo que condicionam as suas performances cotidianas, os seus olhares para os contextos sociais, enfim, as suas biografias.

Estas experiências estão articuladas na categoria geral específica definida como EXPERIÊNCIA DA DOR DO RACISMO E OS EFEITOS DE ANÚNCIOS CONTRAINTUITIVOS PARA SUA REDUÇÃO. Esta categoria se coaduna com o principal processo revelado nesta investigação, por ter um potencial analítico e discursivo de abarcar e expressar as experiências de interação das mulheres negras com o dispositivo contraintuitivo e seus desdobramentos discursivos em suas vidas.

Dentro da concepção da manifestação socioemocional catártica produzida quando da interação das mulheres com os anúncios contraintuitivos, as mulheres negras expressam que as suas interpretações de tais anúncios, ou de qualquer outro produto midiático que exponha o negro e a negra em seus enquadramentos, ativam nelas uma operação de leitura atenta que as direcionam a rastrear em tais discursos espaços ou "brechas" de promoção de preconceito e racismo.

Pode-se entender essa atividade como um condicionamento sociocultural e histórico que acompanha essas mulheres desde as suas experiências na infância. Estágio da vida onde, segundo França e Monteiro (2004), as crianças negras começam a se perceber como alvo de discriminação em relação aos indivíduos brancos. Bem como, é o período onde ocorre o início do desenvolvimento do *self* dos indivíduos (especialmente as fases da brincadeira e do jogo, como ensina o interacionismo simbólico). Neste momento, as crianças – em interação como os outros que as cercam, ou seja, com os seus "outros significantes"–, ao interagir com tais modelos, começam a modelar a sua personalidade e os seus comportamentos.

Nesta fase, quando as crianças estão sendo gradativamente inseridas no universo simbólico das interações sociais, a atividade de identificação é relevante para ela desenvolverem *selves* espelhados em referências de "outros significativos" (NUNES, 2005). Essas referências, como se indica no capítulo de referencial teórico, geralmente provêm da família, da escola, da mídia, entre outros; que transmitem às crianças valores para a sua percepção de papéis sociais e fornecem a elas subsídios que as levam a compreender a conjectura de estar, ser e fazer parte do mundo. Este período para a criança negra é delicado, pois

> é o momento em que [ela] toma consciência não de suas diferenças raciais, pois disso sempre estiveram cientes, mas o significado dessas diferenças e da importância que elas têm para as suas futuras relações sociais, uma vez que representam a fonte do preconceito que aparecerá nos momentos em que forem confrontados com os brancos, e que, agora, passam para um nível consciente. (BARBOSA, 1987 *apud* CAVALHEIRO, 2003, p. 25).

As crianças negras são geralmente limitadas em muitos dos circuitos dessas atividades de desenvolvimento de sua identidade social, especialmente no que tange às expressões de valorização e referência para a localização de sua identidade no contexto social. "Ao sujeito negro, esta possibilidade é, em grande parte, sonegada. [...]. O modelo de identificação normativo estruturante com o qual ele se defronta é o de um fetiche: o fetiche do branco, da brancura" (SOUZA, 1984 *apud* COSTA, 1984, p. 4).

Em outros termos, na imposição desse fetiche, elas são vítimas do silenciamento, da supressão e da desvalorização representativa de suas identidades nos diversos espaços sociais, especialmente, nos contextos de expressivos impactos na construção do processo identitário, como o escolar (CAVALHEIRO; 2001; MUNANGA, 2005; entre outro) e o midiático (ACEVEDO *et.al.*, 2011; FURTADO, 2005; PEREIRA, 2002; RAHIER, 2001; ARAÚJO, 2000; entre outros).

Joelzito Araújo é enfático ao declarar que as consequências dessa lógica afetam profundamente a construção das identidades das crianças negras, pois a mídia brasileira praticamente não oferece a possibilidade de nossa criança afrodescendente ter modelos que promovam a sua autoestima, enquanto que as crianças brancas, especialmente as de padrão ariano, louras dos olhos claros, são hiper-representadas nos comerciais, nas telenovelas e nos filmes. O resultado é óbvio: enquanto a criança negra tem vergonha de sua negritude, de sua origem racial, porque cresce em um ambiente social e educacional de recusas que promovem uma autoestima negativa, a criança branca cresce superpaparicada e com uma impressão de que é superior a todas as outras. Portanto, a sociedade – com o seu racismo – provoca distorções tanto nas crianças negras quanto nas crianças brancas. (ARAÚJO, 2007, *Online*)[6].

No espaço considerado para esta investigação, o midiático, percebe-se a operação expressiva desta dinâmica, como nos alertou Araújo (2007), pois geralmente são nesses espaços que as crianças brasileiras[7] comumente esperam também encontrar as suas referências. É nesses espaços que elas buscam se identificar com algum modelo que expresse suas características físicas, logo, é na ação dessa busca que muitas crianças negras realizam as suas primeiras experiências com o preconceito e o racismo.

É no conjunto das referências dos "outros significantes", como as narrativas dos produtos midiáticos, que as crianças negras, como as brancas, também buscam respostas para questões que as apoiem no seu processo de desenvolvimento identitário e muitas vezes não encontram tal apoio,

---

6   Disponível em: http://portalmultirio.rio.rj.gov.br/portal/riomidia/rm_entrevista_conteudo.asp?idioma=1&idMenu=4&label=&v_nome_area=Entrevistas&v_id_conteudo=68226. Acesso em: 06. Jan. 2017.

7   Para uma noção o estudo Mediametrie (2007), que envolveu nove países, entre eles o Brasil, indicou que as crianças brasileiras são as que passam mais tempo diante da televisão. Em média três horas e trinta minutos. (ACEVEDO *et al.*, 2011, p. 133).

mas constatam lacunas e silenciamentos representativos. Como bem ilustra um comentário de uma das mulheres negras, que compartilha tal experiência de busca: "Aí você via propaganda e não via ninguém parecido e você acaba se perguntando: Quem sou eu?". (TPVS, Mulher Negra).

Em complemento, os resultados do estudo de Acevedo e colegas (2011) apoiam essa perspectiva. Com o objetivo de examinar quais e como são as representações dos negros nas publicidades brasileiras dirigidas às crianças, esses investigadores mostraram que as imagens da publicidade televisiva podem trazer impactos negativos para as crianças, uma vez que o fato de crianças negras não conseguirem identificar o seu grupo étnico representado nos conteúdos publicitários pode levá-las a ter problemas relacionados à autoestima ou à identidade.

Desse modo, é nessa configuração de buscas frustradas por referências positivas que a identidade e a autoestima dos indivíduos negros são impactadas profundamente desde a infância. Cabe ressaltar a consciência de que a mídia é apenas um dos agentes que colaboram para tal ciclo opressor, que vem pautado por dimensões de heranças históricas e culturais (SCHWARCZ, 2012; 1987; GUIMARÃES, 2012; FRY, 1995-1996; 2007; MUNANGA, 1986; entre outros). No entanto, a sua força na promoção deste circuito deve ser considerada com expressiva profusão no Brasil contemporâneo.

Portanto, pode-se supor que é em rede com outros canais de socialização e cultura, que as lógicas da mídia (HJARVARD, 2012; 2013; 2014) se suportam para disseminar, em suas produções, conteúdos que motivam e fortalecem alguns dos traumas e bloqueios que os indivíduos negros carregam consigo até a fase adulta.

Esses traumas são pautados pelas configurações sociais e culturais que sonegam e silenciam a representação identitária dos negros pela alienação e condicionamento impostos pela violência racista, que no Brasil se manifesta de modo cordial (TURRA e VENTURI, 1995).

Essa cordialidade é atravessada pelo conveniente discurso de negação do preconceito racial e do racismo, como bem discorre Lilia Moritz

Schwarcz, com base em estudo realizado em São Paulo, em 1988, no qual 97% dos entrevistados afirmaram não ter preconceito e 98% dos mesmos entrevistados disseram conhecer pessoas que tinham preconceito. Com base nesses dados, Schwarcz infere que "todo brasileiro parece se sentir, portanto, como uma ilha de democracia racial, cercado de racistas por todos os lados" (SCHWARCZ, 2012, p. 30).

Outros dois estudos semelhantes foram realizados e divulgados pelo jornal Folha de São Paulo, em 1995 e 2011 respectivamente. Esses estudos apresentaram resultados bem próximos aos da pesquisa de 1988. Logo, reforçaram que os brasileiros têm conhecimento da existência do preconceito, no entanto, eles "jogam-no [...] para outras esferas, outros contextos ou pessoas afastadas. Trata-se, pois, de um 'preconceito do outro'". (SCHWARCZ, 2012, p. 31). Rodrigues (1995) denomina esse fenômeno de racismo cordial e afirma que ele se manifesta de modo a não mais ofender o alvo que se discrimina.

Alguns estudos da psicologia social com base cognitiva também trazem resultados consonantes nesta direção. Martinez e Camino (2000) em um estudo com estudantes universitários de João Pessoa, Paraíba, verificaram a mesma contradição. Considerando uma escala de 1 a 10, onde os maiores *scores* refletiam maior atribuição de preconceito, os estudantes indicavam a si, em média, 3,3 pontos e 7,8 pontos aos brasileiros. É neste contexto contraditório que circulam as manifestações racistas e seus desdobramentos em preconceito e discriminação com os negros brasileiros, "porém ninguém é responsável por elas" (CAMINO et. al., 2004, p. 124).

Essa lógica opressiva também foi identificada nas marcas das vozes das mulheres deste trabalho, bem como o seu inverso, isto é, a negação dos negros de serem alvos de racismo e preconceito. Percebe-se certo constrangimento das mulheres negras de falar sobre as suas experiências de racismo. Lilia Moritz Schwarcz colabora também com o entendimento desse comportamento ao compartilhar indicativos dos resultados par-

ciais de uma pesquisa sobre bailes negros em São Paulo, onde também
ela observou que

> a maioria dos entrevistados negou ter sido vítima de discrimina-
> ção, porém confirmou casos de racismo envolvendo familiares
> e conhecidos próximos. [...]. Distintas na aparência, as conclu-
> sões das diferentes investigações são paralelas: ninguém nega que
> exista racismo no Brasil, mas sua prática é sempre atribuída ao
> "outro". Seja da parte de quem age de maneira preconceituosa,
> seja daquela de quem sofre com o preconceito, o difícil é admitir
> a discriminação e não o ato de discriminar. [...] estamos diante
> de um tipo particular de racismo, um racismo silencioso [...].
> (SCHWARCZ, 2012, p. 31-32).

Nesta dinâmica de responsabilidades e sofrimentos silenciados é
que as marcas dessa violência manifestam-se nas vidas das mulheres negras, que são traumatizadas e condicionam-se diante desses contextos a
um estado de alerta constante e automático, que impõe às suas estruturas
cognitivas – e acredita-se que isso provavelmente ocorra com os negros
em geral – uma condição estressante de ameaça (STEELE e ARONSON,
1995; SILVA, 2007; PEREIRA, 2004) e temor de serem ou estarem sendo
alvo de manifestações de estereotipização a cada movimento social realizado. Essa ameaça dos estereótipos reflete-se como uma sombra que
acompanha e atormenta os seus alvos em todas as suas ações e desempe-
nhos sociais.

Essa performance agonística reflete um modo de vida complexo imposto histórica, social e culturalmente aos negros que, como efeito direto enfraquece gradativamente a sua autoestima e, geralmente, os
inscreve em circuitos de conformismo diante de tais configurações e de
desesperança sobre cenários que possam alterar esta estrutura nefasta e
violenta do racismo.

É pela experiência perversa da negação e desvalorização de suas
identidades, imposta pelo lastro do sistema de opressão racista, ainda

fortemente vigente na sociedade brasileira, apesar de sua cordialidade, que um sentimento de dor marca as biografias dos negros brasileiros, provocando uma paralização de suas performances sociais, abalando fortemente a sua autoestima e identidade, pelo caráter paralisante deste sofrimento que reverbera em todas as instâncias de suas vidas.

É esta dor emocional (com reflexos físicos) que é denunciada nas vozes das mulheres negras que colaboram com esta investigação, quando compartilham as suas experiências de interação com os dispositivos publicitários contraintuitivos, que ofertam visibilidade qualificada às mulheres negras como protagonistas.

> A dor emocional sem a presença de lesão tecidual mas também sentida no corpo como "nós no estômago", vazio interno, especialmente ocasionados por experiências no plano das relações interpessoais ou no plano das auto-avaliações, também geradas no contexto interpessoal. [...] Pode comprometer a qualidade de vida, incapacitar a pessoa que a sofre. (CARVALHO, 2005, p. 526).

Esse sentimento de dor se manifesta emocionalmente pela pulsão latente de chagas produzidas ao longo das experiências dos negros e negras frente ao racismo em suas interações sociais. Essas "feridas" muitas vezes, pelo que se pode interpretar dos dados desta investigação, cicatrizam-se deixando visivelmente apenas marcas em suas biografias. Porém internamente essas cicatrizes continuam latentes, ou seja, elas muitas vezes aparentam estar externamente "fechadas", porém internamente continuam abertas e inflamadas, renovando-se de modo latente e dolorido a cada situação de experiência com o racismo, comprometendo, neste agir, o desempenho e a saúde sociocultural dos negros na sociedade.

Nesse contexto, o pensamento de Jurandir Freire Costa, apoiado na psicanálise, agrega bases que subsidiam a presente reflexão. Para este autor,

> pensar sobre a identidade negra redunda sempre em sofrimento para o sujeito. Em função disto, o pensamento cria espaços de

censura à sua liberdade de expressão e, simultaneamente, suprime retalhos de sua própria matéria. A "ferida" do corpo transforma-se em "ferida" do pensamento. Um pensamento forçado a não representar a identidade real do sujeito é um pensamento mutilado em sua essência. [...]. A violência racista subtrai ao sujeito a possibilidade de explorar e extrair do pensamento todo infinito potencial de criatividade, beleza e prazer que ele é capaz de produzir. O pensamento do sujeito negro é um pensamento que se auto-restringe. Que delimita fronteiras mesquinhas a sua área de expansão e abrangência, em virtude do bloqueio imposto pela dor de refletir sobre a própria identidade. (COSTA, 1984, p. 9-10).

É pela consciência de tentar enfrentar e neutralizar os efeitos produzidos pelo sofrimento dessa dor, que mutila e bloqueia as expressões de suas identidades e desenvolvimento da autoestima, que muitos negros utilizam no seu cotidiano estratégias para ocultar a percepção dos impactos da violência do racismo no seu dia a dia. Esta pesquisa revela três resignações estratégicas nesse sentido: o silenciamento de experiências com o racismo no cotidiano; o conformismo para enfrentar o racismo e o autopreconceito do negro.

É pertinente pontuar que, segundo Ana Maria Pimenta Carvalho, "a dor constitui-se em ameaça ao eu/*self*, seja ela de que natureza for". (CARVALHO, 2005, p. 526). Dessa forma, tais estratégias visam neutralizar a manifestação de memórias dolorosas que ferem "mesmo quando não culmina em violência física. Quando nos sentimos excluídos ou menosprezados o cérebro reage como se o corpo sentisse dor" e as consequências dessas experiências de rejeição são as "sensações dolorosas, tristeza, indignação, aumento do estresse e prejuízos ao autocontrole de quem as sofre" (REVISTA *MENTE & CÉREBRO*, 2012, p. 25).

Os esclarecimentos ofertados pelas mulheres sobre essas estratégias e as dimensões acerca das experiências da dor do racismo, que marcam as suas biografias, potencializam as prováveis contribuições que os anúncios contraintuitivos podem promover para contribuir na direção de abalar e deslocar as estruturas simbólicas que enquadram tais experiências cognitivamente nas mulheres negras, e nos negros em geral, bem como promover "novas/outras" percepções sobre os indivíduos negros à sociedade, ao tentar movimentar os conteúdos tradicionais que governam os estereótipos negativos que lhes são associados.

Na perspectiva das mulheres negras, os anúncios contraintuitivos, com o alcance de suas narrativas, que violam a expectativa de conteúdos intuitivos dos estereótipos, auxiliam na redução das expressões latentes das experiências da dor do racismo no seu dia a dia. Isso porque, ao disseminar "novas/ outras" expressões da mulher negra, as (re)configurações positivas promovidas em tais narrativas produzem um movimento no aspecto individual de reflexividade na sua autoestima e na projeção coletiva, promovendo reflexões acerca de "novas/ outras" posições que a mulher negra pode assumir na tentativa de deslocar conteúdos de estereótipos tradicionais.

As redescrições de anúncios contraintuitivos também estimulam a edificação de olhares de esperança dessas mulheres e dos negros em geral, especialmente das crianças, no sentido de acreditarem que outros contextos de consideração, respeito e visibilidade da identidade negra no Brasil sejam possíveis de serem promovidos nos espaços das "lógicas da mídia" (HJARVARD, 2008; 2012; 2014) e reapropriados pelas "lógicas da midiatização" (BRAGA, 2015) para apoiar a construção de associações mais positivas em direção à identidade dos negros e das negras brasileiros.

Essa possibilidade de mudança é indicada nos estudos teóricos da publicidade contraintuitiva e foi recentemente reforçada por Siri Carpenter, que elucida terem durante muito tempo os pesquisadores acreditado que seria praticamente impossível mudar associações implícitas, ligadas aos estereótipos sociais, tendo em vista que tais vínculos se desenvolvem bastante cedo e somos inconscientes deles. Mas pesquisas atuais indicam que é possível reelaborar crenças e atitudes implícitas ou, pelo menos, controlar seus efeitos.

Contemplar os grupos-alvo em contextos sociais mais favoráveis pode ajudar a enfrentar atitudes tendenciosas. Em estudos de laboratório foram demonstrados que diversas estratégias permitem enfraquecer o preconceito implícito. Surte efeito, por exemplo, ver um rosto negro com uma bonita paisagem ao fundo em vez de uma rua deteriorada, considerar exemplos negros admirados, como Denzel Washington e Michael Jordan [...]. (CARPENTER, 2009, p. 60).

Essa observação de Carpenter, reafirme-se, precisa ser relativizada porque, como se observa nos discursos das mulheres, o simples movimento de inserir negros em posições favoráveis de protagonistas pode indicar, ao menos na publicidade, a expressão de um preconceito cordial. Mas, numa perspectiva geral, elas concordam com essa possibilidade de alterações no *status quo* de crenças e atitudes implícitas, associadas aos estereótipos tradicionais, com o uso equilibrado de imagens mais favoráveis.

Na situação de interação das mulheres negras com as propostas de reconfigurações comunicativas dos discursos contraintuitivos que apoiam esta investigação, percebe-se uma especial e significativa interface na dinâmica interacional delas com tais publicidades.

Pode-se considerar que se capta, pela observação e análise dos dados construídos, um movimento (processo?) integrado cognitivo motivado pelos anúncios contraintuitivos que posiciona as mulheres entre a consciência do "ser" e as expectativas do "estar" de suas identidades. Em outras palavras, recorre-se ao apoio de uma metáfora sobre o movimento de um pêndulo, para tornar essa percepção mais clara. Na situação de interação com os anúncios, é possível descobrir e compreender, com base nas observações realizadas e em vista dos dados desta investigação, que as publicidades contraintuitivas provocam um proceder cognitivo nas mulheres negras que dinamiza a percepção delas como um movimento pendular. Diante dos anúncios, elas são levadas a experienciar simbolicamente uma dinâmica entre o "ser" (posição real/atual) e o "estar" (posição ideal/futura).

O sentido de "ser" expressa a identidade da mulher negra marcada pelas experiências de dor da violência do racismo. É a mulher que se autolimita vinte e quatro horas por dia e ancora-se pelo condicionamento do medo, estresse e insegurança produzidos pelos traumas do racismo que a intimida. Já os sentidos do "estar" expressam a expectativa de conquistas e mudanças, é a experiência de satisfação (de extasia) ofertada pelas narrativas contraintuitivas, que mostram em seus enquadramentos mulheres negras como protagonistas em situações positivas de conquistas e que estimulam suas receptoras a pensar que mudar é possível.

Essas leituras têm apoio nas reflexões de Jurandir Freire Costa que esclarece, que "na 'experiência de dor', ao contrário da 'experiência de satisfação', o movimento do psiquismo rigidifica-se. Reduz-se a acionar defesas cujo único objetivo é controlar, dominar, fazer desaparecer a excitação dolorosa" (COSTA, 1984, p. 9). A interação das mulheres com tais anúncios permite que simbolicamente elas se projetem para as narrativas num processo de comunicação com seu Eu-objeto, isto é, os anúncios às levam a se colocarem cognitivamente no lugar das mulheres protagonistas, possibilitando significativas experiências mediadas pelo processo de intracomunicação indicado no interacionismo simbólico.

Este movimento do "estar" reflete um *self* que se gosta, que se valoriza. A atitude desse exercício simbólico é uma vitrine para a autoestima das mulheres negras, que pode vir a ser fortalecida e promover gradativamente o deslocamento dos sentidos paralisantes que estruturam o traumatizado "ser" atual, tendo em vista a força das experiências de satisfação simbólicas ofertadas pela publicidade contraintuitiva.

O "estar" é o estímulo externo ofertado pela publicidade, que interage diretamente com a estrutura interna (emocional) não observável das mulheres negras, o "ser". Nesta dinâmica cooperativa de afetação mútua sobre as atividades interpretativas, ou seja, pelo proceder interativo vivido e mediatizado que se pauta e se compõe pela "designação e interpretação" (BLUMER, 1980, p. 137), é que as mulheres negras, frente ao real de seu dia a dia, ou seja, pela realidade que as circunda podem, com apoio de discursos midiáticos como o contraintuitivo, exercitar possíveis posições e expectativas ideais pelo "estar", para reconstruir o seu "ser". Dessa forma, projeta-se nesse percurso significativo um sentimento de esperança que dinamiza o resgate dos seus *selves* do ciclo opressivo das experiências dolorosas do racismo.

É neste espaço de interação simbólica, que se completa (talvez em longo prazo) o movimento pendular do "ser" e "estar", utilizado para ilustrar o presente raciocínio, que tem a completude de sua atividade ao encontrar o seu ponto de equilíbrio pelo ato social das mulheres negras em acreditar na esperança que a reestruturação de sua autoestima seja possível.

Portanto, as mulheres negras, e os negros em geral, precisam dignamente "ser" e a publicidade contraintuitiva indiscutivelmente pode apoiar esse percurso mediante o seu conjunto discursivo do "estar" que suporta de modo simbólico a violação de conteúdos estereotípicos tradicionais habitualmente impostos aos negros neste país cordialmente racista.

CONSIDERAÇÕES FINAIS

Os resultados desta investigação que articulam o modelo teórico EXPERIÊNCIAS DE INTERAÇÃO DE MULHERES BRASILEIRAS COM ANÚNCIOS CONTRAINTUITIVOS oferecem um modo de pensar sobre a situação de experiência de interação de mulheres brasileiras com a publicidade contraintuitiva, que propicia visibilidade à presença da mulher negra como protagonista em suas narrativas. A elaboração conceitual construída a partir dos dados que estruturam o referido modelo, que atendeu ao rigor científico da *Grounded Theory* Construtivista, revelou dois processos básicos que se manifestam nos espaços da recepção, quando da interação das mulheres com o discurso publicitário.

O primeiro processo emerge quando se busca compreender a problematização aberta e gerativa desse estudo, que se pauta pelos seguintes questionamentos: Como a publicidade contraintuitiva, com a presença de mulheres negras, repercute nas estruturas de conhecimento e experiências da mulher brasileira? Quais efeitos de sentido (significados) são produzidos pelas lógicas de interação da mulher com o dispositivo publicitário contraintuitivo nos espaços e práticas da recepção?

Na direção de esclarecer tais questionamentos, o processo geral e amplo denominado DIMENSÃO SOCIOEMOCIONAL CATÁRTICA NO IMAGINÁRIO edifica-se para fornecer direcionamentos que elucidem tais indagações. No seu *locus* explicativo, como já se discutiu nos capítulos anteriores, pode-se observar que quando da recepção e interação com o dispositivo publicitário contraintuitivo que exponha mulheres negras como protagonistas há um significativo estímulo que resulta em uma descarga emocional catártica pela qual as mulheres (brancas e negras) realizam às suas tentativas de leituras dos anúncios.

De modo acrítico, de um lado, essa dinâmica pode ser considerada como algo normal que ocorre com qualquer outro anúncio ou produto midiático. Por outro lado, com o engajamento de um olhar mais crítico, é preciso ressaltar que tal movimento de articulação de sentido na presente investigação é provocado pela identificação da presença qualificada de mulheres negras como protagonistas dos anúncios. É diante do reconhecimento de posições simbólicas de protagonistas das mulheres negras que as informantes desta investigação organizam todo um repertório multifacetado, articulado por perspectivas histórica, cultural, social, política, mercadológica, entre outras, para suportar as suas leituras sobre os anúncios apresentados.

Nesta dinâmica, é possível compreender como a publicidade contraintuitiva com a presença de mulheres negras pode movimentar os sentidos nos espaços da recepção e promover alguns dos impactos nesse momento inicial de interação. Entre o conhecimento produzido sobre esse processo destacam-se as questões acerca das percepções e alertas sobre interpretações diversas e adversas que os anúncios contraintuitivos podem produzir; a questão do uso da imagem dos negros na publicidade como estratégia mercadológica; a persistência do racismo nas imagens publicitárias refletindo o social; recomendações para usos adequados da imagem do negro na publicidade; as questões acerca dos efeitos da imagem da mulher negra em criações complexas e de representações extremas; bem como a percepção das mulheres de que tais publicidades indicam mudanças no campo publicitário e social em relação ao respeito à diversidade.

A expressão dos pontos que articulam esse processo é manifestada pelas mulheres tendo como base as suas distintas experiências vividas e mediadas, considerando o percurso de vivência de mulheres negras e brancas. Isso porque é possível, por exemplo, identificar nuanças distintas nas leituras das mulheres brancas e negras. As mulheres brancas frente aos anúncios manifestam sentimento de solidariedade às mulheres negras, já as leituras das mulheres negras são marcadas por um sentimento de dor das suas experiências com o racismo.

É com o alcance dessa percepção revelada na dinâmica simultânea de coleta e análises de dados, que se aplicou o redirecionamento da questão desta investigação, conduzindo, inclusive, a sua amostra teórica no sentido de compreender: Como a interação com publicidades contraintuitivas protagonizadas por mulheres negras afeta a experiência da dor do racismo de mulheres negras brasileiras?

Foi com essa nova problemática e na busca de explicar efetivamente o que acontece nesta dinâmica interacional que se constrói o segundo processo do presente modelo teórico desta pesquisa, denominado EXPERIÊNCIA DA DOR DO RACISMO E OS EFEITOS DE ANÚNCIOS CONTRAINTUITIVOS PARA SUA REDUÇÃO.

Este processo assume um caráter específico e integra o primeiro. Ele apresenta um alto poder explicativo e original sobre as experiências vividas e mediadas de mulheres negras brasileiras com as configurações publicitárias contraintuitivas, direcionando o entendimento de como os discursos contraintuitivos podem agir para diminuir a expressão da dor do racismo em suas biografias. Pelos dados ofertados pelas mulheres negras, essa dinâmica pode ocorrer, tendo em vista que os discursos publicitários contraintuitivos dialogam fortemente com a autoestima delas, quando apresentam protagonistas negras em posições qualificadas, que podem ser aspiradas por elas, deslocando assim os conteúdos de estereótipos tradicionais.

Esta interação simbólica tem o potencial de estimular um jogo interpretativo, como ensina o interacionismo simbólico, que pode ter tanto expressões no campo individual quanto reflexos significativos no campo coletivo, tendo em vista a circulação de tal narrativa nas mediações sociais.

O modelo teórico apresentado nesta investigação amplia, assim, o conhecimento e aprofunda as reflexões dos estudos anteriores sobre os efeitos da narrativa contraintuitiva em estereótipos sociais, ao agregar a este quadro bases empíricas com articulação teórica. Oferta também aos estudos mediáticos da publicidade, e à sociedade em geral, uma pesquisa substantiva, com dados efetivamente ricos sobre os padrões interativos e os efeitos desse discurso em estereótipos tradicionais, considerando como lugar de sua construção os aspectos da recepção e as lógicas de interação com a tentativa comunicacional publicitária contraintuitiva.

Neste estudo, que coaduna trabalho empírico com reflexão teórica, são compartilhadas análises, problematizações substantivas e práticas que podem ser aplicadas nos espaços de produção, usos e consumo da narrativa publicitária, considerando que o entendimento dos processos de interação revelados no produto teórico edificado oferece ao campo publicitário um aporte interpretativo deliberadamente significativo, que pode ser útil para orientar as suas criações em direção a "novas/outras" abordagens mais atenciosas, quando do uso da imagem de negros e negras nas narrativas do campo.

O pensamento apresentado também disponibiliza um alerta, que não se pauta por denuncismo, mas sim por um esforço científico de compreensão das problemáticas tão relevantes que atravessam essa pesquisa, sobre o efetivo papel social que pode ser exercido pela publicidade, conjuntamente com outras vertentes da mídia, para a promoção redescritiva de discursos que disseminem o respeito à cidadania e à diversidade, ao incluir de maneira efetivamente digna as minorias sociais em seus enquadramentos.

Entretanto, pelas expressões desta investigação, enfatiza-se que não se trata de defender um posicionamento que estimule a busca da cidadania pelo consumo, mas compreender que a publicidade e o mercado possuem uma profunda influência na circulação e difusão de ideias no Brasil contemporâneo, como pontua Peter Fry (2002) e, dessa forma, podem sim apoiar caminhos de produção de sentido para além da promoção de vendas.

Com isso, pretende-se dizer que mesmo associado aos objetivos mercadológicos, o que é de sua natureza e não se deve eliminar esta questão, a publicidade precisa se reposicionar e sair do lugar comum de seus discursos tradicionais de representações hierárquicas e fetichistas que já não atingem (se algum dia atingiram) as expectativas de seus consumidores. Logo, a publicidade precisa se atualizar e as inovações ofertadas pela alternativa contraintuitiva se posicionam como um caminho para apoiar esse reposicionamento orientado pelo equilíbrio, naturalidade e positividade da expressão de minorias sociais em suas narrativas, como bem sugerem as mulheres brasileiras neste estudo. É sob essas expectativas de reconhecimento e respeito que cotidianamente as respostas sociais à publicidade se articulam exigindo seu reposicionamento com relação à diversidade.

Nesse sentido, entende-se que da mesma forma que a publicidade apoiou a construção da tradição desses conteúdos preconceituosos que atualmente pautam o olhar social para representações restritas, ela pode num direcionamento inverso reposicionar-se de modo inovador e publicizar discursos que desencadeiem um processo de transferência de "novos/outros" significados e valores às minorias sociais, como os negros e as negras no Brasil. A sociedade brasileira quer se ver nos enquadramentos da publicidade! Esse debate está irreversivelmente pautado.

Apesar das relevantes contribuições trazidas por este estudo, persistem as necessidades de ampliação do seu quadro interpretativo sobre os efeitos da publicidade contraintuitiva no social, bem como acerca dos conceitos e fenômenos originalmente revelados nesta pesquisa. Nesta direção, é preciso, por exemplo, tentar alcançar o entendimento de tais expressões reveladas junto ao universo das crianças, agentes parentais e homens brasileiros, além de considerar ainda esses movimentos de sentido sob uma investigação de caráter longitudinal, bem como em outros espaços publicitários como o televisivo e *online*.

Inúmeros desafios teóricos planejam o direcionamento futuro da agenda de investigação das manifestações do discurso publicitário contraintuitivo na sociedade brasileira. Dessa forma, a presente investigação deve ser identificada como um primeiro e relevante esforço científico de contribuição empírica e desenvolvimento teórico, no bojo das ciências da comunicação, para elucidar os processos de sentido por onde o efeito contraintuitivo circula nos espaços da recepção publicitária.

Acredita-se, nesta direção, que a expressiva contribuição desta investigação também se estabeleça pela orientação de que o campo publicitário precisa ouvir as vozes em suas entrelinhas, de TODOS os seus públicos, mas principalmente daqueles vitimados pelos estereótipos sociais, tais como as das mulheres brasileiras articuladas neste estudo e reconhecer a dimensão dos significados fornecidos por elas, que se fundamentam em experiências vividas e mediadas. Com outras palavras, principalmente, o campo publicitário precisa reconhecer a dor que as mulheres negras compartilham neste estudo e a consciência solidária que a sociedade manifesta diante de tal contexto, expandindo este reconhecimento para outros segmentos da população.

Enfim, esta investigação corrobora o entendimento de que a publicidade é discurso e como tal é prática social. Logo, indiscutivelmente, as suas narrativas podem contribuir na edificação de mundos, isto é, de "novas/outras" visões de mundo. Nesta direção, este estudo que tem suas raízes nos estudos mediáticos da publicidade oferta à sociedade uma produção científica atualizada sobre as dimensões da publicidade contraintuitiva, buscando subsidiar efetivos debates, novas percepções e perspectivas acerca dos efeitos que a midiatização pode produzir nos estereótipos sociais. Espera-se que o conhecimento produzido nesta investigação, isto é, os seus resultados sejam úteis e possam ser revertidos em ações que permeiem a área publicitária e o campo das ciências da comunicação como um todo.

REFERÊNCIAS

ACEVEDO, C. R. *et. al.* Imagens dos afrodescendentes em programas de televisão de produtos direcionados ao público infantil exibidas no período de 2002 a 2010. In: BATISTA, L.L. e LEITE, F. (Orgs.). *O negro nos espaços publicitários brasileiros: perspectivas contemporâneas em diálogo.* São Paulo: Escola de Comunicações e Artes/USP: Coordenadoria dos Assuntos da População Negra, 2011.

ALLEN, L. M. A Critique of Four Grounded Theory Texts. *The Qualitative Report.* vol. 15, n° 6, nov. p. 1606-1620, 2010.

ALMEIDA, Wilson Castello de. Além da catarse, além da integração, a catarse de integraçãoBeyond catharsis, beyond integration, the catharsis of inte. *Rev. bras. psicodrama,* São Paulo, vol. 18, n° 2, 2010. Disponível em <http://pepsic.bvsalud.org/scielo.php?script=sci_arttext&pid=S0104--53932010000200005&lng=pt&nrm=iso>. Acesso em: 10 fev. 2015.

ALTHEIDE, D. L. e SNOW, R. P. Media Logic. Beverly Hills, CA: Sage, 1979.

AMBADY, N. *et al.* Stereotype susceptibility in children: effects of identity activation on quantitative performance. *Psychological Science,* p. 385-390, 2001.

ARAÚJO, J. Z. O negro na dramaturgia, um caso exemplar de decadência do mito da democracia racial brasileira. *Revista Estudos Feministas,* Florianópolis, vol. 16, n° 3, p. 979-985, set./dez., 2008.

_____. *Negação do Brasil – O negro na telenovela brasileira,* São Paulo: Senac, 2000.

ARISTÓTELES. *Poética.* 2. ed. São Paulo: ArsPoetica, 1993.

ASSOCIAÇÃO BRASILEIRA DE AGÊNCIAS DE PUBLICIDADE (Abap); *ASSOCIAÇÃO BRASILEIRA DE ANUNCIANTES (Aba).* Campanha

Abap – Aba: sandália. São Paulo: Abap, 2011. Disponível em: http://www.abapnacional.com.br/downloads-campanhas.cfm. Acesso em: 21 de janeiro de 2011.

BALDIN, N.; MUNHOZ, E. M. Ba. *Snowball (bola de neve): uma técnica metodológica para pesquisa em educação ambiental comunitária*. In: X Congresso Nacional de Educação – Educere. Curitiba, 2011.

BARBOSA, I. M. F. "Socialização e identidade racial". In: *Cadernos de Pesquisa*. (nº 63, p. 54-5) São Paulo, 1987.

BARROS, L. M. Recepção, mediação e midiatização conexões entre teorias europeias e latino-americanas. In: Janotti Jr., Jeder; Mattos, Maria Ângela; Jacks, Nilda (orgs). *Mediação & midiatização*. Salvador: Edufba; Brasília: Compós, p. 79-105, 2012.

BARROS FILHO, C. B. A publicidade como suporte pedagógico: a questão da discriminação por idade na publicidade da Sukita. *Revista FAMECOS*, nº 16, dez. 2001.

BASTOS, M. T. Medium, media, mediação e midiatização: a perspectiva germânica. In: Janotti Jr., Jeder; Mattos, Maria Ângela; Jacks, Nilda (orgs). *Mediação & midiatização*. Salvador: Edufba; Brasília: Compós, p. 53-77, 2012.

BATISTA, L.L. e COSTA, M.A.R. O racismo subentendido: a comunicação "politicamente correta" e seus efeitos em estereótipos e preconceitos. In: BATISTA, L.L. e LEITE, F. (Orgs.). *O negro nos espaços publicitários brasileiros: perspectivas contemporâneas em diálogo*. São Paulo: Escola de Comunicações e Artes/USP: Coordenadoria dos Assuntos da População Negra, 2011.

BAZILLI, C.; RENTERÍA, E.; DUARTE, J.C.; FRANCISCATTI, K.V.S.; ANDRADE, L.F. e RALA, L.A. *Interacionismo simbólico e teoria dos papéis: uma aproximação para a psicologia social*. São Paulo, EDCU, 1998.

BBC BRASIL. Poder da aparência: estereótipo influi no sucesso e no fracasso, diz estudo. BBC Brasil.com, 22 abr. 2008. Disponível em: <http://

www.bbc.co.uk/portuguese/reporterbbc/story/2008/04/080422_es-tereotipos_pu.shtml>. Acesso em: 22 abr. 2008.

BEILOCK, S. L.; MCCONNELL, A. R. Stereotype threat and sport: can athletic performance be threatened? *Journal of Sport & Exercise Psychology*, vol. 26, p. 597-609, 2004.

BERNARDES, D. L. G. Dizer "não" aos estereótipos sociais: as ironias do controlo mental. *Análise Psicológica*, vol. 21, nº 3, p. 307-321, 2003.

BHABHA, H. K. *O local da cultura*. Trad. Myriam Ávila, Eliana Lourenço de L. Reis e Gláucia R. Gonçalves. Belo Horizonte: Editora UFMG, 2008.

BIANCHI, E. M. P. G. & Ikeda, A. A. Usos e aplicações da grounded theory em administração. Gestão.org. *Revista Eletrônica de Gestão Organizacional*, Universidade Federal de Pernambuco, vol. 6, nº 2, p. 231-248, 2008.

BLANCO, A. *Cinco tradiciones en la psicología social*. Madrid: Ediciones Morata, 1998.

BLAIR, V. I. e BANAJI, M. R. Automatic controlled processes in stereotyping priming. *Journal of Personality and Social Psychology*, 70, 6, 1142-1163, 1996.

BLAIR,I.V.,Ma, J. E.,e LENTON,A.P. Imagining stereotypes away:the Moderation of implicit stereotypes through mental imagery. *J.Pers. Soc.Psychol.* 81, 828–841, 2001.

BLUMER, H. A natureza do interacionismo simbólico. In: MORTENSEN, C. D. *Teoria da comunicação: textos básicos*. São Paulo: Mosaico, 1980. p. 119-138.

_____. *Symbolic interactionism: Perspective and method*. Berkeley, CA: University of California Press, 1986. (Trabalho original publicado em 1969).

_____... What is wrong with social theory? *American Sociological Review*, nº 18, p. 3-10, 1954. Disponível em: <http://www.brocku.

ca/MeadProject/Blumer/Blumer_1954.html>. Acesso em: 22 fev. 2013.

BOWEN, G. A. Grounded theory and sensitizing concepts. *International Journal of Qualitative Methods*, vol. 5, n° 3, p. 1-9, set, 2006.

BRAGA, J.L. Lógicas da mídia, lógicas da midiatização? In: FAUSTO NETO, A. [*et.al.*]. *Relatos de investigaciones sobre mediatizaciones*. 1a ed. – Rosario: UNR Editora. Editorial de la Universidad Nacional de Rosario, 2015.

_____. Uma teoria tentativa. *Revista da Associação Nacional dos Programas de Pós-Graduação em Comunicação | E-compós*, Brasília, vol. 15, n° 3, set./dez. 2012a.

_____. Circuitos versus campos sociais. In: JANOTTI Jr., J.; MATTOS, M. Â.; JACKS, N. (orgs). *Mediação & midiatização*. Salvador: Edufba; Brasília: Compós, p. 31-52, 2012b.

_____. Interação como contexto da Comunicação. *Matrizes*, São Paulo, Ano 6 – n° 1 jul./dez. p. 25-4, 2012c.

_____. Dispositivos interacionais: lugar para dialogar e tensionar conhecimentos. Entrevistadores: Mozahir Salomão e Eduardo de Jesus. *Dispositiva*, PUC Minas, vol. 1, n° 1, p. 29-38, mai-out. 2012d.

_____. Dispositivos interacionais. In: ENCONTRO ANUAL DA COMPÓS, 20., 2011, Porto Alegre. *Anais eletrônicos...* Porto Alegre: Compós, 2011. Disponível em: www.compos.org.br (Biblioteca, Epistemologia da Comunicação, 2011).

_____. Nem rara, nem ausente – tentativa. *Matrizes*, São Paulo, vol. 4, n° 1, p. 65-81, 2010.

_____. *A Sociedade Enfrenta sua Mídia. Dispositivos sociais de crítica midiática*. São Paulo: Paulus, 2006.

BRAGA, A. e GASTALDO, É. O legado de Chicago e os estudos de recepção, usos e consumos midiáticos. *Revista FAMECOS*. Porto Alegre, n° 39. agosto, 2009.

BRUNER, J. *Realidade mental, mundos possíveis*. Tradução de Marcos A. G. Domingues. Porto Alegre: Artes Médicas, 1997.

BRYANT, A. Re-grounding grounded theory. *Journal of Information Technology Theory and Application*, vol. 4, nº 1, p. 25-42, 2002.

_____. A construtivist response to Glaser. *Fórum Qualitative Social Research*, 4 (i), 2003. Disponível em: <http://www.qualitative-research.net/fqs/>. Acesso em: 22 mar. 2013.

_____. A construtivist response to Glaser. *Fórum Qualitative Social Research*, 4 (i), 2003. Disponível em: http://www.qualitative-research.net/index.php/fqs/article/view/757/1643. Acesso em: 18. out. 2017.

_____. e CHARMAZ, K. (Eds.), *The SAGE handbook of Grounded Theory*. London, England: SAGE, 2007.

BYRNE, S. e HART, P. S. The boomerang Effect: a synthesis of findings and a preliminar theoretical framework. *Communication Yearbook 33*. New York.p. 3-37, 2009.

CAMINO, L. *et.al*. As novas formas de expressão dos preconceito racial no Brasil: Estudos Exploratórios. In: LIMA, M. E. O. *et. al*. (Orgs.). *Estereótipos, preconceitos e discriminação: perspectivas teóricas e metodológicas*. Salvador: EDUFBA, 2004.

CARPENTER, S. Sutilezas do preconceito. *Revista Mente & Cérebro*. p. 54-61. Maio, 2009.

CARRANÇA, F. e BORGES, R. S. (Orgs.). *Espelho Infiel: o negro no jornalismo brasileiro*. São Paulo: Imprensa Oficial do Estado de São Paulo: Sindicato dos Jornalistas no Estado de são Paulo, 2004.

CAVALHEIRO, E. S. Do silêncio do lar ao silêncio escolar: racismo, preconceito e discriminação na educação infantil. São Paulo: Contexto, 2003.

_____. *Racismo e anti-racismo na educação: repensando nossa escola*. São Paulo: Summus; 2001.

CARVALHO, V. D.; BORGES, L. O.; RÊGO, D. P. Interacionismo Simbólico: Origens, Pressupostos e Contribuições aos Estudos em

Psicologia Social. *Psicologia Ciência e Profissão*, 30 (1), 146-161, 2010.

CARVALHO, A. M. P. Enfrentamento da dor: contribuições da psicologia. *Revista Dor*. Jan-Mar. 6. (1), p. 525-529, 2005.

CARVALHO, L. S. *et. al.*. O interacionismo simbólico como fundamentação para pesquisas de enfermagem pediátrica. *Rev. Enferm.* UERJ, Rio de Janeiro, 15(1). jan/mar; 2007. p. 119-24.

CENSO 2010. Disponível em: http://censo2010.ibge.gov.br/resultados. Acesso em: 29. mar. 2014.

CHARMAZ, K. *A construção da teoria fundamentada: guia prático para análise qualitativa*. Trad. de Joice Elias Costa. Porto Alegre: Artmed, 2009.

_____. *Constructing Grounded Theory: a practical guide through qualitative analysis*. 2ed. London: Sage, ([2006] 2014).

_____. Shifting the Grounds:Constructivist Grounded Theory Methods. In. MORSE, J et al. *Developing grounded theory: the second generation*. CA: Left Coast Press, p. 127-193, 2008a.

_____. Constructionism and Grounded Theory. In. HOLSTEIN, J. A. e GUBRIUM, J. F. (Orgs.). *Handbook of Constructionist Research*. New York: The Guilford Press, p. 397-412, 2008b.

_____. Grounded theory in the 21st century: applications for advancing social justice studies. In: Denzin, Norman K.; Lincoln, Yvonna S. (Org.). *Strategies of qualitative inquiry*. Thousand Oakes, CA: Sage. p. 203-241, 2008c.

_____. Grounded theory. In. SMITH, Jonathan A.; HARRÉ, Rom; VAN LANGENHOVE, Luk. *Rethinking methods in psychology*. London: Sage Publications. p. 27-49, 1995.

_____. Research standards and stories: conflict and challenge. In: *Qualitative Research Conference*, 15/05/1998. Ontario: University of Toronto, 1998.

_____. Discovering chronic illness: using grounded theory. *Social Science and Medicine*, nº 30, p. 1161-1172, 1990.

_____. The Power and Potential of Grounded Theory. *Medical Sociology.* Volume 6. Issue 3. October 2012, p. 2-15.

CHARON, J.M. *Simbolic interactionism.* 5th ed. Englewood Cliffs (Uk): Prentice-Hall; 2009.

_____. *Simbolic interactionism.* 3rd ed. Englewood Cliffs (Uk): Prentice-Hall; 1989.

CLARKE, A. E. Situational analysis: grounded theory mapping after the postmodern turn. *Symbolic Interaction*, nº 26, p. 553-576, 2003.

_____. *Situational analysis: grounded theory after the postmodern turn.* Thousand Oaks, CA: Sage, 2005.

COSTA, J. F. *Violência e Psicanálise.* Rio de Janeiro: Edições Graal, 1984.

CRENSHAW, K. Documento para o encontro de especialistas em aspectos da discriminação racial relativos ao gênero. *Revista de estudos feministas*, vol. 10, nº 1, p. 171-188, 2002.

COULDRY, N. *Media, Society, World. Social Theory and Digital Media* Practice. Cambridge: Polity, 2012.

_____. Mediatization or mediation? Alternative understandings of the emergent space of digital storytelling. *New Media & Society*, vol. 10, nº 3, p. 373-391, June 1, 2008.

_____. e HEPP, A. Conceptualizing Mediatization: Contexts, Traditions, Arguments. Communication Theory. *International Communication Association*º 23, p. 191–202, 2013.

DANTAS, C. de C. *et al.* Teoria fundamentada nos dados – aspectos conceituais e operacionais: metodologia possível de ser aplicada na pesquisa em enfermagem. *Revista Latino-Americana de Enfermagem*, Ribeirão Preto, vol. 17, nº 4, ago. 2009. Disponível em: <http://www.scielo.br/scielo.php?script=sci_arttext&pid=S0104-11692009000400021&lng=en&nrm=iso>. Acesso em: 31 mar. 2013.

Francisco Leite

DASGUPTA, N. e GREENWALD, A. G. On the Malleability of Automatic Attitudes: Combating Automatic Prejudice With Images of Admired and Disliked Individuals. *Journal of Personality and Social Psychology.* vol. 81. No. 5. p. 800-814, 2001.

DAVIES, P. G. *et al.* Consuming images: how television commercials that elicit stereotypes threat can restrain women academically and professionally. *Personality and Social Psychology.* Bulletin, vol. 28, n° 12, p. 1667-1678, 2002.

DELEUZE, G. Qu'est-ce qu'un dispositif? In: *MICHEL Foucault philosophe. Rencontre Internationale.* Paris 9, 10, 11 janvier 1988. Paris: Éditions du Seuil, 1989.

_____. Que és un dispositivo? In: BALIBAR, Etinenne; DREYFUS, Hubert; DELEUZE, Gilles *et al. Michel Foucault, filósofo.* Barcelona: Gedisa, p. 155-163. 1999.

DENZIN, N. K. Grounded Theory and the Politics of Interpretation. In: BRYANT, A. e CHARMAZ, K. *The SAGE Handbook of Grounded Theory.* London: SAGE Publications, 2007.

_____. Grounded Theory and the Politics of Interpretation. In: BRYANT, A. e CHARMAZ, K.. *The SAGE Handbook of Grounded Theory.* London: SAGE Publications, 2007.

DEVINE, P. Stereotypes and prejudice: their automatic and controlled components. *Journal of Personality and Social Psychology,* vol. 56, p. 5-18, 1989.

DEVINE, P. G. e MONTEITH, M. J. The role of discrepancy associated affect in prejudice reduction. In: D. M. Mackie & D. L. Hamilton (Eds.), *Affect, cognition, and stereotyping: interactive processes in intergroup perception* (p. 317-344). San Diego, CA: Academic Press, 1993.

DEY, I. *Grounding grounded theory: guidelines for qualitative inquiry.* San Diego, CA: Academic Press: CA, 1999.

Di NALLO, E. *Meeting points. Soluções de Marketing para uma sociedade complexa.* São Paulo: Ed. Cobra, 1999.

DIXON, T. L. Crime news and racialized beliefs: Understanding the relationship between local news viewing and perceptions of African Americans and crime. *Journal of Communication*, 58, 106–125, 2008a.

_____. Network news and racial beliefs: Exploring the connection between national television news exposure and stereotypical perceptions of African Americans. *Journal of Communication*, 58, 321–337, 2008b.

DUPAS, G.; OLIVEIRA, I. de; COSTA, T.N.A. A importância do interacionismo simbólico na prática de enfermagem. *Rev. Esc. Enf. USP*, vol. 31, n° 2, p. 219-26, ago. 1997.

ELIAS, N. *The Civilizing Process*, Volume 1-2. Oxford: Blackwell, 1978. [Publicação original em [1939].

_____. *What is Sociology?* London: Hutchinson, 1978.

ENTMAN, R. M., e ROJECKI, A. *The Black image in the White mind*. Chicago, IL: University of Chicago Press, 2000.

EVANS, J. St. B. T.; STANOVICH, K. E. Dual-process theories of higher cognition: Advancing the debate. *Perspectives on Psychological Science*, 8, 223-241, 263-271, 2013.

FARR, R. M. *As raízes da psicologia social moderna*. Petrópolis, RJ: Vozes, 1998.

FAUSTO NETO. As bordas da circulação. In: *Revista ALCEU* – vol. 10 – n° 20 – p. 55-69 – jan./jun. 2010a.

_____. Circulação além das bordas. In: FAUSTO NETO. A. e VALDETTARO, S. *Midiatización, Sociedad y Sentido: diálogos entre Brasil y Argentina*. p. 2-17, 2010b.

_____. Fragmentos de uma "analítica" da midiatização. *Matrizes*, São Paulo, n° 2, abr. 2008.

FERNANDES, E. e MAIA, A. Grounded Theory. In M. Fernandes, M. Eugénia, e L. Almeida (Eds), *Métodos e técnicas de avaliação: contributos para a prática e investigação psicológicas* (p. 49-76). Braga: Universidade do Minho, 2001.

FOUCAULT, M. The confession of the flesh. Entrevista. In: _____. *Power/Knowledge selected interviews and other writings*. U.S.A., Ed. Colin Gordon, p. 194-228, 1980.

_____. *Microfísica do poder*. Rio de Janeiro: Edições Graal, 2000.

FRANÇA, D.X., e MONTEIRO, M.B. As novas expressões de racismo na infância. In: M.E.O. Lima, e M.E. Pereira (Orgs.). *Estereótipos, preconceitos e discriminação: perspectivas teóricas e metodológicas* (p. 139-160). Salvador. EDUFBA, 2004.

FRANÇA, V. V. Interações Comunicativas: a matriz conceitual de G.H. MEAD. In: PRIMO, A. *et. al. Comunicação e Interações*. *Livro da Compós*. Porto Alegre: Sulina, 2008.

_____. "Contribuições de G.H. Mead para pensar a comunicação". In: *Anais do XVI Encontro Anual da Compós*. Curitiba: UTP, 2007.

_____. A Escola de Chicago e o Interacionismo Simbólico. In: _____. *Curso Básico de Teoria da Comunicação*. Belo Horizonte, 2004.

_____. *Jornalismo e vida social*. Belo Horizonte: Ed. UFMG, 1998.

FREIRE, V. *Ameaça dos estereótipos e desempenho pós-lesão de jogadores de futebol*. 2005. Dissertação (Mestrado em Psicologia) – Universidade Federal da Bahia, Salvador, 2005. Disponível em: <www.pospsi.ufba.br/pdf/verena_freire.pdf>. Acesso em: 12 jul. 2006.

FRY, P. *Divisões Perigosas*. Rio de Janeiro: Record, 2007.

_____. Estética e política: relações entre "raça", publicidade e produção da beleza no Brasil. In: GOLDENBERG, M. *Nu & Vestido: dez antropólogos revelam a cultura do corpo carioca*. Rio de Janeiro: Record, 2002.

_____. O que a cinderela negra tem a dizer sobre a "política racial" no Brasil. *Revista USP*. São Paulo, nº 28, 1995-1996.

FUNDAÇÃO GETULIO VARGAS. Centro de Políticas Sociais. Pesquisas. Disponível em: <http://cps.fgv.br/>. Acesso em: 15 fev. 2011.

FURTADO, N. R. A influência da televisão nas crianças e nos adolescentes. *O sul*. Porto Alegre, p. 7, 8 set. 2005.

GARDNER, H. *Mentes que mudam: arte e a ciência de mudar as nossas ideias e as dos outros.* Tradução: Maria Adriana V. Veronese. Porto Alegre: Artmed/Bookman, 2005.

GLASER, B.; STRAUSS, A. *The discovery of grounded theory: strategies for qualitative research.* Chicago/Nova York: Aldine de Gruyter, 1967.

GLASER, B. The grounded theory perspective: conceptualization contrasted with description. Mill Valley, CA: Sociology Press, 2001.

_____. *Doing grounded theory: issues and discussions.* Mill Valley, CA: Sociology Press, 1998.

_____. *Basics of grounded theory analysis.* Mill Valley, CA: Sociology Press, 1992.

_____. *Theoretical sensitivity.* Mill Valley, CA: Sociology Press, 1978.

GOBO, G.The Renaissance of Qualitative Methods [22 paragraphs]". *Forum Qualitative Sozialforschung / Forum: Qualitative Social Research* [On-line Journal], 6 (3), Art. 42, September, 2005. Disponível em: http://www.qualitative-research.net/fqs-texte/3-05/05-3-42-e.htm. Acesso em: 20.abr. 2014.

GOLDENBERG, M. *A arte de pesquisar: como fazer pesquisa qualitativa em Ciências Sociais.* 8 ed. Rio de Janeiro: Record, 2004.

GOSS, K. P. As correntes interacionistas e a sua repercussão nas teorias de Anthony Giddens e Bruno Latour. *Ciências Sociais.* Unisinos, 42(3):153-162, setembro/dezembro, 2006.

GRAUE, M. e WALSH, D. *Investigação etnográfica com crianças. Teorias, métodos e ética.* Lisboa: Fundação Calouste Gulbenkian, 1998.

GUIMARÃES, A.S.A. *Preconceito Racial: modos, temas e tempos.* 2.ed. São Paulo: Cortez, 2012.

HAGUETTE, T. M. F. *Metodologias qualitativas na sociologia* (4a ed.). Petrópolis, RJ: Vozes, 1987.

HALL, Stuart. *Da diáspora: Identidades e mediações culturais.* Org. Liv Sovik; Adelaine La Guardia Resende *et al.* (trad.) Belo Horizonte: Editora UFMG, 2006 [2003].

_____. A centralidade da cultura: notas sobre revoluções do nosso tempo. *Educação e Realidade*, Porto Alegre, vol. 22, nº 22, p. 15-45, 1997.

_____. *A identidade cultural na pós-modernidade*. Tradução de Tomaz Tadeu da Silva e Guacira Lopes Louro. 7. ed. Rio de Janeiro: DP&A, 2003.

HJARVARD, S. *The Mediatization of Religion: a theory of the media as agents of religious change*. Northern Lights: Yearbook of Film & Media Studies, 2008.

_____. Midiatização: teorizando a mídia como agente de mudança social e cultural. *Matrizes*, vol. 5, nº 2, p. 53-91, 2012.

_____. *The Mediatization of Culture and Society*. London: Routledge, 2013.

_____. Midiatização: conceituando a mudança social e cultural. *Matrizes*, vol. 8. nº 1. jan./jun., p. 21-44, 2014.

HEPP, A. As configurações comunicativas de mundos midiatizados: pesquisa da midiatização na era da "mediação de tudo". *Matrizes*. vol. 8 – nº 1 jan./jun. p. 45-64, 2014.

HEPP, A. e HASEBRINK, U. Human interaction and communicative figurations. The transformation of mediatized cultures and societies. *"Communicative Figurations"*. *Working Paper*, nº 2, 2013.

HOFF, T. M. C. O texto publicitário como suporte pedagógico para a construção de um sujeito crítico. *Revista Comunicação & Educação*, ano XII, nº 2, maio/ago. 2007.

HOGG, M. *The social psychology of group cohesiveness: From attraction to social identity*. Washington Square, NY: New York University Press, 1992.

HOOD, J. C. Orthodoxy vs. power: The defining traits of Grounded Theory. In Antony Bryant & Kathy Charmaz (Eds.), *The SAGE handbook of Grounded Theory* (p. 151-164). London, England: SAGE, 2007.

HOPFER, K. R.; MACIEL-LIMA, S. M. Grounded theory: avaliação crítica do método nos estudos organizacionais. *Rev. FAE*, Curitiba, vol. 11, nº 2, p. 15-24, 2008.

HUTCHINSON, S. Education and grounded theory. In: SHERMAN, Robert R.; WEBB, Rodman D. *Qualitative research in education: focus and method*. Londres: Falmer Press. p. 123-140, 1998.

JOAS, H. Interacionismo simbólico. In GUIDDENS, A. e TURNER, J. (Orgs.), *Teoria social hoje*. São Paulo: Unesp, 1999.

KAHNEMAN, D. Dois jeitos de perceber o mundo. *Revista Mente & Cérebro*. p. 46-51.Março. 2013.

KAWAKAMI, K., DOVIDIO, J., MOLL, J., HERMSEN, S., e RUSSIN, A. Just say no (to stereotyping): Effects of training in the negation of stereotypic associations on tereotype activation effects of suppression of personal intrusive thoughts. *Journal of Personality and Social Psychology*, 78, 871-888, 2000.

KELLNER, D. *A Cultura da Mídia – estudos culturais: identidade e política entre o moderno e o pós-moderno*. Tradução de Ivone Castilho Beneditti. Bauru, SP: Edusc, 2001.

KLEIN, O. J. A gênese do conceito de dispositivo e sua utilização nos estudos midiáticos. *Estudos em Comunicação*. no1, 215-231 Abril, 2007.

KROTZ, F. Media, Mediatization and Mediatized Worlds: a discussion of the basic concepts. In: A. Hepp, F. Krotz (eds.): *Mediatized worlds: Culture and society in a media age*. London: Palgrave. p. 72-87, 2014.

KROTZ, F. The meta-process of mediatization as a conceptual frame. *Global Media and Communication*, vol. 3, n° 3, p. 256–260, 2007.

_____. Mediatization: A concept with which to grasp media and societal change. In: Knut Lundby (ed.). *Mediatization: Concept, Changes, Consequences*. Nova York: Peter Lang, p. 21-40, 2009.

_____. *Die Mediatisierung kommunikativen Handelns. Der Wandel von Alltag und sozialen Beziehungen, Kultur und Gesellschaft durch die Medien*. Opladen: Westdeutscher Verlag, 2001.

_____; HEPP, A. concretization of mediatization: How mediatization works and why "mediatized worlds" are a helpful concept for empirical mediatization research. *Empedocles. European Journal for the Philosophy of Communication*, vol. 3, n. 2, p. 119-134, 2011.

KRÜGER, H. Cognição, estereótipos e preconceitos sociais. In: LIMA, M. E. O. *Estereótipos, preconceitos e discriminação: perspectivas teóricas e metodológicas*. Salvador: EDUFBA, 2004.

LAPERRIÈRE A. A teorização enraizada (grounded theory): procedimento analítico e comparação com outras abordagens similares. In: Poupart J, Deslauriers JP, Groulx H, Laperrière A, Mayer R, Pires AP. *A pesquisa qualitativa: enfoques epistemológicos e metodológicos*. Petrópolis: Vozes; 2012. p. 353-409.

LEITE, F. *Publicidade Contraintuitiva: Inovação no Uso de Estereótipos na Comunicação*. Curitiba: Editora Appris, 2014.

_____. A informação como suporte para a publicidade contraintuitiva. Revista Animus. *Revista interamericana de comunicação midiática* / Universidade Federal de Santa Maria, Centro de Ciências Sociais e Humanas. Vol. VI, n. 2. julho/dez, 2007.

_____. Comunicação e cognição: os efeitos da propaganda contraintuitiva no deslocamento de crenças e estereótipos. *Ciências & Cognição* (UFRJ), vol. 13, p. 131/ 12-141, 2008a.

_____. A propaganda contraintuitiva e a politicamente correta. *Revista de Comunicação e Epistemologia* da Universidade Católica de Brasília (UCB), 2008b.

_____. *A propaganda contraintuitiva e seus efeitos em crenças e estereótipos*. Dissertação (Mestrado) – Departamento de Relações Públicas, Propaganda e Turismo/ Escola de Comunicações e Artes/ USP. São Paulo, 2009.

_____. Por outras expressões do negro na mídia: a publicidade contraintuitiva como narrativa desestabilizadora dos estereótipos. In: BATISTA, L.L.; LEITE, F. (Orgs.). *O negro nos espaços publicitários brasileiros: perspectivas contemporâneas em diálogo*. São Paulo:

Escola de Comunicações e Artes/USP: Coordenadoria dos Assuntos da População Negra, 2011.

_____.; BATISTA, L.L. A propaganda contraintuitiva e o efeito ricochete. *Galáxia* (PUCSP), 2008.

_____. A persuasão, os estereótipos e os impactos da propaganda contraintuitiva. *Contemporanea* (UFBA. Online), vol. 7, p. 01-24, 2009a.

_____; BATISTA, L.L. A propaganda contraintuitiva como proposta para atualização dos estereótipos. *Lumina* (UFJF. Online), vol. 3, p. 1-22, 2009b.

_____. A ameaça dos estereótipos e a publicidade contraintuitiva. *Conexão – Comunicação e Cultura*, UCS, Caxias do Sul, vol. 10, nº 20, jul./dez., 2011.

LEITE, J. L. *et al*. Reflexões sobre o pesquisador nas trilhas da teoria fundamentada nos dados. *Revista da Escola de Enfermagem da USP*, vol. 46, nº 3, p. 772-777, 2012. Disponível em: <http://www.scielo.br/pdf/reeusp/v46n3/33.pdf>. Acesso em: 23 abr. 2013.

LEVY, B. Improving memory in old age through implicit self-stereotyping. *Journal of Personality and Social Psychology*, vol. 71, p. 1092-1107, 1996.

LIMA, M. *et. al.* Articulando gênero e raça: a participação das mulheres negras no mercado de trabalho (1995-2009). MARCONDES, M. M. [*et al.*]. (Orgs.). *Dossiê mulheres negras: retrato das condições de vida das mulheres negras no Brasil*. Brasília: Ipea, 2013.

LIMA, M. E. O. *et al.* Normas sociais e preconceito: o impacto da igualdade e da competição no preconceito automático contra os negros. *Psicol. Reflex. Crit.*, vol. 19, nº 2, p. 309-319, 2006. Disponível em: <http://www.scielo.br/scielo.php?script=sci_arttext&pid=S0102-79722006000200018&lng=en&nrm=iso&tlng=pt>. Acesso em: 04 jan. 2008.

LIMA, M. E. O., e VALA, J. Serão os estereótipos e o preconceito inevitáveis? O monstro da automaticidade. In: LIMA, M. E. O e PEREIRA,

M. E. *Estereótipos, preconceitos e discriminação: perspectivas teóricas e metodológicas*. Salvador: EDUFBA, 2004.

LINCOLN, Y. e GUBA, E. *Naturalistic Inquiry*. Beverly Hills, CA: Sage, 1985.

LOFLAND, J. e LOFLAND, L.H. *Analysing social settings*. (2nd ed.). Belmont, CA: Wadsworth, 1984.

_____. *Analysing social settings*. (3rd ed.). Belmont, CA: Wadsworth, 1995.

LOPES, M. I. V. Mediação e recepção. Algumas conexões teóricas e metodológicas nos estudos latino-americanos de comunicação. *Matrizes*. vol. 8 – Nº 1 jan./jun. São Paulo – Brasil. p. 65-80, 2014.

_____. Telenovela como recurso comunicativo. *Matrizes*, USP, vol. 3, nº 1, 2009.

LUCKMANN, B. The small life-worlds of modern man. *Social Research*, vol. 37, nº 4, p. 580-596, 1970.

MAIO, G. R.; OLSON, J. M.; ALLEN, L.; BERNARD, M. M. Addressing discrepancies between values and behavior: the motivating effect of reasons. *Journal of Experimental and Social Psychology*, vol. 37, p. 104-117, 2001.

MANIS, J. G. e MELTZER, B., M. *Symbolic Interaction: A Reader in Social Psychology*. Boston: Allyn e Bacon, 1972.

MARCELLO, F. A. Dispositivo em Foucault: mídia e produção agonística de sujeitos-maternos. *Educação & Realidade*. 29(1): 199-213. jan/jun, 2004.

MARCONDES FILHO, Ciro. Duas doenças infantis da comunicação: a insuficiência ontológica e a submissão à política. Uma discussão com José Luiz Braga. *Matrizes,*

Ano 5, nº 1, ago./dez. São Paulo: ECA/USP, p. 169-178, 2011a. Disponível em: <http://www.matrizes.usp.br/index.php/matrizes/article/view/205/pdf>. Acesso em: 28 jan. 2013.

MARCONDES, M. M. [et al.]. (Orgs.). *Dossiê mulheres negra: retrato das condições de vida das mulheres negras no Brasil.* Brasília: Ipea, 2013.

MARTÍN-BARBERO, J. *De los medios a las mediaciones.* Barcelona: Gustavo Gili, 1987.

_____. *Dos meios às mediações: comunicação, cultura e hegemonia.* Rio de Janeiro: Editora da UFRJ, 2003.

_____. *Uma aventura epistemológica.* Entrevistador: Maria Immacolata Vassallo de Lopes. *Matrizes*, São Paulo, vol. 2, nº 2, p. 143-162, jul./ dez. 2009.

MARTÍN-BARBERO, J.; MUÑOZ, S. *Televisión y melodrama. Gêneros y lecturas de la telenovela en Colombia.* Bogotá: Tercer Mundo, 1992.

MARTÍN SERRANO, M. La comunicación social. *Cuadernos del CONEICC*, ITESO, Guadalajara, 1982.

_____. *La mediación social.* Madri: Akal, 1977.

MARTINS, M.C.S. *A personagem afro-descendente no espelho publicitário de imagem fixa.* 2000. Tese (Doutorado em Comunicação e Semiótica) – PUC/SP, São Paulo, 2000.

MARTINS, C.A.M. *Racismo Anunciado: o negro e a publicidade no Brasil (1985-2005).* 2009. Dissertação (Mestrado em Ciências da Comunicação) – Escola de Comunicações e Artes, da Universidade de São Paulo, São Paulo, 2009.

_____. A publicidade e o registro branco do Brasil. In: BATISTA, L.L. e LEITE, F. (Orgs.). *O negro nos espaços publicitários brasileiros: perspectivas contemporâneas em diálogo.* São Paulo: Escola de Comunicações e Artes/USP: Coordenadoria dos Assuntos da População Negra, 2011.

MARTINEZ, I. e CAMINO, L. Brasil es racista, Brasil no es racista: Ele discurso social como determinante de las diferencias entre blancos, negros y morenos. *Comunicação apresentada no VII Congresso de Psicologia Social da Espanha.* 26-29 de set. Oviedo, Espanha, 2000.

MARX, D. M.; ROMAN, J. S. Female roles models: protecting women's math test performance. *Personality and Social Psychology Bulletin*, vol. 28, nº 9, p. 1183-1193, 2002.

MASTRO, D. E., LAPINSKI, M. K., KOPACZ, M. A., e BEHM-MORAWITZ, E. The influence of exposure to depictions of race and crime in TV news on viewer's social judgments. *Journal of Broadcasting & Electronic Media*, 53, 615–635, 2009.

MASTRO, D., TAMBORINI, R., e HULLETT, C. Linking media to prototype activation and subsequent celebrity attraction: An application of self-categorization theory. *Communication Research*, 32, 323–348, 2005.

MCCOMBS, M. E. e SHAW, D. L. The Agenda-Setting Function of Mass Media. *The Public Opinion Quarterly*, Vol. 36, No. 2, 1972, p. 176-187

MEAD, G. H. The genesis of the self and social control. *International Journal of Ethics*, nº 35, p. 251-277, 1925. Disponível em: http://www.d.umn.edu/cla/faculty/jhamlin/4111/Readings/MeadSelf.pdf. Acesso em: 07. Dez. 2014.

_____. *Espiritu, persona y sociedad: desde el punto de vista del conductismo social*. Barcelona: Paidos, 1982. (Trabalho original publicado em 1934).

_____. *L'esprit, le soi et la societé*. Paris: PUF, 2006.

MENDONÇA, J. R. C. Interacionismo simbólico: uma sugestão metodológica para a pesquisa em administração. *REAd* – Edição 26 vol. 8 No. 2, mar-abr, 2002.

MONTEITH, M. J., WOODCOCK, A. e GULKER, J. E. Automaticy and Control in Stereotyping and Prejudice: the revolutionary role of social cognition across three decades of research. In: *The Oxford Handbook of Social Cognition*. (Ed.) Donald E. Carlston. New Youk:Oxford University Press, p. 74- 94, 2013.

MORGAN, G. Paradigms, metaphors, and puzzle solving in organizatio n theory. *Administrative Science Quartely*. p. 605-622, 1980.

MOUILLAUD, M. A crítica do acontecimento ou o fato em questão. In: MOUILLAUD, M. & PORTO, S. D. (Org.). *O jornal da forma ao sentido*. Brasília: Paralelo 15, 1997.

MUNANGA, K. *Negritude: usos e sentidos*. Belo Horizonte: Autêntica Editora, 2009 (publicação original em 1986).

_____ (Org.). *Superando o Racismo na escola*. 2ª edição revisada. [Brasília]: Ministério da Educação, Secretaria de Educação Continuada, Alfabetização e Diversidade, 2005.

NEWCOMB, H. *La televisione: da forum a biblioteca*. Milano: Sansoni, 1999.

NUNES, P. R. *A representação do negro na televisão*. (Entrevista 05.jun.07). Disponível online em: http://www.direitoacomunicacao.org.br/content.php?option=com_content&task=view&id=633. Acesso em: 21. Abr. 2013.

NUNES, J. H. *O interacionismo simbólico e a dramaturgia: a sociologia de Goffman*. São Paulo: Humanitas/Goiânia: Editora da UFG, 2005.

OLIVEIRA, D. Ambivalências raciais. *Revista Mídia e Etnia*, ano 1. nº 1, p. 29-32, 2006.

OROZCO GÓMEZ, G. Comunicação social e mudança tecnológica: um cenário de múltiplos desordenamentos. In: MORAES, D. *Sociedade midiatizada*. Rio de Janeiro: Mauad, 2006.

OSORIO, R. G. A classificação de cor ou raça do IBGE revisitada. In: PETRUCCELLI, J.L. e SABOIA, A. L. (Orgs.). *Estudos e Análises. Informação Demográfica e Socioeconômica. Características Étnico-Raciais da População: Classificações e Identidades*. Instituto Brasileiro de Geografia e Estatística – IBGE, 2013. Disponível em: http://www.ibge.gov.br/home/estatistica/populacao/caracteristicas_raciais/pcerp_classificacoes_e_identidades.pdf. Acesso em: 25. fev. 2014.

PEIRCE, C. S. *The essential Pierce: Selected philosophical writings*, vol. 2. Bloomington: Indiana University Press, 1903.

PEREIRA, M. E. *Psicologia social dos estereótipos*. São Paulo: EPU, 2002.

_____. Grupos sociais e performance intelectual: o efeito da ameaça dos estereótipos. In: LIMA, M. E. O.; PEREIRA, M. E. (Orgs.). *Estereótipos, preconceitos e discriminação: perspectivas teóricas e metodológicas*. Salvador: EDUFBA, p. 69-87. 2004.

PEREIRA, R.M.R. Infância, televisão e publicidade: uma metodologia de pesquisa em construção. *Cadernos de Pesquisa*, São Paulo, nº 116, p. 81-115, jul. 2002.

PEREZ, C. Condições antropossemióticas do negro na publicidade contemporânea. In: BATISTA, L.L. e LEITE, F. (Orgs.). *O negro nos espaços publicitários brasileiros: perspectivas contemporâneas em diálogo*. São Paulo: Escola de Comunicações e Artes/USP: Coordenadoria dos Assuntos da População Negra, 2011.

PESQUISA NACIONAL DE AMOSTRAS DE DOMICÍLIO 2013. Disponível em: http://www.ibge.gov.br/home/estatistica/populacao/trabalhoerendimento/pnad2013/. Acesso em: 29. Mar. 2014.

PETTIGREW, T. F.; MEERTENS, R. W. Subtle and blatant prejudice in Western Europe. *European Journal of Social Psychology*, vol. 35, p. 57-75, 1995.

PIEDRAS, E. R. *Fluxos Publicitários: anúncios, produtores e receptores*. Porto Alegre: Sulinas, 2009.

_____. e JACKS, N. A publicidade e o mundo social: uma articulação pela ótica dos Estudos Culturais. *Contemporânea*, vol. 3, n2. p. 197-216, julho-dezembro, 2005.

PINTO, M. de R. e SANTOS, L. L. da S. A grounded theory como abordagem metodológica: relatos de uma experiência de campo. *Organizações & Sociedade*, Salvador, vol. 19, nº 62, jul./set, 2012. Disponível em: <http://www.scielo.br/scielo.php?script=sci_arttext&pid=S1984-92302012000300003&lng=en&nrm=iso>. Acesso em: 15 fev. 2013.

RAHIER, J. Mãe, o que será que o negro quer? Representações racistas na revista Vistazo, 1957-1991. *Estudos Afro-Asiáticos*, Rio de Janeiro, vol. 23. nº 1. p. 5-28, 2001.

RAMASUBRAMANIAN, S. Media-Based strategies to reduce racial stereotypes activated by news stories. *Journalism & Mass Communication Quarterly*. vol. 84. nº 2. Summer 2007. 249-264, 2007.

_____.The impact f stereotypical versus Counterstereotypical media exemplars on racial atitudes, causal attributions, and support for affirmative action. *Communication Research*. 38: 497, 2011.

REVISTA MENTE & CÉREBRO. Alívio para a dor. Revista Mente & Cérebro. Outubro, 2012.

REVISTA ABOUT. Criativa e fascinante, mas... Revista About, nº 871, fev. 2007.

REVISTA RAÇA BRASIL. A mídia e o futuro. *Revista Raça Brasil*, nº 147, 2010.

ROCHA, E. *Representações do Consumo: estudos sobre a narrativa publicitária*. Rio de Janeiro: Ed. PUC-Rio: Mauad, 2006.

RODRIGUES, A. *et. al. Grounded theory: problemas de "alicerçagem"*. Coimbra. Universidade de Coimbra. 2004. Disponível em: http://pt.slideshare.net/fcoleite/problemas-de-aliceragem-grounded-theory-coimbra-2004. Acesso em: 22 jan. 2013.

RODRIGUES, F. Racismo Cordial. In: TURRA, C. e VENTURI, G. (Orgs). *Racismo Cordial: a mais completa análise sobre o preconceito de cor no Brasil*. São Paulo: Editora Ática, 1995.

RICHARDS, L., e MORSE, J.M. *Users guide for qualitative methods* (2nd Ed.). Thousand Oaks, CA: Sage, 2007.

SANDERS, M. S. e RAMASUBRAMANIAN, S. Na Examination of African Americans' Stereotyped Perceptions of Fictional Media Characters. *Howard Journal of Communications*. 23:1, 17-39, 2012.

SANTAELLA, L. *Comunicação e pesquisa: projetos para mestrado e doutorado*. São Paulo: Hacker Editores, 2001.

SANTOS, L. *A prática lectiva como actividade de resolução de problemas: um estudo com três professoras do ensino secundário*. [Tese]. Lisboa/ Portugal: Universidade de Lisboa, Departamento de Educação da Faculdade de Ciências; 2000. Disponível em: http://www.educ.fc.ul. pt/docentes/msantos/tese/. Acesso em: 22. Out. 2014.

SANTOS, M. I. M. P. e LUZ, E. (2011). Grounded theory segundo Charmaz: experiências de utilização do método. *Infiressources*, set., 2011. Disponível em: <http://www.infiressources.ca/MyScriptorAdmin/ scripto.asp?resultat=462761>. Acesso em: 22 mar. 2013.

SANTOS, R.S. Interacionismo Simbólico: uma abordagem teórica de análise na saúde. *Rev Enferm Bras*. jul-ago. 7(4):233-237, 2008.

SANTOS, W. C. S. *A mulher negra brasileira*. 2009. Disponível em: http:// www.africaeafricanidades.com.br/documentos/A_mulher_negra_ brasileira.pdf. Acesso em 06. fev. 2015.

SANTOS, W. S. *et al*. Escala de racismo moderno: adaptação ao contexto brasileiro. *Psicol. Estud.*, vol. 11, n° 3, p. 637-645, set./dez. 2006.

SEALE, C. *The quality of qualitative research*. London: Sage, 1999.

SCHMADER, T. Gender identification moderates stereotypes threat effects on women's math performance. *Journal of Experimental Social Psychology*, vol. 38, p. 194-201, 2002.

SCHWANDT, T. A. Construtivist, interpretivist approaches to human inquiry. In: DENZIN, Normam K. e LINCOLN, Yvonna S.(eds.) *Handbook of qualitative research*. USA: SAGE, 1994.

SCHWARCZ, L.M. Quase pretos, quase brancos. (Entrevista a Carlos Haag). *Revista Pesquisa Fapesp*. Abril de 2007.

_____. *Retrato em branco e preto: jornais, escravos e cidadãos em São Paulo no final do século XIX*. São Paulo: Cia das Letras, 1987.

_____. *Nem preto, nem branco, muito pelo contrário: cor e raça na sociabilidade brasileira*. 1.ed. São Paulo: Claro Enigma, 2012.

SHIBUTANI, T. Reference groups as perspectives. *American Journal of Sociology*, vol. 60, n° 6, p. 562-569, 1955.

SHIH, M.; PITTINSKY, T.; AMBADY, N. Stereotype suscetibility: identity salience and shifts in quantitative performance. *Psychological Science*, vol. 10, p. 80-83, 1999.

SILVA, J. F. *Ameaça dos estereótipos na performance intelectual de estudantes universitários ingressos pelo sistema de cotas.* 2007. Dissertação (Mestrado em Psicologia) – Universidade Federal da Bahia, Salvador, 2007. Disponível em: <www.pospsi.ufba.br/Joice_Ferreira.pdf>. Acesso em: 20 jan. 2011.

SILVA, P. V. B. *et al.* Negras (os) e brancas (os) em publicidade de jornais paranaenses. In: BATISTA, L.L. e LEITE, F. (Orgs.). *O negro nos espaços publicitários brasileiros: perspectivas contemporâneas em diálogo.* São Paulo: Escola de Comunicações e Artes/USP: Coordenadoria dos Assuntos da População Negra, 2011.

SILVA, P.V.B. Goffman, discípulo de mead? *InterMeio. Revista do Programa de Pós-Graduação em Educação* – UFMS. vol. 13, nº 25, 2007.

SILVA, T. D. Mulheres negras, pobreza e desigualdade de renda. Marcondes, M. M. [*et al.*]. (Orgs.). *Dossiê mulheres negras: retrato das condições de vida das mulheres negras no Brasil.* Brasília: Ipea, 2013.

SILVERMAN, D. *Interpreting Qualitative Data: Methods for Analysing Talk, Text and Interaction.* London: Sage, 1993.

_____. *Doing Qualitative Research.* London: Sage, 2000.

SILVERSTONE, R. Mediation and Communication. In: CALHOUN, C.; ROJEK, C., *et al.* (Ed.). *The International Handbook of Sociology.* London: Sage, 2005.

SOARES, S. S. D. *O perfil da discriminação no mercado de trabalho – Homens negros, mulheres brancas, mulheres negras.* Brasília: Ipea, 2000.

SODRÉ, M. Por um conceito de minoria. In: PAIVA, R.; BARBALHO, A. (Orgs.). *Comunicação e cultura das minorias.* São Paulo: Paulus, 2005.

_____. *Antropológica do espelho.* Petrópolis: Vozes, 2002.

_____. *Claros e escuros: identidade, povo e mídia no Brasil*. Petrópolis: Vozes, 1999.

STEELE, C.; ARONSON, J. Stereotypes threat and the intellectual test performance of African Americans. *Journal of Personality and Social Psychology*, vol. 69, nº 5, p. 797-811, 1995.

STERN, P. N. In the beginning Glaser and Strauss created Grounded Theory. In. MORSE, J et al. *Developing grounded theory: the second generation*. CA: Left Coast Press, p. 24-30, 2008.

STERNBERG, R. J. *Psicologia Cognitiva*. Porto Alegre: Ed. Artmed, 2008.

STRAUSS, A. A social world perspective. *Studies in Symbolic Interactionism*, vol. 1, nº 1, p. 119-128, 1978.

STRAUSS, A. L. *Qualitative analysis for social scientists*. New York: Cambridge University Press, 1987.

STRAUSS, A. L. e CORBIN, J. *Basics of qualitative research: grounded theory procedures and techniques*. London: Sage Publications, 1990.

_____. *Pesquisa qualitativa: técnicas e procedimentos para o desenvolvimento de teoria fundamentada*. Trad. de Luciane de Oliveira da Rocha. 2. ed. Porto Alegre: Artmed, 2008.

STROZENBERG, I. O apelo da cor: percepções dos consumidores sobre as imagens da diferença racial na propaganda brasileira. *Comunicação, Mídia e Consumo*. Vol. 2, nº 4. p. 199-220. Jul. 2005.

SUDDABY, R. From the editors: what grounded theory is not. *Academy of Management Journal*, vol. 49, nº 4, p. 633-642, 2006.

TAROZZI, M. *O que é grounded theory? Metodologia de pesquisa e de teoria fundamentada nos dados*. Trad. de Carmen Lussi. Petrópolis, RJ: Vozes, 2011.

THOMAS, W.I. *The Unadjusted Girl with cases and standpoint for behavior analysis*. Boston: Little Brown and Company, 1923.

THOMPSON, J. B. *A mídia e a modernidade: uma teoria da mídia*. Tradução de Wagner de Oliveira Brandão. Petrópolis, RJ: Vozes, 1998.

_____. *The Media and Modernity: A Social Theory of the Media.* Cambridge: Polity Press, 1995.

TOLEDO, M. B. Medium, media, mediação e midiatização: a perspectiva germânica. In: JANOTTI, J.J., MATTOS, M. Â., JACKS, N. (Orgs.). *Mediação & Midiatização.* Salvador: EDUFBA; Brasília: Compós, 2012.

TRINDADE, E. *Propaganda, identidade e discurso: brasilidades midiáticas.* Porto Alegre: Sulina, 2012.

_____. Estudos Mediáticos da Publicidade e seu Capital Simbólico. Trabalho apresentado no *GT de Publicidade e propaganda, do XII Congresso Brasileiro de Ciências da Comunicação da Região Sudeste,* 2007. Disponível em: http://www.intercom.org.br/papers/regionais/sudeste2007/resumos/R0159-1.pdf. Acesso em: 15. out. 2014.

_____. Recepção e práticas de consumo. *Revista Fronteiras,* São Leopoldo, vol. 31, nº 2, p. 73-80, 2008.

_____; PEREZ, C. Dimensões do consumo midiatizado. *Anais do II Congresso Mundial de Comunicação Ibero – Americana,* Braga: Universidade do Minho/Confibercom. GT Publicidade. 2014. Disponível em: http://www.lasics.uminho.pt/ojs/index.php/cecs_ebooks/article/view/1980/1902. Acesso em: 20. Jan. 2015.

TURRA, C., e VENTURI, G. *Racismo cordial: a mais completa análise sobre preconceito de cor no Brasil.* São Paulo: Ática, 1995.

UPAL, M. A. The Optimal Cognitive Template of Minimally Counterintuitive Narratives. *Artigo apresentado no 29th Annual Meeting of the Cognitive Science Society,* 2007a.

_____. What is More Memorable Counterintuitive Concepts Interpreted Metaphorically or Literally? *The 29th Annual Meeting of the Cognitive Science Society,* 2007b.

_____. An Alternative Account of the Minimal Counterintuitiveness Effect. *Cognitive Systems Research,* 2009a.

_____. Counterintuitiveness, Coherence And Memory for Folktales. DRDC Toronto Technical Report. Upal, M. A., Gonce, L., Tweney, R., & Slone, D. J. (2007). Contextualizing counterintuitiveness. *Cognitive Science*, 31(3), 415-439, 2009b.

VATTIMO, G. *A sociedade transparente*. Lisboa, Espelho d'Água, 1992. [1989].

VERÓN, E. Esquema para el analisis de la mediatización. *Revista Diálogos de la Comunicación*. Lima, nº 48, p. 9-17, 1997.

_____. Teoria da midiatização: uma perspectiva semioantropológica e algumas de suas consequências. *Matrizes* vol. 8 – Nº 1 jan./jun. São Paulo – Brasil. p. 13-19, 2014.

WEGNER, D. M. Ironic processes of mental control. *Psychological Review*, vol. 101, nº 1, p. 34-52, 1994.

WILLIAMS, R. Advertising: the magic system. In: DURING, Simon (Org.). *The Culture Studies Reader*. London: Routledge, p. 320-336, 1995.

WOLF, M. *Teorias das comunicações de massa*. Trad. de Karina Jannini. 2.ed. São Paulo: Martins Fontes, 2005.

YAMAMOTO, E. Y. Desentranhar o comunicacional: a Comunicação segundo José Luiz Braga. *Revista de Epistemologias da Comunicação. Questões Transversais*. vol. 1, nº 2, julho-dezembro, 2013.

Agradecimentos

À Deus pela presença viva em minha vida.

À minha família pelo amor que sempre me move e emociona, especialmente, Maria Aparecida Leite de Araújo, Gabrielle Leite Silva Santos, Graziela Leite Silva Santos e Gerhard Oberhofer.

Aos meus amigos: Rogério de Oliveira, Renato Pereira, Joseane Terto de Souza, Joseleide Terto de Souza, Thaisa R. Alves, Giovanna Malusà, Fabíola Honorio Neto, Tânia Baitello, Ana Paula Freitas. Especialmente, à Neide Maria de Arruda pela amizade e leitura atenciosa a minha pesquisa. A todos o meu mais profundo agradecimento.

Às minhas entrevistadas pela confiança em compartilhar comigo as suas experiências vividas e mediadas. Aprendi muito com vocês.

Aos professores Dr. Eneus Trindade (ECA/USP), Marcelo de Rezende Pinto (PUC/Minas)e professora Dra. Rosana Soares (ECA/USP) pelo suporte e pelas colaborações tão relevantes para a qualificação desta pesquisa.

À profa. Dra. Margareth Angelo (EE/USP) pela humanidade, atenção e sensibilidade nos direcionamentos sobre a *Grounded Theory*, que me levaram a encontrar os caminhos centrais que articulam esta produção.

Ao prof. Dr. Massimiliano Tarozzi (Università di Bologna e Università degli Studi di Trento) por todos os ensinamentos sobre a *Grounded Theory* e pela oportunidade de conhecer e compartilhar a minha pesquisa com pesquisadores tão expressivos como Kathy Charmaz.

À todos os membros e funcionários do PPGCOM/USP e da Secretaria de Pós-Graduação da ECA/USP. À Università degli Studi di Trento e Università di Bologna, onde obtive toda a estrutura e atenção para realizar o meu estágio de doutoramento.

À Coordenação de Aperfeiçoamento de Pessoal de Nível Superior (Capes), pelas bolsas de estudos PDEE e PDSE, sem as quais esta pesquisa não seria viável.

À Fundação de Amparo à Pesquisa do Estado de São Paulo - FAPESP pelo subsídio que viabilizou a edição deste livro.

À toda a equipe da Alameda Casa Editorial pela oportunidade desta publicação e pelo rigoroso cuidado na edição deste livro.

Ao meu orientador prof. Dr. Leandro Leonardo Batista por toda credibilidade, incentivo, apoio e direcionamento ao longo dessa significativa jornada. Obrigado por ter me apresentado a *Grounded Theory* e me motivado a conduzir esta investigação pelas suas diretrizes. Estou muito feliz com o conhecimento que estamos construindo sobre a comunicação publicitária contraintuitiva!

ALAMEDA NAS REDES SOCIAIS:
Site: www.alamedaeditorial.com.br
Facebook.com/alamedaeditorial/
Twitter.com/editoraalameda
Instagram.com/editora_alameda/

Esta obra foi impressa em São Paulo no outono de 2018. No texto foi utilizada a fonte Minion Pro em corpo 10,25 e entrelinha de 15 pontos.